CEO WITH RICH CAREER
EXPERIENCE AND CORPORATE RISK-TAKING

CEO复合型职业经历与企业风险承担研究

影响路径与经济后果

于文蕾◎著

经济管理出版社
ECONOMY & MANAGEMENT PUBLISHING HOUSE

图书在版编目（CIP）数据

CEO复合型职业经历与企业风险承担研究：影响路径与经济后果/于文蕾著 . —北京：经济管理出版社，2023. 10

ISBN 978-7-5096-9429-9

Ⅰ. ①C⋯　Ⅱ. ①于⋯　Ⅲ. ①企业管理—风险管理—研究—中国　Ⅳ. ①F279. 23

中国国家版本馆 CIP 数据核字（2023）第 213426 号

组稿编辑：丁慧敏
责任编辑：张　艳　丁慧敏
责任印制：黄章平

出版发行：经济管理出版社
　　　　　（北京市海淀区北蜂窝 8 号中雅大厦 A 座 11 层　100038）
网　　　址：www. E-mp. com. cn
电　　　话：（010）51915602
印　　　刷：北京晨旭印刷厂
经　　　销：新华书店
开　　　本：720mm×1000mm/16
印　　　张：14. 25
字　　　数：288 千字
版　　　次：2024 年 3 月第 1 版　　2024 年 3 月第 1 次印刷
书　　　号：ISBN 978-7-5096-9429-9
定　　　价：98. 00 元

・版权所有　翻印必究・
凡购本社图书，如有印装错误，由本社发行部负责调换。
联系地址：北京市海淀区北蜂窝 8 号中雅大厦 11 层
电话：（010）68022974　邮编：100038

前　言

　　党的二十大报告提出以中国式现代化全面推进中华民族伟大复兴，强调"实施科教兴国战略，强化现代化建设人才支撑"，确定教育、科技、人才是全面建设社会主义现代化国家的基础性、战略性支撑。人才是中国实施创新驱动发展战略的关键，培养与选拔高层次管理人才，是关乎企业可持续发展及宏观经济增长的重要议题。中国长期在人才引进、培养与扶持方面完善制度并投入资源，建设高精尖人才队伍成为"十四五"时期人才战略的重要目标，但当前企业高水平管理人才的短缺与错配问题仍然存在，影响商业经济的健康发展。对于企业来说，风险承担是其追求高利润并为此承担风险的意愿，合理的风险承担有助于提升企业价值及社会全要素生产率；CEO作为企业重要的人力资本，是企业投资、经营、融资等风险活动的关键决策者与执行者。合理甄选并配置高层管理人员，充分发挥其创新精神与风险承担意识进而创造价值也是实务界与理论界尤为关注的议题。

　　在全球经理人市场上，管理者职业经历丰富程度成为衡量"通才"与"专才"的重要因素，基于高层梯队理论，管理者多元的职业经历会影响其认知及行为模式，进而作用于企业行为。以往对于管理者职业经历的多数研究仅考虑单一特殊职业经历对企业行为及经济后果的影响，国内外最新研究发现，CEO在制定公司决策时会综合运用整个职业生涯所学的技能，因此拥有多元职业经历的CEO可能具有更强的应变能力、跨界能力及冒险意识，更容易被企业关注和聘任。目前仅有少数研究验证了CEO复合型职业经历对企业创新、并购、融资约束等决策发挥作用，但鲜有文献系统研究CEO复合型职业经历对企业风险承担的影响，更未涉足该主题下以经营风险活动和财务风险活动为代表的影响路径及经济后果检验。因此，从CEO复合型职业经历的微观层面探究其对企业风险承担水平的影响，并从经营与财务视角探究其影响路径具有理论价值与现实意义。

　　基于以上背景，本书依据"指数构建——影响效应——作用机制——影响路径——经济后果"的逻辑思路，探究以下四个关键问题：①如何度量中国上市公司 CEO 职业经历丰富度，其数据分布及趋势又是如何？企业聘任复合型 CEO 的动因是什么？②CEO 复合型职业经历是否提升企业风险承担水平，相应的作用机制及经济后果如何？接下来从经营风险承担和财务风险承担两个角度深入探究其影响路径。③在经营风险承担方面，CEO 复合型职业经历是否促进企业多元化经营，作用机制及经济后果如何？多元化经营是否作为 CEO 复合型职业经历提升企业风险承担的影响路径？④在财务风险承担方面，CEO 复合型职业经历是否会影响企业的资本结构，作用情境如何？负债融资水平是否作为 CEO 复合型职业经历提升企业风险承担的影响路径？针对以上问题，本书主要包括以下四个方面的研究内容：

（1）中国上市公司 CEO 职业经历丰富度指数构建及现状分析。依据中国制度背景与管理情境，从理论上构建 CEO 职业经历丰富度的基础维度。基于手工收集的 CEO 职业经历数据集，运用因子分析法计算中国企业 CEO 职业经历丰富度指数，并初步分析中国企业 CEO 职业经历丰富度的整体发展趋势与样本分布。研究发现，中国上市公司 CEO 职业经历丰富度平均水平较低，虽然整体呈现逐年提升的态势，但中位数变化幅度微弱，拥有复合型职业经历的 CEO 属于稀缺资源；不同产权性质、高新技术行业属性、资本市场类型的企业样本之间，其 CEO 职业经历丰富度存在显著差异。同时，以企业历史及行业业绩为参考点衡量的企业业绩期望落差会影响企业继任 CEO 的特征，企业的业绩期望落差越大，越倾向于聘任具有复合型职业经历的 CEO。业绩期望落差较大的企业在聘任复合型 CEO 后，战略变革程度显著提升，虽然资本市场短期反应并不明朗，但长期来看反应良好，说明复合型 CEO 与业绩期望落差企业的匹配能够体现人力资源配置的合理性，并得到利益相关者的认同。

（2）CEO 复合型职业经历对企业风险承担的影响研究。首先，运用双向固定效应模型及一系列稳健性检验，理论分析并实证检验 CEO 复合型职业经历对企业风险承担水平的提升作用。其次，从风险承担意愿与能力两个角度验证 CEO 复合型职业经历影响企业风险承担的作用机制发现，当经济政策不确定性越强、市场化程度越低时，CEO 复合型职业经历对企业风险承担的促进作用越强。最后，从经济后果视角，运用中介效应检验 CEO 复合型职业经历能够通过促进企业风险承担提升企业价值。CEO 职业经历丰富度不同的维度对于企业风险承担的影响存在差异，其中 CEO 跨行业经历和海外任职经历对企业风险承担水平的促进作用最为显著，而跨企业、跨职能部门、跨机构组织的影响并不显著。

（3）在经营风险承担方面，CEO 复合型职业经历对企业多元化经营的影响研究。首先，理论分析并实证检验 CEO 复合型职业经历对企业多元化经营的促进作用。同时，中介效应检验表明"CEO 职业经历丰富度——多元化经营——

企业风险承担"路径成立,即多元化经营是复合型 CEO 促进企业风险承担的影响路径之一。其次,作用机制检验结果发现,CEO 复合型职业经历能够通过提升管理者能力、完善信息资源提升企业的多元化经营程度。最后,经济后果检验表明,长期来看,拥有复合型职业经历的 CEO 能够通过多元化经营创造企业价值。

(4) 在财务风险承担方面,CEO 复合型职业经历对企业资本结构的影响研究。首先,研究发现 CEO 复合型职业经历有助于提高企业负债水平,其中跨企业、跨行业、跨组织机构职业经历对于企业负债水平的促进作用最为显著;中介效应检验表明"CEO 职业经历丰富度——资本结构——企业风险承担"路径成立,即负债融资水平是复合型 CEO 提升企业风险承担的影响路径之一。其次,作用情境方面,管理者自主权对 CEO 特质的发挥产生影响,当 CEO 持股比例较高、产权性质为非国有企业、股权集中度较低时,CEO 具有较高的管理自主权,CEO 复合型职业经历对企业负债水平的提升作用更为明显。最后,从决策效率角度,验证了 CEO 复合型职业经历提升企业资本结构动态调整速度。

上述四项核心内容层层递进,构成了 CEO 多元化职业经历影响企业风险承担的系统研究脉络。本书的创新点主要包括以下三个方面:

(1) 基于手工收集的 CEO 职业经历数据集,构建中国上市公司 CEO 职业经历丰富度指数。本书继承国内外近年来关于通才型 CEO 的研究,依据中国本土情境创新 CEO 职业经历丰富度指数,在考察 CEO 跨职能部门、跨企业、跨行业任职经历的基础上,关注 CEO 跨组织机构任职及跨地域任职经历,更加契合中国的制度背景及管理实践。一方面,对于人才特质的量化具有重要的参考意义,丰富了人力资源领域的研究;另一方面,为人才培养与引进、资源配置、市场机制完善等方面的决策制定提供参考。

(2) 验证了 CEO 复合型职业经历对企业行为的重要影响,是对高层梯队理论的有益补充,为高管背景特征影响企业行为相关研究提供新的经验证据。与以往聚焦管理者单一职业经历的研究不同,本书从复合型人才与专业型人才的差异角度出发,综合研究 CEO 复合型职业经历对企业风险承担及经营管理决策的影响,丰富了管理者异质性特征经济后果领域的文献,为高层梯队理论提供新的经验证据。

(3) 拓展了企业行为领域中 CEO 微观个体层面的影响研究。本书综合运用高层梯队理论、委托代理理论、资源基础理论等多学科理论,系统研究 CEO 复合型职业经历对企业风险承担的影响效应、影响路径与经济后果,拓宽了企业风险承担领域的研究边界,丰富了管理者职业经历特征影响企业风险承担的分析框架与研究发现,为企业完善高管团队结构和选聘机制、提高企业经营管理决策质量与效率提供新的思路。

目　录

第1章 绪论

本章主要介绍本书核心议题"CEO复合型职业经历与企业风险承担"的研究背景与研究思路。基于高层梯队理论，CEO复合型职业经历可能影响其经营管理认知与技能、社会资本及声誉的积累等，从而影响其经营企业时风险承担的意愿与能力，因此本书将从理论与实证两个方面进行分析与检验。第1章的核心是提出问题与阐述研究思路。首先，基于CEO职业经历领域管理实践与研究现状，明确研究动机与核心概念。其次，针对拟解决的研究问题，确定研究框架与研究方法。最后，总结研究的创新点。

1.1 研究背景

人才作为国家发展的第一资源，对宏观经济增长和微观企业运行都起到关键作用，因此人才强国战略一再被提至重要位置。随着我国经济迈入新发展阶段，人才的重要性愈加凸显。党的二十大报告提出以中国式现代化全面推进中华民族伟大复兴，并单列"实施科教兴国战略，强化现代化建设人才支撑"部分，确定教育、科技、人才是全面建设社会主义现代化国家的基础性、战略性支撑，强调要坚持"人才是第一资源"。党的十九大之后，习近平总书记在各地讲话中曾多次阐述其"人才观"，强调"聚天下英才而用之""实现中华民族伟大复兴，人才越多越好，本事越大越好""阅历比简历更重要""加快形成一支规模宏大、富有创新精神、敢于承担风险的创新型人才队伍""要干一番大事业，就要有眼界、魄力和气度"等，以促进中国经济高质量发展，持续构建高水平人才队伍也是中国"十四五"时期的重要目标。国外诸多国家同样重视人才战略，实施多种政策吸引人才，高校纷纷整合人文教育、基础教育与专业教育，以培养复合型人才为目标。以美国为例，其著名的《企业家宣言》中提到"寻找机会，但不寻求安稳""要做有意义的冒险"，强调企业家寻求突破的勇气。

当前高层次人员具有稀缺性与不可替代性，激烈的市场竞争更是引发了企业的人才争夺战。高层管理人员作为企业重要的高层次人力资本，以及关键的战略制定者和决策执行者，其个体异质性特征在企业战略规划、风险决策、企业价值等方面发挥着关键作用。在全球职业经理人市场上，对以高层管理人员为代表的核心稀缺人力资源的配置也是学术界与实务界持续关注的议题，与"专业型人才"相比，"复合型人才"似乎更加满足企业对管理者综合素质的要求，越来越多的企业倾向于聘用职业经历丰富的复合型高管（Murphy and Zabojnik，2007）。美国著名的《企业家宣言》中强调"企业家要有寻求突破的勇气，要做有意义的冒险"，并且近 50 年来其商业领域引人瞩目的趋势之一就是具有多样化职业背景的 CEO 比例大幅提升（Crossland et al.，2014）。

管理的本质是一种实践，丰富的职业经历有助于管理人员提升综合管理技能、完善多维知识与认知、积累丰富的社会资本，最终造就综合素质优秀的复合型人才。管理实践领域的诸多实例证明了复合型职业经历的重要性。从企业内部来看，职业经历造就的管理视野及管理风格可能对企业成长发展起到关键作用。国内外许多著名企业家的事例印证了上述观点。国内如华为公司创始人任正非，曾先后在军队、建筑工程单位、南海石油公司等任职，跨机构、跨岗位的任职经历塑造了任正非勇敢冒险的意识、高瞻远瞩的管理视野以及充足的管理经验，创立了华为独特的创新文化，将华为公司发展成为世界知名科技企业。还有房地产企业万科的创始人王石，早期曾从军五年，复员后先在铁路局担任车间工人，后到广东省外经委工作，跨行业、跨岗位的丰富职业经历造就了王石坚毅、勇敢的行事风格，其一手经营的万科集团涉及多地区多领域业务，连续多年名列中国房地产排行前列。再比如联想教父柳传志，在创建联想之前，曾在科研机构从事学术研究工作十余年，对于 IT 行业的渊博学识和前瞻视野坚定其在 PC 领域创业的决心，他与其他科技人员一起勇于创新，敢于突破，打造联想的技术领先优势，打造中国 IT 行业的领军企业，后续收购 IBM 等一系列扩张战略也展现了联想全球化的定位和野心。此外，中国互联网巨头阿里巴巴创始人马云，大学毕业后从教五年，这一经历深深影响其职业生涯，阿里巴巴不仅通过战略合作、兼并收购等投资策略将自身打造成世界级企业，在就业、公益、扶贫等方面也积极承担社会责任，中国互联网企业中阿里巴巴的企业社会责任评级位于前列。

国外如互联网巨头亚马逊公司创始人杰夫·贝佐斯，曾先后在高科技企业、信托公司、基金交易管理公司任职，具备丰富的管理经验与敏锐的商业眼光，在互联网兴起之时率先创建网上书店，两年内成功上市进行融资，并不断通过并购等资本运营手段扩大经营范围，将最初的网上书店发展为当今知名互联网综合服务提供商，品牌价值、股票市场表现等均位于世界前列，在世界互联网行业的发展中起到先锋作用。再比如，麦当劳传奇创始人雷·克拉克，早年曾先后担任救护车司机、纸杯推销员、乐队成员、奶昔机推销员等，跨行业的职业经历和丰富的人生阅历为其积累了良好的社会资源与商业声誉，并创造了认识麦当劳兄弟的契机，在雷·克拉克获取麦当劳的特许经营权之后，通过自身资产及股份担保向银行大量举债，不断扩充连锁店的数量及规模，丰富的职业经历为其将小型快餐店麦当劳打造成全球著名快餐企业奠定了基石。上述案例都说明拥有跨行业、跨企业、跨职位等多维职业经历的高管，在融资、投资、销售等方面都可能具有更丰富的资源、更广阔的视野和更过人的胆识，进而提高企业的风险承担水平，并促进企业价值提升。

从企业外部来看，CEO 职业经历的丰富程度还可能影响企业与利益相关者的关系。美国航空巨头波音公司自 2018 年一系列飞机安全问题之后面临难以克服的经营危机，股价持续下跌，2019 年 12 月 23 日波音公司宣布原 CEO 辞职，由戴维·卡尔霍恩担任新一任 CEO，戴维此前具有丰富的职业经历，曾任职于黑石集团、尼尔森控股、通用电气等多家名企，更换 CEO 的消息带动波音股价迅速提升，资本市场反应回暖。由此可见，在企业经营管理实践中，基于不同职业经历所形成的认知及行事风格、积累的资源及管理技能对管理者经营管理企业的质量与效率产生深远的影响。

不仅实务界关注管理者职业经历背景的多样性，学术界相关研究也逐渐增多，管理者异质性特征对企业行为的影响研究成为近年来战略管理、组织行为学、财务学等多学科领域的研究热点。1984 年 Hambrick 和 Mason 创新性地构建高层梯队理论（Upper Echelons Theory），将管理者的异质性特征与企业管理行为联系起来，为后续以性别、年龄、教育背景、职业经历为核心的管理者特质与企业行为及绩效研究提供了基础。在高管背景特征研究中，职业经历是重要的异质性特征之一。以往对于管理者职业经历与公司财务行为的研究重点集中在从军经历（Malmendier et al.，2011；Benmelech and Frydman，2015；赖黎等，2016）、财务经历（Güner et al.，2008；姜付秀和黄继承，2013）、研发经历（Barker and Mueller，2002）、学术经历（Francis et al.，2015；周楷唐等，2017）、海外经历（Giannetti et al.，2015；宋建波等，2017）等单一特殊职业经历对公司财务行为及经济后果的影响，由于多维度职业经历数据较难获取与衡量，鲜有文献针对管理者职业经历多样性进行系统研究。海外最新研究对管理者职业经历多样性进行了衡量与探索研究，发现管理者在制定公司决策时会综合运用整个职业生涯所学的技能，而拥有丰富职业经历的复合型高管更容易被企业关注和聘任（Dasgupta and Ding，2010），获得相对更高的薪酬（Custódio et al.，2013），并且影响了企业战略（Crossland et al.，2014）、股权融资（Mishra，2014）等决策。国内也有部分学者开始关注高管丰富的职业经历对公司财务行为的影响（Hu and Liu，2015；赵子夜等，2018）。具体来看，拥有多样性职业经历的管理者可能具有以下特点：一是具有综合管理视野及管理技能，对企业经营运作和营商环境具有较为全面的认知，具备复合型知识结构和思维体系；二是具有较强的学习迁移能力和环境适应能力，风险容忍度较高，擅长处理复杂困难的管理任务；三是具有丰富的社会网络，为企业提供相关的隐性资源。因此，管理者职业经历丰富程度可能会对企业风险性管理决策产生影响，并最终作用于企业价值创造。

企业风险承担是管理者经营管理风格的综合体现，主要指企业追求高利润为之付出代价的意愿（Lumpkin 和 Dess，1996），合理的风险承担对微观企业发展及宏观经济增长均有重要的促进作用（Low，2009；Boubakri 等，2013；李文贵和余明桂，2012）。企业风险承担的重要先决要素是可观测的管理决策，尤其表现在与投资经营、融资等相关的财务行为，如创新、并购、债务融资、市场扩张、战略变革等（Hoskisson 等，2017）。对企业风险活动来说，管理者是最为关键的决策与执行主体，对企业风险承担起到关键作用，目前此领域的研究思路主要可归纳为三类：一是从管理者完全理性视角，主要基于代理理论探究内外部公司治理机制发挥的作用，包括股东治理、管理层治理、制度约束、环境约束、文化约束等；二是从有限理性视角，基于高层梯队理论（Hambrick 和 Mason，1984）考察人口统计学特征，如高管年龄、性别、特殊职业背景对企业风险承担的影响等；三是从非理性视角，基于行为金融理论及前景理论研究高管心理与行为特征因素，如过度自信、风险偏好对企业风险承担的影响。对于管理者来说，其职业生涯的多种经历互相作用，综合影响其风险承担的意愿与能力，但囿于管理者多元职业经历的数据获取与度量难度较大，目前尚无文献系统研究管理者职业经历丰富程度与企业经营管理决策以及风险承担的关系，因此本书试图对上述问题进行系统探究。

在全球竞争持续加剧和经济艰难恢复的背景下，职业经历单一的专业型人才和职业经历丰富的复合型人才，究竟哪类高管更能应对复杂多变的环境，制定企业最优财务决策，提升企业风险承担水平，引领企业的可持续发展？中国市场为研究高管复合型职业经历与企业财务决策及风险承担系列问题提供了良好的本土情境。因此，本书基于"指数构建——影响效应——作用机制——影响路径——经济后果"的逻辑思路，主要研究以下关键问题：首先，中国企业 CEO 职业经历丰富程度如何？企业聘任复合型 CEO 有何动因？其次，CEO 复合型职业经历是否提升企业风险承担水平，进而促进企业价值创造？最后，聚焦经营风险承担和财务风险承担两个方面，CEO 复合型职业经历是否会通过推动企业多元化经营，提升企业负债水平进而促进企业总体风险承担水平，即影响路径为何？

综上所述，本书具有以下理论意义：第一，本书是对高层梯队理论的有益补充，为高管背景特征影响企业决策相关研究提供新的证据。一方面，近年来虽然国内外学者开始关注高管职业经历对投资、融资、创新的重要作用，但却忽视了其对企业风险承担这一企业长期行为的影响；另一方面，相较于高管单一职业经历的研究，本书聚焦职业经历多元化这一概念，综合研究管理者复合型职业经历对企业风险承担的影响，丰富了高管职业经历经济后果领域的文献。第二，本书从高管职业经历的个体层面拓展了企业风险承担影响因素领域的研究。本书从CEO 职业经历丰富度的微观视角，深入探讨高管职业经历影响企业风险承担的具体表现及经济后果，验证了经营决策和融资决策的影响路径，为系统研究企业风险承担提供理论与经验证据。第三，本书在参考国外学者 Custódio 等（2013，2017）设计的通才指数基础上，结合中国本土情境，创新构建了 CEO 职业经历丰富度指数，更加契合中国的制度背景及组织机构设置，对于人才特质的量化与研究具有重要参考意义，丰富了人力资源领域的研究。

本书进一步解答复合型人才和专业型人才在企业管理方面的差异问题，因此具有重要的现实意义：一方面，构建契合中国制度背景的 CEO 职业经历丰富度指数，验证复合型 CEO 对企业的重要作用，对于企业高层次人才的甄别与培养具有参考意义，有助于提升企业人才配置效率，调动高水平人才的积极性与创造力，充分提升稀缺人力资本的价值效应。另一方面，中国当前正处于经济转轨时期，经济高质量发展成为中国的长期目标，本书通过理论分析与实证检验得到的研究结论，可以为政府、企业、管理者提供多视角参考，不仅为政府在人才引进与规划、多方资源配置、市场机制完善等方面的决策制定提供理论与经验证据，有助于推进职业经理人市场的发展，建设高水平的创新型、复合型人才队伍；而且从企业角度出发，为改善企业风险承担水平、提高价值创造能力，最终促进宏观社会经济的可持续发展拓展新思路。

1.2　概念界定

1.2.1　CEO 复合型职业经历

CEO 复合型职业经历是本书的核心主题，指 CEO 具有跨职位、跨企业、跨行业、跨组织机构、跨地域等多元职业经历，衡量 CEO 职业经历广度。本书使用 CEO 职业经历丰富度指数衡量 CEO 职业经历的多元化程度，分辨其为复合型职业经历或非复合型职业经历，具体测算方法见本书 3.2 节。针对 CEO 复合型职业经历做以下相关概念界定。

（1）CEO 的界定。在国外，CEO 通常指首席执行官，但在中国，由于企业管理制度的差异，舶来词 CEO 的内涵有所不同，参考已有研究惯例，中国企业 CEO 不仅包含首席执行官，还包含总经理，在数据收集过程中，按照 CSMAR（国泰安）数据库中国 A 股上市公司 CEO 名单确认研究样本。此外，文中还用以下近似概念指代 CEO，包括"管理者""高管""高层管理人员"，其中"管理者"与 CEO 的含义最为相近，尤其在研究中管理者与 CEO 的样本界定经常一致；而"高管"和"高层管理人员"的含义更为宽泛，在诸多国内研究中指代包含 CEO 在内的"高管团队"或"CEO 和董事长"，本书在文献综述部分梳理了包括 CEO 在内的高管职业经历相关研究。

（2）CEO 复合型职业经历。基于高层梯队理论，越来越多的证据表明管理技能是在其个人生活及职业生涯中逐渐形成的，尤其是职业经历影响了其特质性的认知结构、价值取向乃至决策模式（Schoar and Zuo，2017）。管理者职业经历丰富与否，可从以下五个维度进行探讨：①管理者任职的职能部门。研发、生产、财务、营销等不同部门的职业经历会影响管理者制定企业决策时的思维模式与风险意识，如曾从事营销或研发的 CEO 所在公司倾向于遵循市场和产品创新战略，研发支出水平较高（Barker and Mueller，2002）；拥有技术背景的管理者，其企业多元化程度更高（陈传明和孙俊华，2008）；拥有财务经历的管理者企业投资效率更高，更倾向于债务融资（何瑛和张大伟，2015）等。②管理者任职的企业。不同企业独特的经营情境能够提升管理者的环境应对能力及综合管理技能，还为其积累相关的显性及隐性资源，为管理决策提供支持，Hu and Liu（2015）发现曾在不同单位工作的中国高管，能够积累社会资本，并缓解信息不对称，从而降低企业的投资—现金流敏感度，提升企业投资水平。③管理者任职的行业。多种行业的职业经历有助于管理者培养跨界意识并实现知识资源转移，Custódio and Metzger（2013）发现当企业并购时，曾在标的方行业有职业经历的 CEO 价值获取能力更高，能够选择更优的并购交易并在议价谈判时发挥更大的作用，并购绩效也相对更好。④管理者任职的组织机构。不同的组织机构具有不同的组织风格和组织文化，从而影响其认知及行为偏好，例如具有学术背景的独立董事能够提升企业的创新水平（Francis et al.，2015）；军队组织的任职经历可能会使高管偏好激进的行事风格，如采取激进的融资方式（Malmendier et al.，2011），偏好高风险及高收益的并购活动（赖黎等，2017），提升企业风险承担水平。⑤管理者任职的地域类型，主要是海外任职经历。由于中国与海外地区的经济环境、制度环境、文化环境等存在较大差异，可能会塑造出不同的管理风格，研究表明具有海外经历的管理者能够提升企业创新水平、改善企业投资效率、提升企业风险承担水平（宋建波等，2017）。可见已有诸多文献深入探讨管理者单一职业经历对企业财务行为的影响，但不同的职业经历并不是单独发挥作用，而是相互渗透、共同塑造管理者的管理风格，从而影响企业的投资活动以及风险承担水平。与专业型高管相比，具备丰富职业经历的复合型高管更加高调，更能吸引董事会的关注，更容易被聘任，薪酬水平也更高（Custódio et al.，2013）。更重要的是，CEO 作为公司重要的决策制定者和执行者，其职业经历的丰富程度在其综合技能的提升、社会资源的积累等方面发挥显著作用，进而影响公司的财务及风险决策行为。基于此，本书聚焦于 CEO 曾在不同职能部门、企业、行业、组织机构、地域的职业经历，研究丰富的职业经历是否影响 CEO 承担风险的意识或能力，并作用于企业的投资决策中，进而影响企业的风险承担水平。

本书基于高层梯队理论的一系列研究，结合中国管理情境，采用 CEO 职业经历丰富度指数（CEO_CERI）进行衡量，该指数是笔者结合中国管理情境与已有研究方法综合构建的核心研究变量，是对中国上市公司 CEO 职业经历广度特征的界定和测度，用以衡量 CEO 职业经历多元化或多样性（Diversity/Variety of CEO's Career Experiences）。本书构建了高管复合型职业经历的衡量指标——职业经历丰富度指数。在该指数的构建过程中，本书主要从以下五个方面进行综合考虑：

（1）职能部门：整个职业生涯中 CEO 所经历的不同职能部门数量。参考 Crossland 等（2014）等的职位分类标准，本书将职能部门划分为生产运作、研发、金融与财务、市场营销与公共关系、法律、综合管理六大类。笔者手工收集整理了所有企业 CEO 的职业履历，并将其按照这六大类进行归类。其中，属于生产运作类职能部门主要有"车间、生产、制造、加工"等关键词；研发类职能部门主要有"技术员、研究员、设计师、技术顾问"等关键词；金融财务类职能部门主要有"总会计师、会计员、投资经理、审计师、CFO、财务负责人、证券部经理"等关键词；市场营销类职能部门主要有"采购员、销售经理、业务经理、营销员、营业部"等关键词；法律类职能部门主要有"律师、法务顾问、法务人员、检察员"等关键词；综合管理类职能部门则主要有"合伙人、总经理、CEO、董事、综合管理部"等关键词。

（2）企业：整个职业生涯中 CEO 所经历的不同企业数量。曾就职于多家公司的 CEO 对不同企业的运作方式了解更深，从而表现出更强的企业管理能力。

（3）行业：整个职业生涯中 CEO 所经历的不同行业种类，具有多个行业工作经历的 CEO 对不同外部商业环境的接受能力更强。在确定行业类型时，本书主要参考的是中国证监会颁布的《上市公司行业分类指引》以及国家统计局颁布的《国民经济行业分类》（GB/T 4754—2017），通过手工查询企业 CEO 职业经历中曾任职单位的经营范围以确定所属的行业分类。

（4）组织机构：整个职业生涯中 CEO 所经历的不同组织机构背景，如政府机构、科研机构、金融机构、企业单位、军队等。具有多种组织机构背景的 CEO 相对来说拥有更丰富的社会资源。

（5）地域类型：整个职业生涯中高管所经历的不同地域类型，如海外经历与本土经历。拥有海外经历的 CEO 由于接触过不同国家的文化，在公司决策上可能具有更高的眼界与更先进的理念。

为减少测量误差并避免多重共线性问题，本书采用因子分析法对 CEO 职业经历中涉及上述五个维度的数据进行提炼，通过将提取的特征根大于 1 的因子与所对应方差贡献率相乘并加总，最终得出有关 CEO 职业经历丰富度的综合评价得分（CEO_ CERI）。CEO_ CERI 的值越高，代表 CEO 职业经历的丰富度越高。

CEO 职业经历丰富度越高，表明 CEO 职业经历更加多元化，CEO 拥有复合职业经历，而非单一职业经历。Custódio 等（2017）在代表性研究中，将职业经历多元的 CEO 界定为"通才"／"复合型人才"（Generalist），与之相对应的，职业经历多元化程度低的 CEO 被界定为"专才"／"专业型人才"（Specialist），本书也沿用这一概念，拥有复合型职业经历的 CEO 即"通才型"CEO。

本书对 Custódio 等（2017）构建的职业经历刻画维度进行了修订，并与赵子夜等（2018）存在不同，主要区别及原因如下：①由于个人简历中关于管理者任职的企业详细信息有限，难以客观识别是否为集团公司，因此本书同赵子夜等（2018）的做法一致，未采用管理者是否在集团公司任职这一维度。②许多中国上市公司都存在跨多省的子公司或者分公司，并且由于管理者个人简历的披露程度有限，很难确定 CEO 的跨省份职业经历数量，而对于中国企业来说，近年来对于海归人才的重视程度日益提高，海外地区与中国地区相比，在经济环境、制度环境和文化环境方面存在较大差异，同时东西方的管理哲学也有明显不同，在海外的任职经历对于塑造管理风格的影响程度要高于不同省份任职所带来的差异，因此，本书将地域类型界定为是否拥有海外工作经历。③在中国的管理情境中，不同的"单位"对于管理者的影响十分深远（Hu and Liu，2015），而且政府机构、军队组织、科研机构等单位还会为管理者提供与一般盈利性企业不同的异质性资源，因此本书还添加了组织机构数这一维度。

1.2.2　企业风险承担

企业风险承担反映企业追求高利润时为之付出代价的意愿和倾向（Lumpkin and Dess，1996）。与企业风险的概念不同，风险承担表明管理层承担不确定性的意愿与能力，最初特指对于企业风险性投资行为的态度与决策，随着研究的开展，企业风险承担的内涵不断发展，包含更为多样的管理决策，成为管理者合理管控风险、优化企业决策的表现。已有文献普遍采用的风险承担衡量指标多集中于绩效波动性的度量思路，由于中国股票市场波动性较大等，中国企业风险承担水平广泛采用盈余波动性来衡量。本书参考 John 等（2008）、Boubakri 等（2013）、余明桂等（2013）、张敏等（2015），采用三年连续窗口期内盈余波动性衡量企业风险承担水平。管理者的风险决策最终体现在企业绩效的不确定性上，因而盈余波动性越大的企业，风险承担水平越高。本书对于企业风险承担的度量也聚焦于风险承担水平，同时在影响路径研究中考察具体的风险承担行为。

没有企业能够不承担风险却获得成功（Nakano and Nguyen，2012）。从微观视角而言，合理的风险承担能够有效促进企业成长，提高企业资源配置效率，提升企业价值及整体竞争力（Low，2009；Cucculelli and Ermini，2012；Boubakri et al.，2013；李文贵和余明桂，2012）；从宏观视角而言，市场上较高的风险承担水平有助于提升社会生产率，推动社会资本积累，促进社会经济的可持续增长（De Long and Summers，1991；John et al.，2008）。但是，企业过度激进的冒险行为又会威胁自身发展，给资本市场及宏观经济带来隐患。作为企业行为动向的决策者，高管的风险承担意愿和能力对企业风险承担具有关键性作用。在现代企业制度下，自利主义、管理防御等代理问题都可能会削弱管理层的风险承担动机，管理者先天或后天的个人特质也会影响其风险决策，导致其放弃一些预期净现值为正但风险较高的项目，妨碍企业价值提升。因此，如何通过加强和完善企业外部和内部治理机制，增强高管的风险承担意愿和企业的资源获取能力，从而提升企业的整体风险承担水平，是公司金融和公司治理领域的重要议题。

目前关于风险承担的研究大多认同委托代理理论关于管理者风险规避的假设，认为提升企业风险承担有助于企业成长发展，并对宏观经济起到正向推动作用。因此风险承担是聚焦管理者行为的战略管理概念，但囿于管理层风险承担意愿及行为的直接测量存在较高的难度，企业风险承担通常采用事后观测推断的方法进行衡量，最为常见的是采用盈余波动性或股票波动性度量企业风险承担的大小，其概念也拓展至企业经营效果层面，即以企业风险承担水平来反映企业追逐风险的意愿与能力。根据 Hoskisson 等（2017）的总结，企业风险承担体现在管理决策的方方面面，尤其表现在投资行为、融资行为、经营战略行为方面，如创新、并购、债务融资、市场扩张、战略变革等。而企业的经营管理绩效也成为企业风险承担的经济后果。

对于企业风险承担的影响因素，以往文献重点从公司外部治理因素、公司内部治理因素及管理者特质因素三个方面进行研究。

（1）公司外部治理因素。外部治理主要从制度约束、环境约束、文化约束等方面对企业风险承担进行影响效应分析。制度约束方面，制度约束会对风险承担产生双向的影响。John 等（2008）发现，良好的投资者保护有助于降低企业管理层为谋取私利而减少有效投资的可能性，同时也可缓解银行、政府等机构对投资政策保守性的影响。但 Chava 和 Roberts（2008）及 Nini 等（2009）却表示，严格的债券契约在提供良好债权人保护的同时，会给企业风险性投资造成潜在的不利影响。Subramanian（2009）也指出，债务契约过强，企业为保护自身利益，会降低财务杠杆率，呈现较高的资本性支出和较低的研发投入。King 和 Wen（2011）及 Acharya 等（2011）也发现，较好的债权人保护机制会降低企业的风险承担水平。Bargeron 等（2010）发现，《萨班斯-奥克斯利法案》（SOX）中有关增加独立董事规模、加大董事权力以及加强企业内部控制的规定降低了企业风险承担的动机。环境约束方面，宏观经济会影响个体及企业的风险承担（Arif 等，2014；Mclean 等，2014）。经济繁荣期，市场有较高的增长预期及较易获得的资本，企业整体投资处于较高水平；而经济衰退期，企业融资约束更为严峻，投资决策相应保守，风险承担水平较低（Mclean et al.，2014）。此外，Bruno（2014）研究发现，全球流动性为企业营造良好的外部融资环境，有助于提升企业风险承担水平。Caggese（2012）发现，市场环境不确定性对民营企业风险承担水平具有显著的负面影响。李文贵和余明桂（2012）也发现，在市场化进程相对较快的地区，国有企业与非国有企业之间的风险承担差异更大。文化约束方面，研究表明非正式制度层面（如文化）对公司的决策制定具有重要影响（Hail et al.，2006；Griffin et al.，2014）。文化可以直接影响管理者个体的风险决策，也可通过规范正式制度发挥间接作用。个人主义会提升企业风险承担水平，而不确定性规避和和谐的文化价值观会降低风险承担水平，宗教、社会文化也会显著影响企业的风险承担（Hilary and Hui，2009；Li et al.，2013）。

（2）公司内部治理因素。内部治理主要从管理层激励、管理层权力、股权性质与股权结构、董事会结构、社会网络等方面对企业风险承担进行影响效应分析。管理层激励方面，主要包括薪酬激励、股权激励和晋升激励。薪酬激励和股权激励能够在一定程度上缓解代理问题，提升管理层的风险承担意愿，进而提高企业风险承担水平（Kim and Lu，2011；Choy et al.，2014；解维敏等，2013），尤其是解聘风险不存在时，薪酬激励对风险承担的促进作用更大（Kempf et al.，2009），而较高的解聘风险会抵消薪酬激励对风险承担的正向影响（Chakraborty et al.，2007）。Kini 和 Williams（2012）、张洪辉等（2016）还发现，晋升激励能够增强管理者实施风险性投资的积极性，提高企业风险承担水平。管理层权力方面，Sah 和 Stiglitz（1991）、Lewellyn 和 Muller（2012）发现，考虑到组织内部信息分布不均衡及个人能力差异，在管理层决策权分散的情况下，公司的决策会趋向于多种意见的折衷，因而往往起到规避风险的作用。苏文兵等（2010）、张三保等（2012）、李海霞（2017）发现，管理层的决策自主权越大，越有能力促成企业的风险投资战略，提高企业风险承担水平。何威风等（2016）发现，管理层权力加强了管理者能力与企业风险承担之间的负向关系。股权性质与股权结构方面，企业的股权结构对管理层行为具有明显的约束作用。Attig 等（2013）表明，大股东可以发挥监督作用，缓解管理层机会主义行为导致的低水平风险承担问题。Koerniadi 等（2014）也发现，股权制衡提升了企业的监管水平，促进了企业选择高风险、高收益项目。Bauguess 等（2012）也发现，单一股权结构公司的风险承担水平较低。但朱玉杰和倪骁然（2014）发现，机构投资者持股显著降低了企业的风险承担水平，并且非独立机构投资者持股对企业风险承担的限制作用更为显著和持续。另外，大股东思维模式也会影响管理层的风险性决策。随着所有权的增加，具有多元化投资背景的大股东有强烈的动机增加风险型项目来提高公司的收益（Paligorova，2010；Faccio et al.，2011）。Boubakri 等（2013）、李文贵和余明桂（2012）等均发现，国有企业的风险承担水平显著低于民营企业和外资企业，当国有企业民营化后，其风险承担水平显著上升（余明桂等，2013）。董事会结构方面，董事会成员多样性导致企业容易汇集多角度意见，在投资项目的选择上更为谨慎，进而降低企业风险承担水平（Harjoto，2014），而董事长和 CEO 两职合一使得 CEO 拥有较高的自主决策权，不利于董事会行使监督和咨询职能，管理层机会主义也会导致企业低风险承担（Fama and Jensen，1983；Kim and Buchanan，2008）。Beasley（1996）和 Morck 等（1988）发现，独立董事比例的增加提高了董事会独立性，从而发挥更强的监督作用，进而促进企业风险承担水平。社会网络方面，作为一项非正式制度安排，社会网络具有资源配置效应，能够帮助企业获取更多低成本的资源（Dahl and Pedersen，2005；Li et al.，2005）。张敏等（2015）基于社会网络视角，实证检验了社会网络有助于提升企业风险承担水平，社会网络越丰富，企业的风险承担水平越高，即相对于总经理构建的社会网络，董事长构建的社会网络更有利于提升企业的风险承担水平。

（3）管理者特质因素。管理者特质主要从外在特质和内在特质等方面对企业风险承担进行影响效应分析。根据高层梯队理论（Hambrick and Mason，1984），一些文献剖析了心理、性别、年龄、经历等管理者内外在个人特质与企业风险承担的关系。外在特质方面，Faccio 等（2012）发现，女性 CEO 所在公司的风险承担水平较低；Serfling（2014）发现，CEO 年龄会显著影响企业风险承担行为，年龄更大的高管更加保守，其主要通过风险偏小的投资行为来减少公司风险；Carpenter（2003）研究显示，对于新兴国家的高科技公司，具有国际化经验的投资者和管理者所控制公司呈现出更合理的风险承担水平；叶建宏等（2017）研究显示，具有参军经历的核心高管在决策中更加激进，可以提升经营业绩、增加企业风险承担水平。内在特质方面，从行为金融学理论出发，由于环境的不确定性、信息的不完全性以及个体有限理性，管理者的心理认知偏差（如过度自信、风险偏好、心理账户等）均会影响其风险偏好，进而影响企业的风险承担（Kahneman et al.，1979）。Li and Tang（2010）、余明桂等（2013）均发现管理者过度自信有利于提升企业的风险承担水平。

此外，在企业风险承担的经济后果方面，诸多文献发现风险承担有助于提升企业价值（Bloom and Milkovich，1998；John et al.，2008；Low，2009；Cucculelli and Ermini，2012；李文贵和余明桂，2012；余明桂等，2013），但也存在少量研究表示风险承担会损害企业价值（Bromiley，1991）。Dong 等（2010）研究表明，企业高风险承担会导致较高的债务融资、较短的债务期限结构（Djembissi，2011），以及较高的现金持有水平（Liu and Mauer，2011）。李文贵和余明桂（2012）也发现，风险高的投资项目往往具有周期长、投入高的特征，因而企业会更多地使用贷款，即保持较高的资产负债率来支撑项目的运作。

对于企业风险承担的影响因素考察，当前文献主要局限在传统的经济学框架内，基于委托代理理论聚焦从公司内外部治理等契约他律因素考察对企业风险承担的影响（完全理性），而基于高层梯队理论从管理者特质因素考察对企业风险承担影响的研究成果并不多见（有限理性），基于行为金融理论从高管的心理与行为特征因素考察对企业风险承担影响的研究成果更是屈指可数（非理性），为数不多的基于有限理性和非理性行为的文献也忽视了公司高管个人经历中"复合型职业经历"所塑造的行为认知模式和管理风格等自律因素对企业风险承担的影响。

1.3 研究问题

本书基于高层梯队理论，以 2007~2018 年中国沪深 A 股上市公司为样本，通过手工收集的 CEO 多维职业经历独特数据集，从职能部门、企业、行业、组织机构和地域类型五个维度构建 CEO 职业经历丰富度指数，依据"制度环境—影响效应—影响路径—经济后果"的逻辑思路，系统考察企业聘任复合型 CEO 的现状，以及验证拥有丰富职业经历的 CEO 是否影响企业经营与财务决策，进而提升企业风险承担水平，即深入论证职业经历异质性引发高管资源、认知、能力等方面的异质性,进而影响企业行为及经济后果。本书试图挖掘企业聘任复合型 CEO 的优势及需要注意的问题,并争取为企业高层次人才甄选和国家制定人才培养计划提供理论和实证依据。因此本书拟解决如下四个关键问题。

问题一,CEO 复合型职业经历的度量。手工收集中国沪深 A 股上市公司管理者职业经历数据,基于理论和现实背景构建中国企业 CEO 职业经历丰富度指数,对中国上市公司聘任 CEO 职业经历的状况进行年度与行业的初步分析,并初步探索哪类企业聘任的 CEO 职业经历多样化程度更高,更进一步地,以 CEO 聘任事件为研究对象,探究业绩期望落差对企业聘任复合型 CEO 的影响。

问题二,CEO 复合型职业经历对企业风险承担的影响。基于高层梯队理论,实证检验 CEO 复合型职业经历对企业风险承担的影响效应、作用机制与经济后果,即 CEO 职业经历丰富度是否提升企业风险承担,作用机制如何,并且最终是否能够提升企业价值?从具体表现来看,CEO 职业经历丰富度的不同维度对企业风险承担的影响是否存在差异。

问题三,企业经营风险承担角度,CEO 复合型职业经历对企业多元化经营的影响。基于高层梯队理论、资源基础理论等,实证检验 CEO 复合型职业经历影响企业多元化经营的主效应和作用机制,并验证多元化经营是否是 CEO 复合型职业经历提升企业风险承担的影响路径。即 CEO 职业经历丰富,是否会促进企业多元化经营?相应的作用机制如何?进一步地,CEO 复合型职业经历是否通过促进企业多元化经营提升企业风险承担及企业价值?

问题四,企业财务风险承担角度,CEO 复合型职业经历对企业资本结构的影响。基于高层梯队理论、人力资本理论等,实证检验 CEO 复合型职业经历影响企业资本结构的主效应和作用情境,并验证资本结构是否在 CEO 复合型职业经历提升企业风险承担的影响中起到中介作用。即 CEO 职业经历越丰富,是否会提升企业的负债水平,作用情境如何,决策效率如何?进一步地,CEO 复合型职业经历是否通过提升企业负债水平促进企业风险承担?

针对上述研究问题,本书主要包括以下四个难点:一是 CEO 职业经历数据获取难度较高,精确度难以把握,当前公开的数据库中并无完整、精确的上市公司管理者多维职业经历数据,基础数据需要手工查阅公司年报、新浪财经等披露的 CEO 简历信息,并人工判断、整理、统计样本 CEO 各维度职业经历的数据,该环节工作量较大,同时可能会受到主观因素的影响,因此在数据收集之前笔者进行了大量的文献阅读与数据收集实验,确定数据收集的环节与细节规则,尽量解决人工收集数据引发的测量偏误问题。二是 CEO 复合型职业经历和专业型职业经历尚未有统一、权威的区分与界定,指数构建的方式也各不相同,因此需要参考相关理论和文献,并结合中国实际及研究状况进行确定,构建符合中国研究情境的 CEO 职业经历丰富度指数。三是从理论与实证角度深入分析 CEO 复合型职业经历影响企业财务行为的作用机制尚具有一定的难度，虽然职业经历作为可观测的变量，能够对企业决策发挥作用，但其中的"黑箱"并未打开，相应的影响机理与作用情境还需要进一步探索与验证。四是本书主题存在较难避免的内生性问题，如何缓解内生性、提高结果稳健性是不可忽视的重要问题，因此需要跟进相关最新研究的内生性问题解决方式，选择适合的研究方法缓解可能存在的内生性问题。

1.4　研究框架

针对前文确定的拟解决问题，本书立足于中国独特的制度背景和管理情境，基于高层梯队理论、资源基础理论、委托代理理论等，从多学科视角关注高管职业经历的异质性特征，以 CEO 职业经历丰富度为切入点，探讨 CEO 复合型职业经历对企业风险承担的影响，并基于经营风险承担和财务风险承担视角，从多元化经营（经营风险承担）与资本结构（财务风险承担）两个角度探究相应的影响路径，最后从企业价值视角检验其经济后果。如图 1-1 所示，本书包括以下四个核心研究内容：

研究内容一：中国上市公司 CEO 职业经历现状分析。通过构建 CEO 职业经历丰富度指数度量并分析中国上市公司 CEO 职业经历多样性现状。在梳理已有文献的基础上，总结目前关于 CEO 职业经历多样性的衡量方式。然后基于中国的制度情境，从职能部门、企业、行业、组织机构、地域类型五个维度构建中国企业 CEO 职业经历丰富度指数，手工收集 CEO 职业经历数据，运用因子分析法进行指数测算。最后，针对计算的指数进行初步分析，探究中国企业 CEO 职业经历丰富度的整体发展趋势、样本分布及差异分析。

研究内容一同时对聘任复合型 CEO 的动因进行了分析。CEO 变更是影响企业未来战略与价值创造的关键决策，聚焦当前聘任"复合型"与"专业型"管理者的争论，本书从业绩反馈视角出发探究企业聘任"复合型" CEO 的动因、作用情境及经济后果。研究是否企业的业绩期望落差越大，越倾向于聘任拥有复合型职业经历的 CEO；并从公司治理情境、离任 CEO 特征角度来分析两者之间的关系；最后本书丰富了 CEO 继任的前因及业绩期望落差的后果研究，并为企业完善高层次人才培养选聘机制、合理配置人力资源、规范公司治理机制、提升公司价值提供有益参考。

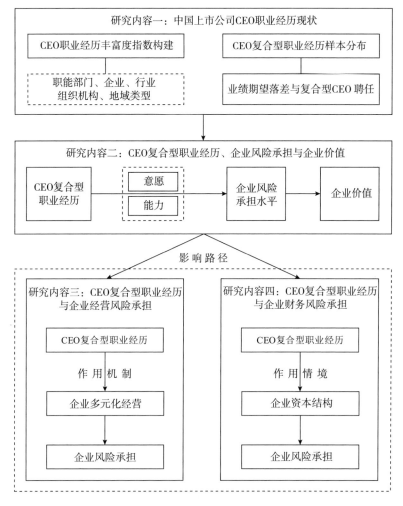

图 1-1 本书主要研究内容

运用研究内容一测算的 CEO 职业经历丰富度指数，接下来完成以下实证研究。根据前文可知，本书主要基于高层梯队理论，研究 CEO 复合型职业经历对企业风险承担的影响，并从企业经营风险承担与财务风险承担两个角度探究其影响路径，因此可以分为 CEO 复合型职业经历与企业风险承担、企业多元化经营与企业资本结构这三项研究内容，此部分是本书的核心内容，具体包括以下三项议题。

研究内容二：CEO 复合型职业经历与企业风险承担。研究内容二是本书的核心效应检验，验证 CEO 职业经历丰富度是否能够提升企业风险承担水平，并探究相应的作用机制及经济后果。首先，在理论分析、逻辑推导的基础上提出假设，然后构建面板数据回归模型检验假设的合理性。其次，采用调节效应检验方法进行作用机制检验，探讨 CEO 复合型职业经历是否通过提升风险承担意愿与能力促进企业风险承担水平。在此基础上，从经济后果视角，检验 CEO 复合型职业经历是否通过促进企业风险承担，最终提升企业价值。

在理论分析并实证检验 CEO 复合型职业经历对企业风险承担的影响后，本书继续研究 CEO 复合型职业经历影响企业风险承担水平的具体表现。由于研究内容二在企业风险承担研究中侧重运用企业绩效波动特点反应管理层风险偏好，对于风险承担的考察较为抽象，基于企业行为视角，本书将从经营风险承担和财务风险承担两个角度进行深入研究。企业经营风险承担关注企业资金使用环节，与企业生产经营活动的不确定性相关，反映投资经营决策方面的风险态度。在经营风险承担方面，以企业多元化经营为重点，探讨 CEO 复合型职业经历对经营活动的影响，并研究其作用机制，同时聚焦"CEO 职业经历丰富度—多元化经营—企业风险承担"路径是否成立。企业财务风险承担聚焦企业资金来源及偿还，与企业融资行为息息相关，因此选择企业资本结构决策为研究主题，探究 CEO 职业经历丰富度与企业资本结构的关系，分析其作用情境，并重点探究"CEO 职业经历丰富度—资本结构—企业风险承担"路径是否成立。通过研究内容三、四的研究，旨在更全面地了解 CEO 复合型职业经历影响企业风险承担的具体路径及行为表现。

研究内容三：CEO 复合型职业经历与企业经营风险承担。投资经营决策是企业重要的管理决策，也是企业经营风险承担的体现，关于企业选择多元化经营还是专业化经营一直是学术界热议的话题。首先，通过理论推导和数据分析，验证 CEO 职业经历是否促进企业多元化经营，并通过一系列内生性检验方法提升研究结果的可靠性。其次，基于假设的逻辑，通过数据验证 CEO 职业经历丰富度提升企业多元化经营水平的作用机制。再次，针对多元化经营创造价值还是毁损价值的争议，从经济后果的视角探究拥有丰富职业经历的 CEO 提升企业多元化经营的价值效应。最为重要的是，通过中介效应检验探究 CEO 复合型职业经历是否通过促进多元化经营提升企业风险承担水平，验证"CEO 复合型职业经历——多元化经营——企业风险承担"是否成立。

研究内容四：CEO 复合型职业经历与企业财务风险承担。融资决策是关乎企业经营投资行为的风险性决策，而资本结构决策是最关键的融资决策之一，也是财务风险承担的重要体现。首先，探讨 CEO 丰富的职业经历是否提升企业的负债融资水平。其次，从管理自主权视角出发，使用调节效应验证相应的作用情境。再次，聚焦资本结构决策效率，检验 CEO 职业经历丰富度对对资本结构动态调整的促进作用。最为重要的是，检验 CEO 复合型职业经历是否通过促进企业负债融资提升企业风险承担，验证"CEO 复合型职业经历——资本结构——企业风险承担"是否成立。

上述四项核心研究内容是由因及果、层层递进、互相支持的，构成了 CEO 复合型职业经历影响企业风险承担的完整研究脉络，因此也能在一定程度上保证本书逻辑分析的合理性和结果结论的稳健性。

1.5　研究方法与技术路线

1.5.1　研究方法

本书基于高层梯队理论、委托代理理论、资源基础理论等多学科交叉融合的理论基础，通过手工收集的中国上市公司 CEO 职业经历数据集及国泰安等数据库的财务数据，理论与实证分析 CEO 复合型职业经历与企业风险承担的影响效应、作用机制、影响路径及经济后果。本书采用的研究方法主要包括规范研究方法和实证研究方法两类。首先通过规范研究方法综合运用相关理论并结合实际情境论述 CEO 复合型职业经历是否及如何影响企业风险承担，以及企业投资经营和融资决策。其次通过实证研究方法对先前的推测加以分析、验证和解释，力求分析论证规范严谨。

1.5.1.1　规范研究方法

针对前文提出的研究问题，本书通过理论分析及逻辑推导探究 CEO 复合型职业经历与企业财务决策及风险承担的关系，规范研究方法几乎运用于全书。第 1 章绪论和第 2 章理论基础与文献综述主要采用文献研究法，归纳总结高层梯队理论、委托代理理论、资源基础理论、社会资本理论等相关理论的发展状况，对高管职业经历与企业决策、企业风险承担、企业多元化经营、企业资本结构主要文献进行归纳，梳理研究脉络，总结研究趋势及不足，提出本书的核心主题，从理论上初步分析 CEO 复合型职业经历对企业行为的影响。第 3 章的核心指标构建中先采用归纳法梳理已有研究方法，并针对研究主题构建核心指标模型。第 4 章~第 6 章的假设提出部分主要采用演绎法和归纳法，在已有理论及文献的基础上，分析推导 CEO 复合型职业经历影响企业多元化经营、企业资本结构、企业风险承担的关系与影响机理，为实证检验部分提供依据。使用规范研究法需要充分学习相关理论和文献，并结合实际情况深入思考、归纳总结、逻辑推理，保证后续研究在逻辑思路上的合理性。

1.5.1.2　实证研究方法

本书在规范研究的基础上，采用手工收集的中国企业 CEO 职业经历数据集以及国泰安数据库（CSMAR）、万得数据库（Wind）可获取的相关研究数据，采用适宜的统计分析方法，使用 Stata 15.0 软件进行实证检验。第 3 章~第 6 章的数据分析部分都需要采用实证研究方法，所使用的方法主要包括非参数检验、参数检验、因子分析、多元线性回归。

因子分析是第 3 章 CEO 职业经历丰富度指数构建的主要方法。因子分析法针对具有相关关系的多维数据，构建公共因子进行降维，使用少量的数据维度反映大部分样本信息。本书的核心变量 CEO 职业经历丰富度指数包括具有依赖关系的五个维度的基础数据，笔者使用因子分析法对 CEO 多样化职业经历基础数据矩阵进行计算，提取公共因子构建指标，用于后文针对研究议题的多元线性回归分析。参数检验与非参数检验是第 3 章 CEO 职业经历丰富度样本分析时的主要方法，两者都是对变量样本总体分布进行假设推断，参数检验需要基于样本的均值与方差参数进行统计分析，而非参数检验不涉及上述参数。本书在测算核心变量中国上市公司 CEO 职业经历丰富度指数后，使用参数检验与非参数检验对基于产权性质、行业属性、市场类型分类的两独立样本进行显著差异检验，以完成初步对比分析。

多元线性回归是第 4 章~第 8 章主要应用的计量分析方法，也是本书最主要的研究方法，通过对样本数据的回归分析判断 CEO 复合型职业经历对企业行为的影响，核心计量方法采用基于面板数据的双向固定效应模型（Two-way FE），稳健性检验部分还使用倾向得分匹配法（PSM）、工具变量法（IV）、替换变量衡量方式等，在一定程度上处理研究中存在的内生性问题，提高结果的稳健性。本书涉及的检验包括主效应检验、调节效应检验、中介效应检验，检验方法参考通用的权威方法，在一定程度上保证检验结果的解释力与科学性。

具体来说，主效应检验使用基于面板数据的双向固定效应模型，由于研究存在对同一公司多年份的持续观测情况，因此参考 Petersen（2008）、申广军等（2018）的研究方法，运用双向固定效应模型（Two-way FE）对样本数据进行回归，以同时控制难以观测的、不随时间改变的个体异质性因素，以及特定年份对全部个体的影响，并在一定程度上缓解内生性问题。此外，由于部分企业在样本期间内变更行业类型，导致行业因素无法在双向固定效应中被完全考虑，因此模型中也加入了行业虚拟变量。最后，为控制异方差的影响，本书提供了稳健标准误。

由于管理者特质可能与企业特征存在一定的因果倒置关系，为缓解研究主题的内生性问题，提高研究结论的可靠性，笔者针对 CEO 复合型职业经历与企业风险承担的实证分析进行了如下内生性检验，包括工具变量法、倾向得分匹配法、双重差分模型、控制可能产生影响的其他因素、替换核心变量等。①工具变量法是缓解内生性问题的有效方法，参考 Hu 和 Liu（2015）的研究，笔者选取对 CEO 职业经历丰富度有影响而对企业风险承担不存在直接影响的工具变量。第一个工具是同年同行业其他企业"通才型"CEO 的占比（OtherCEO），其中将大于各年各行业样本中位数的观测值设置为"通才型"CEO，否则为"专才型"CEO，与行业其他企业的高管选聘可能存在相互影响，但不直接影响本企业的资本结构决策；第二个工具变量参考 Hu 和 Liu（2015）的研究，根据企业注册地是否属于副省级城市或直辖市（City），属于则 City 取值为 1，否则为 0。②倾向得分匹配法。倾向得分匹配法可以进一步解决因果倒置问题，该方法的重点是将拥有丰富职业经历 CEO 的企业（实验组）与不具备丰富职业经历 CEO 的企业（对照组）进行匹配，具体过程如下：以 CEO_CERI 是否大于年度同行业样本中位数为依据生成 CEO_D 虚拟变量，将总样本分为对照组和控制组，对照组为职业经历丰富程度高于中位数，即 CEO_D 为 1 的样本，控制组反之。以 CEO_D 为被解释变量，影响 CERI_D 的变量为匹配变量（包括 CEO 性别、CEO 年龄、CEO 受教育程度，公司层面变量与主效应检验公司特征变量一致），使用 Logit 回归，倾向分值选取最近邻方法，在两组之间进行 1：1 有放回匹配。针对匹配后样本进行回归分析。③双重差分模型。为进一步缓解可能存在的内生性问题，笔者还基于 CEO 变更事件进行双重差分检验。本书将 CEO_CERI 大于样本中位数的 CEO 界定为拥有复合型职业经历的 CEO，反之则为非复合型 CEO。本书选取 CEO 变更当年及前后一年（共三年）的样本数据作为测试数据，将 CEO 变更前一年的样本设置 Post=0，变更当年及变更后一年的样本设置 Post=1，同时，参考姜付秀和黄继承（2013）的研究，选取 CEO 连续变更事件的时间间隔不小于 4 年，否则只保留首次变更的样本。以公司 CEO 变更作为外生事件，将处理组界定为由非复合型 CEO 变更为复合型 CEO 的公司样本，设置 Treat=1，将控制组界定为变更前后均为非复合型 CEO 的公司，设置 Treat=0。④控制可能产生影响的其他因素。为缓解可能存在的内生性问题，本书第 4 章参考连燕玲等（2015）的研究，选择滞后 2 期的业绩期望落差作为解释变量滞后 1 期业绩期望落差（Loss）的工具变量，进行两阶段最小二乘法检验。⑤替换核心变量。本书采用以下三种替换变量方法进行稳健性检验。其一，CEO 职业经历丰富度（CEO_CERI）主要使用因子分析法进行指数构建，在稳健性检验中，笔者使用主成分分析法（PCA）重新构建该指数，提取特征值符合要求且累计方差贡献率大于 70% 的前三个公共因子，并以其各自的方差贡献率加权计算得分，得到新的 CEO 职业经历丰富度指数 CEO_CERI（PCA），作为解释变量进行回归。其二，将被解释变量提前一期加入模型进行回归。其三，计算风险承担水平变量时，将窗口期调整为 5 年（t-2 至 t+2），其他计算方法不变，使用重新度量的风险承担水平变量进行回归。

1.5.2 技术路线

基于前文设计的 CEO 复合型职业经历与企业风险承担的研究框架，本书的技术路线如图 1-2 所示。

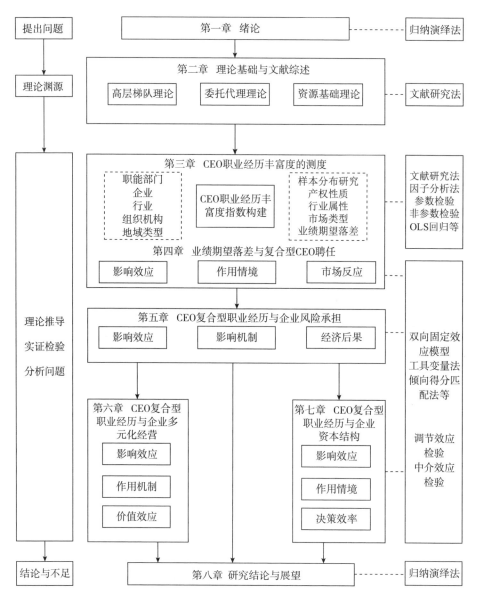

图 1-2 本书技术路线

本书共 8 章，具体内容如下：

第 1 章是绪论。该章是本书的开篇，首先介绍研究主题的研究背景，明确本书中 CEO 复合型职业经历、企业风险承担的概念。其次构建系统的研究思路，并设计明确的研究方法与技术路线，提出研究的创新点。

第 2 章是理论基础与文献综述。首先介绍与本书主题相关的高层梯队理论、资源基础理论、委托代理理论。其次总结高管职业经历与企业行为的研究脉络，并回顾企业风险承担、企业多元化经营、企业资本结构的影响因素研究。最后作出文献述评，该章为后续实证研究提供理论基础。

第 3 章是 CEO 职业经历丰富度的测度。该章探讨研究内容一，即 CEO 职业经历丰富度指数的构建及结果分析。总结 CEO 职业经历相关衡量方式，基于手工收集的数据构建本书核心研究变量——CEO 职业经历丰富度指数，并对测度结果进行初步分析。该变量是第 4 章、第 5 章、第 6 章、第 7 章、第 8 章的核心研究变量。

第 4 章是业绩期望落差与复合型 CEO 聘任。CEO 变更是影响企业未来战略与价值创造的关键决策，聚焦当前聘任"复合型"与"专业型"管理者的争论，本章从业绩反馈视角出发探究企业聘任"复合型"CEO 的动因、作用情境及经济后果。本章对应研究内容一，选取 2008～2016 年中国沪深 A 股上市公司的CEO 变更事件为样本，基于企业行为理论与高层梯队理论，实证检验业绩期望落差与继任 CEO 职业经历丰富度的关系。研究企业的业绩期望落差越大，是否越倾向于聘任拥有复合型职业经历的 CEO；从公司治理情境来看，当董事会治理水平较高、市场化程度较高时，是否对二者关系产生调节效应；从离任 CEO 特征来看，前一任 CEO 发生非常规变更、任期越短时，二者关系是否有影响；从经济后果来看，聘任复合型 CEO 的业绩期望落差企业，其后续战略变革程度和长期股价表现如何。本书丰富了 CEO 继任的前因及业绩期望落差的后果研究，并为企业完善高层次人才培养选聘机制、合理配置人力资源、规范公司治理机制、提升公司价值提供有益参考。

第 5 章是 CEO 复合型职业经历与企业风险承担。该章探讨研究内容二，即CEO 复合型职业经历影响企业风险承担的实证研究。首先理论推导并实证检验CEO 职业经历丰富度对企业风险承担的促进作用，并进行一系列内生性检验提高结果的稳健性，其次从风险承担意愿与能力两个角度进行作用机制检验，最后检验 CEO 复合型职业经历提升风险承担的价值效应。

第 6 章是 CEO 复合型职业经历与企业多元化经营。该章基于经营风险承担视角探讨研究内容三，即 CEO 复合型职业经历影响企业多元化经营的实证研究。通过理论分析与实证检验，从信息资源和认知能力两个角度探究 CEO 职业经历丰富程度是否提升企业多元化经营，作用机制与经济后果如何。最后，该章重点探讨多元化经营是否作为 CEO 复合型职业经历提升企业风险承担的影响路径。

第 7 章是 CEO 复合型职业经历与企业资本结构。该章基于财务风险承担视角探讨研究内容四，即 CEO 复合型职业经历影响企业资本结构决策的实证研究。实证检验 CEO 职业经历丰富度与企业负债水平的关系，并探讨管理自主权的调节作用，还进一步研究 CEO 职业经历丰富度对企业资本结构动态调整速度的影响。最后，该章重点探讨资本结构决策是否作为 CEO 复合型职业经历提升企业风险承担的影响路径。

第 8 章是研究结论与展望。前文主要基于高层梯队理论，理论分析并实证检验 CEO 复合型职业经历对企业风险承担决策的作用，同时由于 CEO 复合型职业经历是企业较为稀缺的人力资本，如何甄别、运用该资源也是企业面临的重要命题。本章先总结本书的主要研究结论，同时从政府、企业、管理者三个层面提出管理建议，最后分析本书的研究局限及展望。

1.6 研究创新点

本书综合运用高层梯队理论、委托代理理论、资源基础理论等研究 CEO 职业经历对企业经营财务决策以及企业风险承担水平的的影响，创新之处主要包括以下三个方面：

（1）基于手工收集的数据集构建了中国上市公司 CEO 职业经历丰富度指数。在参考国外学者 Custodio 等（2017）设计的通才指数（*General Ability Index*，*GAI*）以及国内学者赵子夜等（2018）构建的通才指数（*GEN*）基础上，结合中国本土情境和实际现状构建 CEO 职业经历丰富度指数，关注 CEO 跨组织机构任职及跨地域任职的经历，更加契合中国的制度背景及管理情境，对于人才特质的量化及人力资源领域研究具有重要的参考意义。基于 CEO 职业经历丰富度指数构建，本书进一步探讨复合型人才和专业型人才在企业管理方面的差异，具有重要的现实意义：一方面对于企业高层次人才的甄别与培养提供参考，有助于微观企业完善团队结构和选聘机制并优化决策，另一方面有助于完善现代公司制度，提高企业经营管理决策质量与效率，进而促进宏观社会经济的可持续发展。

（2）为高管异质性特征影响企业行为提供新的证据，是对高层梯队理论的有益补充。自高层梯队理论提出之后，国内外学者针对高管的年龄、性别、任期等特征对企业管理决策的影响展开了广泛的研究与讨论，但是对于管理者职业经历的研究更多聚焦于单一特殊的职业经历，忽视管理者职业背景可能相对复杂这一实际情况。相较于高管单一职业经历的研究，本书聚焦职业经历的多样化与专一化，创新性地综合研究 CEO 职业经历丰富度对企业风险承担的影响效应与经济后果，并验证 CEO 复合型职业经历对企业管理决策的影响，因此丰富了高管背景特征与企业行为领域的研究，再次肯定了管理者对于企业发展的重要作用，尤其为管理者职业经历多元化这一新兴研究领域提供经验证据。

（3）从 CEO 复合型职业经历的微观个体层面拓展了企业风险承担影响因素及影响路径领域的系统研究。企业行为的影响因素通常包括政府、市场、企业、管理者等宏观、中观和微观多个角度，涉及传统代理理论、行为金融理论等。本书从高管异质性角度出发，综合运用高层梯队理论、委托代理理论、资源基础理论等全面探讨 CEO 复合型职业经历影响企业风险承担具体表现及经济后果，并基于经营与财务两个视角检验相应的影响路径。本书的研究补充了企业风险承担的研究框架，拓展了企业管理决策领域管理者层面影响因素的研究；为提升微观企业风险承担及价值创造能力、促进宏观社会经济的可持续发展提供了理论参考。

第2章　理论基础与文献综述

第2章主要介绍相关的理论及文献综述，为后文实证研究确定理论框架。首先明确研究主题的核心理论——委托代理理论、高层梯队理论、资源基础理论；其次从高管职业经历、企业风险承担、企业多元化经营、企业资本结构四个方面系统回顾相关文献；最后进行文献评述，再次明确研究意义。本章为后文核心内容提供理论与文献基础。

2.1　理论基础

2.1.1　委托代理理论

委托代理理论，或代理理论（Agency Theory），基于理性人假设，重点关注企业委托代理关系中管理者对企业行为的影响，是经济学、管理学、财务学、金融学等多领域研究的基础理论。在企业委托代理关系中，股东是委托人，管理者是代理人，委托人通过授予部分决策权，雇用代理人管理企业（Jensen and Meckling, 1976）。所有权和控制权的分离决定了管理者与股东的利益并非完全一致且都具有独立行为，由于信息不对称及管理者自利的存在，管理者的理性决策并不一定促进股东利益最大化，甚至可能损害股东利益，因而引发以逆向选择和道德风险为代表的一系列问题。逆向选择是指由于代理人与委托人的信息不对称，委托人无法完全了解代理人的情况，代理人有可能通过夸大自身能力及提出过度承诺，从而使得委托人放弃更合适的代理人，引发较为扭曲的聘任代理人决策。此外，由于委托人无法完全观察并监督代理人的行为，代理人可能出于机会主义将自身利益最大化而损失委托人的利益，形成道德风险。上述两种情形在管理者与所有者代理关系中尤为常见。

委托代理理论是现代公司治理的逻辑起点，该理论基于理性人假说，认为每一个从事经济活动的人都是利己的，以最小经济代价去获得最大的经济利益是其行事准则。正因如此，在一对代理关系中，委托人和代理人的目标都是个人利益最大化，但现代企业所有权与经营权的分离将二者的利益目标天然地分列至天秤两端。委托人享有企业所有权，其个人利益与公司价值直接挂钩，因此追求公司价值最大化是其获得个人利益的重要方式。而代理人只享有公司经营权，个人价值不与企业价值挂钩，追求工资收入、特殊消费、闲暇等才是管理者的行事目标。与此同时，信息不对称导致委托人难以完全掌握代理人的行为，从而为代理人提供了机会主义空间，容易出现逆向选择与道德风险，产生委托代理问题。这也是实务界与学术界长期关注的第一类代理问题，该类代理问题会在管理者行为或企业行为中得到体现。一方面管理者可能存在谋取私利的行为，比如过高的在职消费，尤其当管理者拥有较大的决策权时，他们可能会利用在职消费来满足个人私欲，而不是将资源最大化地用于公司发展和股东利益，这种过高的在职消费常表现为奢侈的办公设施、高额的差旅费用、不必要的娱乐开支等；还有比较常见的帝国构建问题，企业规模会为经理人的声誉与地位提供较大的助力，因此，管理者具有企业扩张的动机，建造庞大的企业帝国，以提升自己在经理人市场的竞争力，而这类扩张基于管理者私利动机，可能并不都有利于企业发展，甚至会损害股东权益。另一方面管理者可能基于个人职业风险考量制定较为保守的公司决策，这也是第一类代理问题在公司层面的具体表现。由于风险决策意味着较强的不确定性，可能会存在失败并引发公司损失，从而导致管理者的薪酬、声誉、职业发展等受损，管理者会倾向规避风险制定过于保守的经营决策和筹资决策，经营决策方面，管理者可能在面对不确定性时无法从公司长期发展的角度进行决策，更关注失败带来的损失，导致企业错失发展机会；筹资决策方面，负债筹资在降低资本成本提高经营效率具有一定优势，但还本付息的压力也会使企业面临一定的财务风险，并且降低企业的自由现金流，因此管理者可能会采取负债比例较低的筹资决策。最后，基于信息不对称视角，管理者可能还会存在信息披露操纵，以掩盖自身经营管理不善等行为。

现代企业制度中普遍存在两类代理问题，其中前文所述的管理者与股东的代理冲突为第一类代理问题，也是研究中最为关注的代理问题；第二类代理问题主要探讨控股股东与小股东的冲突、股东与债权人的冲突，认为控股股东可以通过控制权约束管理者行为，缓解第一类代理问题，但也可能通过隧道效应提升个人私利，从而与中小股东的利益产生冲突；同时股东拥有对企业一定的控制权和决策权，决策过程中可能倾向于以自身利益为主，而损害无决策权的债权人的利益。如何有效缓解上述两类代理问题是该领域研究的重要议题，也丰富了与代理问题相关的公司治理理论。

为缓解代理冲突，以公司治理为视角的机制构建可能起到重要作用。从企业内部治理角度来看，以董事会治理、监事会治理、股东治理等为代表的监督机制，以及以完善薪酬契约、晋升机制为代表的激励机制可以在一定程度上缓解代理问题；从企业外部来看，分析师、审计师、媒体等信息中介，法律法规制度、证监会等监督机制都可能对管理者以及控股股东的行为起到约束作用，从而缓解代理冲突。管理者影响企业行为的研究通常需要考虑代理问题，尤其关注如何构建合理的契约关系，缓解代理人与委托人目标不一致的冲突，提高管理者的工作效率。

企业风险承担相关研究大都基于委托代理理论展开讨论。根据上文提及的代理问题，追求高回报的企业风险承担多数情况下是有益于股东价值最大化的行为，但高不确定性意味着一旦风险决策失败，管理者可能面临解雇等职业安全问题，因此出于自身人力资本风险的考量，管理者通常具有风险规避的"天然"特性，即存在防御动机，因而构成"代理人风险规避假说"。基于此，要促进企业风险承担需完善相关的管理者激励与监督机制，提高管理者追逐风险的动机。从内部视角来看，企业可以对管理者聘任来源进行选择并构建合理的契约关系，从而提升企业风险承担水平；以薪酬激励、股权激励和晋升激励为主要表现形式的管理层激励也是提升代理人风险承担水平的重要激励举措；以董事会独立性、股东等为代表的监督要素也能在一定程度上强化管理者的风险承担动机。从外部视角来看，投资者保护制度、债权人权益保护制度等法律制度，能够在一定程度上影响管理者的风险承担行为；而以媒体、审计师、分析师等为代表的外部治理要素同样会起到监督的作用，从而影响企业风险承担水平；此外，机构投资者作为一类特殊的股东，也会从外部影响管理者的风险承担决策，起到治理作用。

以代理理论为基础的企业风险承担研究在未来需要更加关注治理情境和制度背景的差异（Hoskisson et al.，2017）。国家或地区间的制度差异从根本上导致企业处于不同的外部治理环境，而行业、生命周期等情境因素也会对企业的委托代理关系产生影响，因此基于代理理论的风险承担研究不应局限于企业内部的管理者与股东微观关系的考察，还需要拓展情境要素的研究。此外，缓解管理者代理行为的各类治理要素并非独立，其对企业风险承担的作用可能存在互补或替代效应，可能不利于企业风险承担单独考察影响因素所得结论的准确性，因而系统性的研究更有助于完善代理理论对企业风险承担的解释。

2.1.2 高层梯队理论

高层梯队理论（Upper Echelons Theory），最早由 Hambrick 和 Mason 在 1984

年提出，其重点研究企业高层管理人员的异质性特征与公司战略选择之间的关系，尤其以人口统计学特质来反映管理者的行为特质，强调并巩固高层管理人员这一微观因素对公司战略的重要意义。21 世纪以来，高层梯队理论的相关研究愈发丰富，成为管理学、心理学、金融学、财务学等领域的热点。高层梯队理论将社会学与管理学融合，关注管理者背景特征对组织行为及组织绩效的重要作用，也从管理者异质性视角对企业风险承担进行了重要的理论阐释，是本书的核心理论。

与委托代理理论的理性人假设前提不同，高层梯队理论基于有限理性人假设，认为管理者并非完全理性，其行为认知具有局限性，从而会基于自身的认知和价值观进行决策，最终影响企业行为，因此该理论强调管理者的异质性，而非同质性。高层梯队理论描绘了有限理性假设下管理者影响企业行为的过程：企业的外部影响因素（如宏观环境、行业特征等）并非完全直接作用于企业，而是通过管理者基于个人认知与价值观的信息过滤及决策制定影响企业行为及绩效，主要涉及信息收集方面的视阈有限性，即管理者因为认知局限只能观察到外部环境的部分信息，其所获取的信息是有限的；信息筛选方面的选择性知觉，即管理者面对可观察的现象也会因为注意力有限而主观地选择并加工信息；再到信息理解方面，管理者会基于自身的知识与偏好等对感知到的信息作出差异化的理解与推断，依据推断的"事实"制定企业决策。由此可见，管理者特质的差异影响了企业的战略选择，如图 2-1 所示。

综合来看，高管的异质性特征可以分为内在特征和外在特征两类，以认知和价值观为核心的内在特征差异是管理者决策差异的核心来源，但针对管理者心理、性格等内在特征的观测和考察非常复杂，通常较难开展；而高层梯队理论不仅提出战略管理研究的新思路，还突破了研究数据的限制，更多地将人口统计学等外在特征作为研究重点，使用外在特征作为内在特征的部分代理变量，探究管理者或高管团队的性别、年龄、任期、教育水平、职业经历等可观测特征对组织行为的影响，为企业战略选择、财务行为、经营绩效等提供了理论与实证解释。此后，面对研究逻辑链条较长等问题，也有学者试图直接研究管理者心理特征对企业行为的作用，包括大五人格、自恋、价值观、悲观人格等因素的影响。经过多年理论发展与实证研究，高层管理人员对于企业行为的重要性已被广泛证实。

随着高层梯队理论的广泛应用，管理者特质影响企业风险承担的研究也逐步完善。首先，作为直观的外部特质方面，管理者性别和年龄的差异会影响其风险偏好，其所在企业的风险承担水平也不同。其次，管理者的个人经历与企业管理实践的联系也尤为紧密，婚姻经历会影响管理者的风险态度，早年饥荒经历、经济危机经历等会对管理者的行为发挥烙印效应，进而影响企业的风险承担水平。

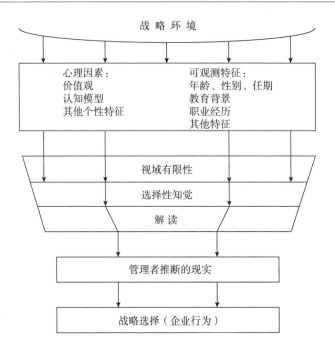

图2-1　高层梯队理论：管理者有限理性下的战略选择

注：图2-1由作者改编自Hambrick D C, Mason P A. Upper Echelons：The Organization as a Reflection of Its Top Managers［J］. Academy of Management Review，1984，9（2）：193-206.

在高管背景特征研究中，职业经历是重要的外在特征之一。高管的职业经历与其管理风格及管理心理的关联度较高，会对高管的综合技能、行为认知等产生直接影响，进而影响企业的财务行为（如Hambrick and Mason，1984；Barker and Mueller，2002；Graham and Narasimhan，2004；Malmendier and Tate，2004；Lin et al.，2014；Benmelech and Frydman，2015；Dittmar and Duchin，2016；Schoar and Zou，2017）。目前对于高管职业经历与公司财务行为的关系研究主要从三个方面展开：一是高管职业经历是否会影响高管的风险偏好、过度自信、管理风格等内在特质，并在财务决策中得以体现；二是高管单一职业经历是否及如何影响公司财务行为，其中公司财务行为主要从融资行为（融资偏好、融资约束、负债融资、股权融资、资本结构决策等）、投资行为（技术创新、资本投资、兼并收购等）及其他财务行为（社会责任、信息披露、盈余管理、财务重述、风险承担等）这三个方面进行研究，高管职业经历主要包括从军经历、学术经历、从政经历、财务经历、研发经历、海外经历等单一的职业经历；三是高管职业经历多样性是否并如何影响公司财务行为。本书关注的CEO复合型职业经历亦属于高管重要的个人经历，职业经历一定程度上塑造了管理者看待企业发展的视角以及制定决策的经验与偏好，也是高管人力资本与社会资本的重要体现。如果企业管理层仅通过组织内部实现自我提升，拥有的知识与经验则会相对有限，此时管理者从企业外部积累的经验与资源尤为重要，这也是管理者过往职业经历备受学术界和实务界关注的原因之一。诸多研究关注管理者财务经历、海外经历、军队经历等单一职业经历对企业风险承担水平的影响，对于管理者来说，存在多维职业经历共同塑造管理者管理风格的现象，因此复合型职业经历对于企业风险行为亟待系统研究。最后，本书所涉及的管理自主权也是基于高层梯队理论发展出的概念，管理自主权或行动自由是高管特质研究的情境因素，管理者的个人特质通常并不能在企业行为中得到完全的发挥，当其拥有的管理自主权较高时，管理者对企业的影响会越大（Hambrick and Finkelstein，1987）。与管理自主权并列的另一个重要因素是管理者的工作要求，当面临的工作情境较为复杂时，管理者更倾向于运用以往工作经历的决策或积累的经验，因此其异质性经历及背景会对管理决策产生更为明显的影响。

本书聚焦 CEO 职业经历，属于管理者可观测的外部特质之一。基于高层梯队理论，CEO 职业经历与企业行为的关系已成为近年研究热点。CEO 职业经历在一定程度上反映 CEO 职业生涯发展路径，从而塑造管理认知、管理者风格及决策偏好；对于管理者来说，只依靠在组织内部学习和积累的知识与技能进行决策是较为有限的，不同的职业经历对 CEO 的认知与能力形成会产生重要作用。已有诸多研究聚焦 CEO 从政经历、海外经历、从军经历等单一职业经历对企业行为的影响，而对于复合型职业经历的探究还并不全面。关于管理者单一职业经历的研究主要包括以下 6 个方面：①高管从军经历，该职业经历对于管理者价值观和行为风格塑造具有较为深远的影响，因此学者们分别从不同方面展开研究，如从军经历会使得高管更加谨慎，从而在财务决策方面更加保守（Benmelech and Frydman，2015）；但也有部分学者认为从军经历会使得高管具有冒险精神，从而偏好高风险决策（Malmendier et al.，2011；赖黎等，2016）；从价值观角度，从军经历使得高管具有正直精神与道德意识，从而缓解代理问题（权小峰等，2018）。②高管学术经历，该职业经历会强化高管的道德观和社会责任感，因此会提升企业慈善捐赠（姜付秀等，2019）、降低审计风险与审计费用等（沈华玉等，2018）。③高管财务经历，该职业经历对高管的专业知识与管理技能产生重要影响，从而影响企业资本结构（姜付秀和黄继承，2013；Graham et al.，2013）、降低企业权益资本成本（李小林等，2018）、提升企业商业信用水平（何威风和刘巍，2018）、改善投资效率等（Jensen and Zajac，2004；姜付秀等，2018）。④高管从政经历，该职业经历对高管的影响主要体现在丰富社会网络等资源，从而有助于企业缓解融资约束（Houston et al.，2014；于蔚等，2012）、影响创新投资等（谢家智等，2014）。⑤高管海外经历，该经历对管理者价值观和管理视野的影响较为显著，管理者可能具有更高的个人主义倾向及风险偏好，从而对高管薪酬差距（柳光强和孔高文，2018）、企业创新（Filatochev et al.，2011；Yuan and Wen，2018；罗思平和于永达，2012）、风险承担（宋建波等，2017）等产生促进作用。⑥高管研发经历，该经历对于管理者创新意识和技能的培养具有一定作用，因而会提升企业研发支出水平（Barker and Mueller，2002）、提升创新绩效（胡元木，2012）等。

基于单一职业经历的研究可知，不同经历在塑造管理者心理特征与行为模型、积累人力资本和社会资本等方面存在不同影响；现实情境中部分管理者具有在不同组织、不同岗位的任职经历，而部分管理者职业经历则较为单一，管理者职业经历丰富度情况存在差异。多元的职业经历会对管理者的认知与行为产生综合影响，因此，国内外学者开始关注与职业经历单一的 CEO 相比，CEO 复合型职业经历是否对企业行为产生不同的影响。已有研究表明，在职业经理人市场中，具有复合型职业经历的 CEO 被聘任的概率更高（Malmendier and Tate，2009；Dasgupta and Ding，2010）、薪酬及涨幅也会更高（Custódio et al.，2013）；同时可能会对企业战略变革（Crossland et al.，2014）和企业创新（赵子夜等，2018；何瑛等，2019；郝盼盼等，2019）产生促进作用。以上研究都是对高层梯队理论的补充与验证，因此本书基于该理论，依据 CEO 职业经历的研究脉络，从风险视角探究 CEO 复合型职业经历对企业行为的影响，为高层梯队理论提供有益补充。

2.1.3　资源基础理论

资源基础理论（Resource-Based Theory）的概念由 Wernerfelt（1984）构建，明确企业的资源和能力是其核心竞争力的来源，资源基础理论强调组织的异质性和核心竞争力的重要性，是经济学、管理学领域的重要基础理论。资源是指包括有形和无形资源在内的企业所有的资源，其中有形资源包括实物资产等，无形资源包括知识、信息等；而能力是企业吸收并运用资源创造价值的技能，总体来看资源与能力是企业有形与无形资源的集合。资源是企业发展的基石，而资源的稀缺性、不可复制性、不可替代性是企业维持独特竞争优势的核心。

资源能力对企业风险承担水平起到关键作用。如果缺乏充足的资源支撑，企业风险项目的存续前景堪忧，从而削弱管理者风险承担动机；相反，对于资源能力较强的企业来说，风险活动引发资金流断裂等严重后果的可能性相对较小，因而企业承受风险的能力也更强，也有助于提升管理者承担风险的意愿。鉴于风险活动具有较强的资源依赖性，资源能力是提升企业风险承担水平必须关注的环节。从资源角度来看，风险承担行为与管理者关系密切，复合型职业经历为管理者及企业带来的资源能力主要包括两个方面，一方面是复合型职业经历对管理者综合能力与经验的塑造，提升管理者自身的稀缺性与价值；另一方面是复合型职业经历积累的社会网络丰富管理者的社会资本，拓宽企业获取资源的非正式渠道。即管理者是企业关键的人力资本，同时也为企业带来了重要的社会资本。

对于企业来说，人力资本是重要的资源，尤其是具有稀缺性、难以复制性的管理者，是企业提升竞争优势的重要来源。虽然管理者与企业家的内涵存在异同，但基于公司治理领域的职能划分，管理者与企业家对企业的作用存在重叠，依托企业家人力资本的特性探讨管理者人力资本也具有现实意义。对于企业来说，企业家人力资本存在以下重要特点：一是稀缺性，作为特殊的高层次人力资本，企业家人力资本的形成需要内在及外在资源的长期投入，成本较高且较难复制；二是实践性，对于企业管理来说，教育促成的通常为一般性人力资本，实践与经验才是企业家人力资本不可或缺的组成部分；三是异质性，企业家人力资本对于企业盈利及价值创造具有关键的边际递增作用，是企业核心竞争力构成的来源。

作为关键资源的管理者，在企业其他各类资源获取、整合、利用，以及企业独特能力的构建方面也发挥重要作用，尤其通过积累的社会资本在企业资源获取方面重点发挥了信息优势。社会资本强调通过构建社会关系可以获得有形及无形资源；而社会资本的拥有主体，可以是个人，也可以是企业，甚至是共同体。总体来看，社会关系强调主体之间的信任与共识，能够帮助主体进行资源的交换或获取，同时其资源获取能力与主体在关系网络的结构或位置息息相关，是一项有层级的非正式制度。管理学领域的研究中，社会资本被视为企业家或企业独特的资源，会对企业绩效产生重要的影响，能在一定程度上弥补正式制度的缺憾。尤其在中国的社会背景下，"关系"在企业管理及商业经济发展中扮演重要角色，本书所研究的 CEO 职业经历也是管理者构建社会网络提升社会资本的重要途径，基于社会资本的思想，具有复合型职业经历的管理者社会关系网络可能更加丰富，有助于通过非正式渠道获取更多的特定有效信息，从而提升企业的资源获取及利用能力。

2.2　文献综述

2.2.1　CEO 聘任的影响因素研究

管理者选聘是影响企业可持续发展与价值创造的重要事件，也是备受管理学、组织学、财务学等领域关注的议题。对企业来说，CEO 变更通常同时包含 CEO 离职与 CEO 继任两项决策，以往诸多研究聚焦 CEO 离职的前因及 CEO 继任 的后果，针对 CEO 继任类型的前因研究相对较少，然而，管理者风格与企业风 格的匹配既是企业聘任 CEO 的缘由，又是影响企业后续发展的重要环节；随着 国际竞争的加剧与管理复杂性的提升，企业对管理者的跨界能力、适应能力、学 习能力等提出更高的要求，人力资本的配置决策越发重要，因此对于 CEO 继任 类型的研究同样值得关注。本节针对 CEO 变更的影响因素研究进行综述，主要 从企业外部环境特征与企业内部特征两个角度梳理 CEO 变更，尤其是 CEO 继任 的前因。

　　企业外部环境是推动 CEO 变更的重要因素，其中外部治理水平与行业发展 状况是影响 CEO 变更的主要动因。从法律政策角度来看，严格的法律制度有助 于保护投资者、改善外部治理环境，强有力的执法机构有助于企业辞退业绩不佳 的 CEO（Defond and Hung，2004），而特殊的法律规定还可能影响公司 CEO 继任 类型的选择，如美国颁布《萨班斯-奥克斯利法案》（SOX）之后，公司更倾向 于聘任具有财务背景的 CEO（Cullinan and Roush，2011）。从第三方监督角度来 看，媒体与分析师都会在一定程度上影响 CEO 变更决策，Wiersema and Zhang（2013）发现媒体关注度会提高发生"丑闻"公司的高管变更频率；Wiersema and Zhang（2011）还发现投资分析师的建议会影响董事会解雇 CEO 的决策，分 析师评估也为董事会做出 CEO 任命决策提供第三方信息支持。从劳动力市场角 度来看，许多企业存在聘任本地 CEO 的倾向（Yonker，2017），除 CEO 本身具有 一定的地理偏好之外，企业聘任本地 CEO 意味着较低的代理成本和搜寻成本， 有助于缓解信息不对称。行业特征方面，Eisfeldt and Kuhnen（2013）应用竞争 性分配模型分析发现，行业发展状况会影响公司和 CEO 之间的匹配，即行业状 况能够自然地推动 CEO 变更事件；同样，Jenter and Kanaan（2015）、邓金龙和 曾建光（2019）研究发现行业景气程度会对 CEO 变更决策产生影响；而行业特 征与 CEO 继任类型也存在关联，例如行业内企业的战略同质性越强，企业越倾 向于聘任同行业的 CEO（Zhang and Rajagopalan，2003）。

　　公司内部特征是影响 CEO 变更的重要维度，其中内部治理水平与企业发展 状况是最主要的因素。公司内部治理水平，尤其是董事会治理，对 CEO 变更决 策起到至关重要的作用。董事会的重要职责之一是解雇及聘任 CEO，董事会治理 水平通常会影响 CEO 离任决策的及时性和有效性，也会影响继任 CEO 的选择。 从正式制度及非正式制度角度来看，正式制度方面，Zhang（2008）发现由于聘 任过程存在信息不对称，董事会可能在新任 CEO 任职一段时间后对其进行解雇， 而外部 CEO 的早期解雇概率要高于内部继任 CEO，当董事会治理水平较高，如设有独立提名委员会时，CEO 早期解雇概率会有所下降。Kaplan and Minton（2012）、Guo and Masulis（2015）也发现当董事会独立性较强时，CEO 强制变更的业绩敏感性更高。在董事会治理相关研究中，董事会组成结构是也是重点考量因素，黄志忠等（2015）发现企业女性董事比例越高，董事会监督积极性越高，企业 CEO 变更的可能性越大，马如静和唐雪松（2016）还发现有学术背景的独立董事在董事会比重越高，董事会的治理作用越强，公司 CEO 变更的业绩敏感性越高；此外，董事会结构还会影响 CEO 继任类型，如张行（2018）发现董事会结构中外部董事比例越大，企业聘任外部 CEO 的可能性越高。非正式制度方面，基于意识形态视角，保守主义的董事会更偏好解雇业绩不佳的 CEO（Park et al.，2020）。基于社会关系视角，李维安等（2017）发现董事会社会独立性越高，公司越有可能变更 CEO；管理层与董事会之间的联系也可能影响董事会独立性，进而不利于 CEO 非自愿离职（Balsam et al.，2017）。基于文化视角，Fiordelisi and Ricci（2014）发现不同文化导向的企业，其 CEO 变更的业绩敏感性及 CEO 继任类型也存在差异。

企业发展状况主要体现在战略与财务两个方面。首先，公司战略在一定程度上决定了企业对管理者的需求。CEO 继任类型与公司战略类型息息相关（Ocasio and Kim，1999），Koyuncu and Firfiray（2010）发现由于供应链管理逐渐成为公司战略的核心事项，公司更倾向于聘任具有运营背景的 CEO；追求差异化战略的公司可能更偏好具有营销背景的 CEO（Parrino and Srinivasan，2011）；而 Kaplan and Klebanov（2012）发现参与收购和风险资本交易的公司，其聘任的 CEO 通常具备两个特征：一是具备综合能力而非专业能力，二是沟通和人际关系处理能力突出。其次，作为管理者经营业绩评价的重要组成部分，财务状况通常是影响 CEO 变更的直接因素，Chang and Wong（2009）、Ghosh and Wang（2019）等研究发现财务损失会导致公司高管离职；Chyz and Gaertner（2018）发现基于声誉考虑，低税收的企业更容易发生 CEO 强制离职。同时，公司的财务状况不仅影响 CEO 离职行为，还会影响 CEO 继任类型，Guthrie（1997）发现企业规模、盈利能力、营销水平、风险水平等财务因素与 CEO 继任类型相关；姜付秀等（2012）也验证了不同财务状况的公司聘任具有财务经历 CEO 的情境与动机不同。由于绝对绩效在对比性与动态性方面存在不足，企业在评估经营绩效时，会以企业历史及行业业绩作为参考标准，而非以绝对绩效界定经营成败，因此基于心理落差的业绩反馈模型也被用于 CEO 变更决策研究。不同于业绩不佳引发 CEO 离职的单一结论，业绩期望落差与 CEO 变更的关联更为复杂，吕斐斐等（2015）发现业绩期望差距会影响创始人的离任方式，刘力钢和李莹（2020）发现消极的业绩反馈会导致高管主动离职；业绩期望落差还会影响 CEO 继任，葛菲等（2016）发现期望落差会影响企业聘任高管人员的数量，此外，刘鑫和薛有志（2015）还发现企业消极的业绩反馈还会影响董事对于继任 CEO 的监督程度。

在 CEO 聘任研究中，CEO 继任的来源、CEO 薪酬等问题也成为学者们关注的重点。CEO 继任来源一直是国内外企业管理研究领域的重要议题，通常情况下其继任来源可以划分为内部继任和外部继任，其中内部继任又包括企业创始人和企业内部晋升，外部继任指 CEO 继任前未在企业及其股东单位任职（Lauterbach et al.，1999；柯江林等，2007）。不同的企业主体在 CEO 继任来源选择时具有差异，家族企业和国有企业作为特殊的企业主体，其 CEO 继任来源研究尤其受到学者们的关注。

家族企业 CEO 继任来源。家族企业是指家族成员掌控多数资本或股份，并由部分家族成员出任董高监等主要职位的企业，由于家族企业自身的特殊性，其 CEO 继任不仅关系到企业未来发展，还影响家族的利益与传承；在我国民营经济中家族企业占据重要地位，因此其 CEO 继任问题是长盛不衰的研究话题。总体来看，家族企业 CEO 继任的来源大致可以分为三个方面：一是家族内部继承，包括子女继承或其他家族成员继承；二是企业内部晋升选拔，这里指非家族成员；三是外聘职业经理人，指外部直接空降。在家族企业发展中，内部继承是许多家族企业 CEO 继任的首要选择，这也形成了学术界关注的家族企业代际传承问题。家族成员继任 CEO 具有理论与实践上的合理性，因为基于代理理论，与外部聘任 CEO 不同，家族成员担任 CEO 不存在所有权与经营权分离的问题，能够有效降低代理问题；而且基于管家理论（Davis et al.，1997），家族成员在管理企业时具有更高的认同感和使命感，家族所有者也能给予较高的支持与信任；同时家族成员对企业的认同感和熟悉度更高，成员继承对于企业的文化、价值观的延续产生有利影响。但是基于社会情感财富理论（Gómez-Mejía et al.，2007），家族成员在管理企业过程中，可能会为维护社会情感财富而忽视经济目标，从而造成一定的管理低效问题（陈志军等，2017）；同时，在当前的经济环境和社会环境中，部分家族企业还面临代际冲突等问题，子女继承家族企业的意愿与能力较低，或家族企业存在权力争夺，这对于 CEO 内部继任都提出了挑战。因此，也有部分理论和实践证明了家族企业外部聘任 CEO 的可行性，为提高家族企业经营效率及公司治理水平，促进企业长期可持续发展，家族企业也考虑聘请非家族成员 CEO 实现职业化经营（李晓彤等，2020）。

国有企业 CEO 继任来源。在中国情境下，中央企业和地方国有企业的 CEO 继任兼具内部继任和外部继任的属性，是基于中国企业集团化治理模式和国企内部经理人市场形成的特殊来源，被称为岗位轮换或交流任职（郑志刚等，2014；郭丽虹和汪制邦，2021），该交流任职表现于同行业央企间，也存在于政府部门和企业之间。尽管股权分置改革和混合所有制改革促使国有股份在国有企业中占比下降，但绝对控制权仍然存在；这种中国特色的企业治理模式形成了内部资本市场和内部人力资源市场，为交流任职成为央企和国企子公司 CEO 继任主流形式奠定制度基础。从另一角度来看，央企和国企 CEO 市场化聘任目前仍然较为困难。一方面，央企和国企具有行政与现代企业制度双重特征，长期在现代企业任职的职业经理人，若无政府背景和国有企业相关经历，难以了解并融入企业运作模式，呈现管理者与企业风格不匹配的现象；另一方面，央企和国企高管薪酬受政府严格管制，市场化程度低，对外部聘任 CEO 来说缺乏吸引力。因此 CEO 外部调任仅在央企子公司层面出现，集团层面则较为少见（汪邦制，2022）。

CEO 与公司契约关系的制定是聘任的重要环节，其以薪酬为主要显性表现，因此诸多学者围绕 CEO 薪酬进行研究，该部分的研究内容非常丰富，涉及管理者激励、管理者超额薪酬、管理者薪酬差距等多类研究主题，诸多研究尤为关注 CEO 薪酬的经济后果，即其对公司行为及公司绩效的影响；也有部分学者关注 CEO 薪酬制定的影响因素研究，其中最优契约理论和管理权力理论是研究的重要理论框架（纪宇和王彦超，2019）。最优契约理论认为董事会通过设计合理的薪酬契约以激励管理层履约行为，提升管理者与所有者利益一致性，从而缓解第一类代理问题（Hlmstrom，1979；Grossman and Hart，1983）。基于该理论，不仅公司特征、经理人市场特征会影响 CEO 薪酬水平，管理者风险偏好、管理者能力（Falato et al.，2015）等高管特征因素也会影响其薪酬制定。在薪酬契约研究中，诸多研究发现最优契约理论无法解释薪酬契约安排的不合理之处；同时在薪酬契约的制定过程中，CEO 存在干预行为。因此诸多学者基于管理者权力理论（Bebchuk et al.，2002；Bebchuk and Fried，2003）探究 CEO 薪酬，该理论认为，管理者的权力会影响管理层甚至自身薪酬契约的制定，因此管理者权力越大，其薪酬水平会越高，反映企业代理问题，薪酬契约的设计成为第一类代理问题的后果，而非解决方案。从管理者权力理论出发，CEO 薪酬的影响因素研究更多聚焦公司治理，即通过公司治理等约束管理者行为，从而缓解管理者权力对薪酬的影响。对 CEO 薪酬的关注最终目的是探究何种契约关系下能够促进 CEO 的履职情况，发挥 CEO 的作用，提升公司价值。

总体来看，CEO 变更的研究包括 CEO 离任和 CEO 继任两个方面，一部分研究主要围绕 CEO 离职的前因展开，企业外部压力与自身发展需求是影响 CEO 离职的主要原因，其中董事会治理水平对 CEO 变更决策起到关键作用，企业业绩通常是 CEO 变更不可忽视的原因，与传统业绩指标不同，业绩期望落差基于明确的参考点衡量企业经营状态，与 CEO 变更决策存在更强的逻辑关系。另一部分研究重点关注 CEO 继任问题，与 CEO 继任类型相关的前因主要为公司内部因素，体现出 CEO 特征与公司发展需求匹配的重要性；同时特殊的企业主体对于 CEO 继任类型有一定倾向，家族企业 CEO 继任研究重点基于家族内部继承还是外部职业经理人继任展开讨论；而央企和国企 CEO 外部继任情况很少，呈现出交流任职的特殊制度。与 CEO 离任重点聚焦企业历史要素不同，CEO 继任与企业未来发展关系更为密切，而选聘 CEO 是对企业影响巨大的复杂决策，尤其涉及到以薪酬为主的契约关系设计，进而影响管理者履责情况，对企业行为与业绩产生不同的作用，因此研究 CEO 继任具有重要的理论与现实意义。

2.2.2 高管职业经历与企业行为研究

高层管理人员作为企业重要的人力资本，其个体或团队特征及行为在企业战略规划、财务行为、企业价值等方面发挥着关键作用。最初对高管特征的研究集中于社会心理学、组织行为学等领域，1984 年 Hambrick 和 Mason 开创性地提出高层梯队理论，首次研究高管的人口统计学特征（包括年龄、性别、个人经历、教育水平等）对公司战略及财务行为的影响，为后续管理者特质与企业经营决策及绩效研究提供了基础。在高管背景特征研究中，职业经历是重要的外在特征之一。职业经历会影响管理者的管理风格，并在公司财务决策中体现。从管理风格角度看，已有研究表明从军经历可能会导致风险偏好提升（Malmendier et al.，2011；Killgore et al.，2008）；Duffy（2006）还通过调查统计验证从军经历会提升 CEO 的领导力；Graham 等（2013）验证了与 CFO 相比，CEO 具有不同的职业路径，并且更乐观、风险承担水平更高，进而影响过度收购、资本结构、薪酬结构等公司决策。Schoar 和 Zuo（2017）从烙印理论出发，实证检验了管理者开启职业生涯时的经济环境对他们之后的职业路径和管理风格有长期的影响；葛永波（2016）验证了管理者可观测的异质性特征会促成不同的管理风格，而管理者风格在企业财务决策及绩效表现中发挥了显著作用，即存在管理者风格效应。目前对于高管职业经历与企业行为的关系研究主要从两个方面展开：①高管单一职业经历是否及如何影响公司财务行为，其中企业行为主要从融资行为（融资约束、融资成本、资本结构决策等）、投资行为（技术创新、资本投资、多元化投资、兼并收购等）及其他行为（社会责任、信息披露、盈余管理、财务重述、风险承担等）这三个方面进行研究，高管单一职业经历主要包括在军队、学术机构、政府机构、海外任职，或具备财务、研发等特殊岗位的职业经历。②高管通过多维任职积累的职业经历多样性特征是否并如何影响公司财务行为。下文将围绕这两个方面进行文献回顾。

2.2.2.1 高管单一职业经历与企业行为

综合回顾国内外研究，学术界关于高管单一职业经历的相关研究主要涉及以下几项特殊的职业经历：从军经历、学术经历、从政经历、财务经历、研发经历、海外经历等，上述职业经历对于管理者资源、认知、能力的影响都较为显著，拥有不同职业经历的管理者对于企业决策产生了异质性作用。该部分主要梳理拥有上述职业经历的高管对企业融资行为、投资行为及其他行为的影响。

高管单一职业经历与公司融资行为的关系研究目前主要涉及资本结构、融资成本、融资约束等。其一，资本结构方面，学者从管理者的内在特质角度出发，认为拥有不同职业经历的管理者会形成不同的管理风格或管理心理，进而在企业融资决策方面具有不同的偏好。如从军经历来看，Malmendier 等（2011）认为具有军队背景的管理者对于风险的接受程度较高，检验了此类高管倾向于采用高风险的激进融资方式，企业负债水平更高；而 Benmelech 和 Frydman（2015）却从相反的角度进行研究，验证了由于军事生活包括更多伦理教育，从军经历的管理者偏好更低的负债率、更保守的财务政策及更道德的财务行为；赖黎等（2016）实证检验了我国有从军经历的管理者风险偏好更高，会选择激进高财务杠杆。财务经历方面，Graham 等（2013）、Custódio 和 Metzger（2014）、何瑛和张大伟（2015）等发现具有财务经历的 CEO 债务融资水平更高。从职业经历提升专业技能的角度看，Frank 和 Goyal（2006）曾试图研究管理者的财务及技术任职经历与公司财务杠杆的关系，姜付秀和黄继承（2013）验证了具有财务经历的管理者，在融资决策的认知与专业能力方面具有优势，从而优化公司资本结构决策的质量与效率。此外，余明桂和潘红波（2008）、张敏等（2010）等发现有从政经历的高管提高了公司的负债水平。其二，融资成本方面，学者通常从信息不对称理论及委托代理理论出发，研究高管职业经历是否及如何降低公司的融资成本。周楷唐等（2017）实证检验曾在学术机构任职的管理者能够降低所在企业的债务融资成本，并从信息不对称和代理成本两个角度检验作用机制。其三，融资约束方面，学者一般从资源基础理论及信息不对称理论出发，研究高管职业经历是否缓解公司融资约束并探讨相关影响机理。Güner 等（2008）验证具有财务经历的独董能够降低融资约束，促进企业外部融资水平的提升。于蔚等（2012）检验我国具有政府任职背景的高管能够缓解民营企业外部融资约束；以美国（Houston 等，2014）等国家为样本的实证研究也证明了有从政经历的高管能够显著提高企业的信贷获取能力；上述研究均证明高管从政经历为企业带来了资源效应；姜付秀等（2016）发现董秘的财务任职背景对企业的融资约束产生显著影响，并从信息的角度验证其对公司融资约束的缓解作用。股权融资方面，从资源基础理论及信号理论出发，Wu 等（2013）实证检验具有从政经历的高管能够提升公司的 IPO 绩效。

高管单一职业经历与公司投资行为的关系研究主要涉及技术创新、多元化经营、兼并收购、资本投资等。其一，创新投资方面，Filatotchev 等（2011）、Liu 等（2011）从知识溢出角度出发，以中关村高科技行业为样本，实证检验具有海外背景的创业者能够提升企业技术创新和战略管理，并有效提升产业整体技术创新水平；Francis 等（2015）从公司治理视角验证具有学术背景的独立董事会显著提升公司的专利产出水平；国内学者罗思平和于永达（2012）以中国光伏产业为样本，研究发现具有海外背景的高管会促进企业创新能力的提升，强化专利保护；刘凤朝等（2017）以中国部分高新技术企业为样本，验证拥有海外经历的高管在企业专利申请方面的正向影响；Yuan 和 Wen（2018）同样发现高管海外背景促进了企业创新水平；谢家智等（2014）研究发现，高管的从政经历有可能会对企业的研发投资产生负面作用；权小锋等（2019）检验了高管军队经历能够对企业创新发挥积极的促进作用。从不同的职能经历出发，Thomas 等（1991）、Chaganti 和 Sambharya（2010）发现，遵循市场和产品创新战略的公司，其 CEO 主要职业经历是从事产出职能工作，即营销、销售和研发；Barker 和 Mueller（2002）研究发现具有研发经历的 CEO 会提升企业的研发支出水平；胡元木（2012）依据资源依赖理论研究发现，技术背景独立董事能够提高企业创新绩效。其二，多元化经营方面，基于行为金融理论和高阶梯队理论，Jensen 和 Zajac（2004）验证 CEO 的财务经历能够帮助其采取企业多元化的投资方式；陈传明和孙俊华（2008）以我国董事长为研究对象，验证董事长技术相关经历提升企业多元化经营水平。其三，兼并收购方面，Lin 等（2011）发现从军经历 CEO 有助于降低并购的代理成本并产生更好的收购效果；赖黎等（2017）发现有军队背景的管理者，并购意愿更为明显，企业并购金额和并购风险都更高，最终达成更高的绩效；而 Güner 等（2008）验证具有财务经历的独董其并购意愿相对更低；而曾在海外任职的高管对于并购绩效能够产生正向促进效应（周中胜等，2020）。其四，资本投资方面，姜付秀等（2009）研究发现，可能由于财务工作经历加深了高管对风险和收益的理解，拥有财务经历的高管能够缓解企业的过度投资行为；李焰等（2011）也发现具备财务任职背景的高管能够提升企业的投资规模及投资效率。

高管单一职业经历与公司其他行为的关系研究主要涉及企业社会责任、信息披露等。其一，社会责任方面，Galaskiewicz（1991）验证了企业或其管理者成在公益或贸易协会担任会员后，管理者的社会责任意识及同辈压力提升，因而提升了企业的慈善捐赠水平；Slater 和 Dixon-Fowler（2009）研究发现海外工作经历提高了社会利益相关者的意识，影响个人价值观，并提供珍贵的资源，有效提升社会绩效；文雯和宋建波（2016）基于异质性视角验证了中国高管团队的海外背景显著提升企业社会责任表现；Cho 等（2017）研究发现标准普尔 1500 家公司 38.502% 的董事中至少有一位教授，并且拥有专业学术型的教授董事的公司社会责任绩效评级要高于没有教授的公司；国内研究同样验证了学术经历高管对于企业社会责任的积极影响（曹越和郭天枭，2020）。同时部分学者对企业慈善捐赠行为持有一定负面看法，Ma 和 Parish（2006）指出，对中国企业来说，公益捐赠行为可能只是促进政企关系的举措；贾明和张喆（2010）以汶川地震为自然事件，验证拥有从政经历的高管，对慈善行为的敏感度更高、反应速度也更快，但同时管理者也可能为个人私利促成捐赠行为；慈善捐赠并非完全利他，也可能会被认为是公司不道德的政治投机行为，Luo 等（2017）实证检验由于从军经历会帮助其养成强烈的道德观念，导致其非法利用公司慈善事业的意愿更低，因此从军高管经营的公司捐赠程度远远低于非从军高管经营的公司。其二，信息披露方面，Bamber 等（2010）检验具有财务、法律、军队背景的管理者披露风格更为谨慎保守，倾向更为精确的披露行为；Dauth 等（2017）将高层梯队理论、代理理论、人力资本理论与会计研究相结合，表明高管国际化背景降低了财务报告管理层的自由裁量水平，并且较高的会计质量水平与首席财务官的国际化相关，而与首席执行官的国际化无关；Li 等（2016）发现在美国进行股权融资的中国公司，其高管的海外任职经验发挥重要作用，拥有美国工作经验的 CFO 更有可能召开电话会议并主动发布管理预测信息，改善了企业与分析师及投资者的信息不对称；在国内研究中，何平林等（2019）检验了财务经历、学术经历以及海外背景的管理者，其所在公司的信息披露质量更高；易志高等（2019）则发现具有媒体任职经历的高管，其所在企业的媒体信息披露更为正面，对于企业的 IPO 表现也发挥积极作用；从企业信息发布者专业角度，毛新述等（2013）检验 CFO 兼任董秘的企业盈余信息质量更高，姜付秀等（2016）实证检验了具备财务工作背景的董事会秘书能够提升企业的盈余信息质量，林晚发等（2019）也发现拥有财务经历的高管，其所在企业的盈余管理动机更低，企业信用评级更优。

目前也有部分学者从职业经历影响高管风险承担意愿及能力的角度出发直接进行企业风险承担的影响因素研究，而关于管理者职业经历影响企业风险承担的研究结论还未统一。宋建波等（2017）实证检验具有海外经历的管理者其风险承担的意愿与能力更强，尤其当海外背景的管理者拥有核心职位时，其对企业风险承担的促进作用更为明显；叶建宏（2017）检验分析了拥有从军经历的核心高管偏好高风险的企业行为，有助于提升企业风险承担水平，而王元芳和徐业坤（2019）则发现有从军经历的高管在风险承担决策时更为保守。

表 2-1 对高管单一职业经历与企业行为的主要代表性文献进行了梳理。

表 2-1　高管单一职业经历与企业行为的主要代表性文献总结

研究主题	企业行为	主要代表性文献
高管从军经历	资本结构	Malmendier et al.（2011），Benmelech and Frydman（2015），赖黎等（2016）
	兼并收购	赖黎等（2017）
	社会责任	Luo et al.（2017）
	风险承担	叶建宏（2017），王元芳和徐业坤（2019）
高管学术经历	债务融资	周楷唐等（2017）
	创新投资	Francis et al.（2015）
	社会责任	Cho et al.（2017）
高管海外经历	创新投资	Filatotchev et al.（2011），罗思平和于永达（2012），Yuan and Wen（2018）
	兼并收购	周中胜等（2020）
	社会责任	Slater and Dixon-Fowler（2009），文雯和宋建波（2016）
	信息披露	Dauth et al.（2017），何平林等（2019）
	风险承担	宋建波等（2017）
高管从政经历	融资约束	Houston et al.（2014），于蔚等（2012）
	资本结构	余明桂和潘红波（2008），张敏等（2010）
	创新投资	谢家智等（2014）
	社会责任	贾明和张喆（2010）
高管财务经历	资本结构	Graham et al.（2013），Custódio and Metzger（2014）、姜付秀和黄继承（2013），何瑛和张大伟（2015）
	融资约束	姜付秀等（2016）
	多元化经营	Jensen and Zajac（2004）
	资本投资	姜付秀等（2009），李焰等（2011）
	信息披露	Bamber et al.（2010）
高管研发经历	技术创新	Barker and Mueller（2002），胡元木（2012）
	多元化经营	陈传明和孙俊华（2008）

资料来源：作者整理。

2.2.2.2　高管复合型职业经历与企业行为

基于前文对高管单一职业经历的综述可知，不同职业经历在塑造管理者的思维、视野、资源、胆识等方面存在不同影响。在此基础上，近年来，学者们开始关注管理者复合型职业经历，综合分析多种职业经历复合影响下管理者的心理特征和行为模式。

相关研究发现，与专才型高管相比，复合型高管更加高调，更能吸引董事会的关注（Malmendier and Tate，2009），可能也更热衷跳槽（Giannetti，2011），在猎头公司的数据库中更加突出，更容易被聘任（Dasgupta and Ding，2010）。Custódio 等（2013）实证研究表明通过丰富的职业经历积累而具备综合管理技能的高管薪酬水平及增幅更高，并且当公司从外部聘请一位新 CEO 并从专家型转为复合型 CEO 时，其薪酬增幅最大，雇用 CEO 执行重组收购等复杂任务时，薪酬水平会更高，进而证明复合型人才的市场重要性；更重要的是高管职业经历的丰富程度在其综合技能的提升、社会资源的积累等方面发挥显著作用，进而影响公司的财务行为（Finkelstein，1992；Custódio et al.，2013；Hu and Liu，2015；赵子夜等，2018）。与职业经历较少的 CEO 偏好稳定相反，职业经历丰富的 CEO 具有更强的风险承受能力，偏好高风险决策（Ryan and Wang，2012），包括选择新颖的战略（Crossland et al.，2014）和提升企业创新水平（赵子夜等，2018；何瑛等，2019；郝盼盼等，2019）等。

具体来看，目前对管理者复合型职业经历与企业行为的研究相对较少，首先，从企业投资战略角度出发，Finkelstein（1992）指出职业经历的丰富度提升了高管应对紧急情况的能力；Crossland 等（2014）使用"财富"250 位 CEO 的纵向样本，实证表明 CEO 多元化职业促进企业层面的战略新颖性。企业投资方面，许言等（2018）实证检验复合职业经历的 CEO 更擅长主导并购活动，并有效提升并购绩效，强调通才的重要性，Custódio 等（2017）、赵子夜等（2018）、何瑛等（2019）发现与职业经历相对专一的 CEO 比较，通才型 CEO 更能提升企业创新水平。企业融资方面，Hu 和 Liu（2015）从资源基础理论及信息不对称理论出发，实证检验了职业经历丰富的高管能够通过缓解融资约束从而降低投资-现金流敏感性；Mishra 和 Dev（2014）基于代理理论研究发现具有多元职业经历的 CEO 所在企业的股权融资成本更高；Gounopoulos 和 Pham（2017）验证了 CEO 职业经历丰富度对企业 IPO 及后续绩效的影响。由此可见，关于管理者职业经历多元化程度对企业行为的影响研究是近年来管理学、组织学、财务学的新兴研究领域，相关研究并不多见，结论也并未完全统一。表 2-2 对上述代表性文献进行了总结。

表 2-2　高管复合型职业经历与企业行为主要代表性文献总结

研究主题	企业行为	主要代表性文献
高管复合型职业经历与高管聘任	CEO 聘任	Malmendier and Tate（2009），Giannetti（2011），Dasgupta and Ding（2010）
	CEO 薪酬	Custódio et al.（2013）

研究主题	企业行为	主要代表性文献
高管复合型职业 经历与企业投资	企业战略	Crossland et al.（2014）
	企业并购	许言等（2018）
	企业创新	Custódio et al.（2017），赵子夜等（2018）
高管复合型职业 经历与企业融资	融资约束	Hu and Liu（2015）
	融资成本	Mishra and Dev（2014），Gounopoulos and Pham（2017）

资料来源：作者整理。

2.2.3 企业风险承担的影响因素研究

企业风险承担反映企业追求高利润时为之付出代价的意愿和倾向。与企业风险的概念不同，风险承担表明管理层承担不确定性的意愿与能力，最初特指对于企业风险性投资行为的态度与决策，随着研究的开展，企业风险承担的内涵不断发展，包含更为多样的管理决策，成为管理者合理管控风险、优化企业决策的表现。没有企业能够不承担风险却获得成功（Nakano and Nguyen，2012）。从微观视角而言，合理的风险承担能够有效促进企业成长，提高企业资源配置效率，提升企业价值及整体竞争力（Low，2009；Cucculelli and Ermini，2012；Boubakri et al.，2013；李文贵和余明桂，2012）；从宏观视角而言，市场上较高的风险承担水平有助于提升社会生产率，推动社会资本积累，促进社会经济的可持续增长（De Long and Summers，1991；John et al.，2008）。但是，企业过度激进的冒险行为又会威胁自身发展，给资本市场及宏观经济带来隐患。针对企业风险承担的价值效应，虽然 Bromiley（1991）表明风险承担可能会降低企业价值，但是更多的学者发现了风险承担对于企业价值创造的促进作用，总体来看，学术界相对更加认可风险承担对企业价值的提升效应。作为企业行为动向的决策者，高管的风险承担意愿和能力对企业风险承担具有关键性作用。在现代企业制度下，自利主义、管理防御等代理问题都可能削弱管理层的风险承担动机，管理者先天或后天的个人特质也会影响其风险决策，导致其放弃一些预期净现值为正但风险较高的项目，损害企业价值提升。因此，如何通过加强和完善企业外部和内部治理机制，增强高管的风险承担意愿和企业的资源获取能力，从而提升企业的整体风险承担水平，是公司金融和公司治理领域的重要议题。

2.2.3.1 企业风险承担的影响因素

企业风险承担反映企业追求高利润时为之付出代价的意愿（Boubakri et al.，2013），合理的风险承担对微观企业发展及宏观经济增长均有重要促进作用，截至目前关于企业风险承担影响因素研究已从宏观层面拓展到微观层面，包括外部环境、内部治理、管理者个人特征三个方面。

基于外部环境角度，学者从环境约束、制度约束、资源约束、文化约束等方面对企业风险承担进行了影响效应分析。首先，宏观经济环境会影响个体及企业的风险承担，经济衰退时期企业外部融资成本较高，投资更为保守，风险承担水平较低（Mclean et al.，2014），同样市场环境的发展程度也会影响企业的风险承担（Cagges，2012；李文贵和余明桂，2012）。其次，投资者保护能够缓解代理问题，从而抑制企业高管的自利行为，促进投资的规模与质量，提升企业风险承担水平（John et al.，2008；Acharya et al.，2011）；分析师关注、四大会计师事务所审计、独立机构投资者持股等外部约束也会对企业承担风险起到良好的监督作用（Connelly et al.，2010）。再次，张敏等（2015）实证检验了高管社会网络有助于提升企业风险承担水平。最后，文化、宗教等非正式制度对公司的风险决策制定也具有重要影响。

基于内部治理角度，根据代理理论，理性管理者通常出于自身利益考量而倾向规避风险。诸多文献从公司内部治理角度研究激励或监督机制对管理者风险承担决策的影响。以薪酬激励、股权激励和晋升激励为主要表现形式的管理层激励成为提升公司风险承担水平的重要手段，现有文献基本肯定上述激励方式能在一定程度上缓解代理问题，提高企业风险承担水平（Kim and Lu，2011；Kini and Williams，2012；解维敏和唐清泉，2013；王栋和吴德胜，2016）。以董事会和所有者为主体的监督机制也是影响公司风险承担水平的重要因素。独立董事比例的提升（Beasley，1996；Morck et al.，1988）、大股东（Faccio et al.，2011）、股权制衡（Koerniadi et al.，2014）、专业机构投资者（Connelly et al.，2010）等所有者监督机制会影响企业风险承担水平。Sah 和 Stiglitz（1991）、Lewellyn 和 Muller（2012）还发现，考虑到组织内部信息分布不均衡及个人能力差异，管理层决策权分散时公司决策会趋向于多种意见的折衷，往往导致规避风险；张三保和张志学（2012）、李海霞（2017）也发现管理层的决策自主权越大，越有能力促成企业的风险投资战略，提高企业风险承担水平。

基于高层梯队理论及行为金融理论，从管理者个人特征角度对企业风险承担进行影响效应分析是当前公司财务领域研究的热点，其中管理者个人特征包括管理者性别、年龄、个人经历、过度自信、风险偏好等特质。首先，管理者性别和年龄方面，Faccio 等（2011）研究表明，与男性 CEO 相比，女性 CEO 主导的企业风险承担水平偏低，Serfling（2014）发现 CEO 年龄对企业风险承担水平有负面影响，吕文栋等（2015）也从管理者年龄、性别、学历等方面验证了管理者外在特质与企业风险承担存在关联。其次，管理者个人经历也会影响企业风险决策，Roussanov 和 Savor（2014）发现 CEO 的婚姻状态会反映并影响其个人风险态度，单身的 CEO 比已婚 CEO 更偏好承担风险，在投资方面表现更加积极，公司股票回报波动性也更为剧烈。早期工作时的宏观经济环境对于管理者的职业生涯和行为偏好产生强烈的烙印效应，经历经济危机的管理者其管理风格相对保守（Schoar and Zuo，2017）。再次，诸多研究也涉及管理者单一职业经历对风险承担的影响，高管从军经历（Malmendier et al.，2011；赖黎等，2017）、海外经历（宋建波等，2017）等均能提升企业风险承担水平。最后，管理者的心理认知偏差会影响其行为决策，进而作用于企业的风险决策。Li 和 Tang（2010）、余明桂等（2013）验证了管理者过度自信有助于提升企业风险承担水平。何瑛和张大伟（2015）发现，管理者为男性、教育水平越高、任期越短、有财务相关工作经历时，越容易出现过度自信，也更偏好负债融资。最后，管理者风险承担与其个人价值也有一定关系。Cheng（2004）发现公司的研发支出变化与 CEO 薪酬变化呈显著正相关，Cesari 等（2016）实证检验欧洲非家族企业 CEO 的薪酬与其收购活动之间存在显著的正相关关系，Custódio 等（2013）发现从公司外部雇用的 CEO，特别是复合型管理者，能为企业带来竞争优势，可以获得更高的薪酬；CEO 声誉是体现其创新能力、经营管理能力、领导能力以及努力程度和敬业精神的公共信息（孙世敏等，2006），声誉高低会受到其管理表现的影响，国有企业的管理者声誉可能主要依赖其政治关联的支持，而民营企业的管理者声誉主要来自企业自身良好的经营绩效（金雪军和郑丽婷，2015），因而风险承担水平对其声誉建立具有重要意义；国有企业管理者的奖惩机制具有非对称性，高管投资成功后更可能赢得声誉、得到晋升（赖黎等，2017），而非国有上市公司晋升制度一般不受政府干预，高管任免和晋升都是按市场化原则确定的（张兆国等，2013），良好的投资、融资及风险承担业绩能够提升高管晋升的机会。

综合来看，基于管理者同质性假设强调如何缓解代理问题提升企业风险承担的研究已较为充足，而基于管理者异质性假设的研究起步虽晚，但是却更加切合实际，引起学者的广泛关注；关于高管职业经历与企业风险承担的研究多聚焦于单一特殊职业经历，综合职业生涯进行考察的研究近期才兴起。同时，已有风险承担的相关研究多运用单一理论，基于多理论综合模型验证企业风险承担影响因素的研究也刚刚起步。本书试图基于高层梯队理论、心理学理论、代理理论等综合研究高管丰富的职业经历是否及如何影响企业风险承担水平。基于心理学及行为科学的视角，职业经历对管理者的管理心理会产生重要影响，甚至会导致管理者过度自信或风险偏好等非理性行为，进而影响企业的风险承担水平。诸多研究也对此进行验证，Malmendier 等（2011）、赖黎等（2016，2017）表示具有军队背景的 CEO 其风险偏好更高，会选择激进的融资方式；Graham 等（2013）、

Custódio and Metzger（2014）、何瑛和张大伟（2015）等发现具有财务经历的 CEO 债务融资水平更高；具有财务经历的 CEO 更倾向于多元化的投资方式（Jensen and Zajac，2004）；此外 CEO 早期工作的宏观经济环境对其未来职业路径和管理风格起到塑造作用，经历经济危机的管理者其管理风格相对保守（Schoar 和 Zuo，2011），上述研究从融资、投资、经营等风险承担路径方面反映高管职业经历会影响风险承担意愿与能力，与高管灾难经历、生活经历影响企业风险承担水平的研究也具有一定的契合性。目前也存在直接检验高管职业经历与企业风险承担水平的研究，宋建波等（2017）实证考察高管海外经历在企业风险承担中的正向作用及其影响路径，发现海归高管能够提升企业风险承担水平，高管团队中海归的人数越多、占比越大，企业风险承担水平越高，当海归高管在企业担任关键职位时，企业的风险承担意愿显著更强；叶建宏（2017）的实证结果也发现，具有从军经历的核心高管在决策中会更加激进，提升企业风险承担水平。从文化角度，丰富的职业经历为高管提供多元文化熏陶，并有可能构筑相应的组织文化，进而提高企业风险承担水平。Li 等（2013）研究表明文化会通过影响高管的价值观念及行为决策来影响企业的风险承担水平；Griffin 等（2009）也验证了文化对企业风险承担的影响，其中个人主义的文化观念会对企业风险承担起到正面影响；而集体主义价值观注重组织内部的团结和稳定，希望通过人际关系的和谐共处实现合作共赢（Li and Zahra，2012），高管风险规避倾向更为明显，风险承受能力相对较弱。具有丰富职业经历的管理者往往经历不同的职业环境，受到多种组织文化的熏陶，具有较浓厚的企业家精神或企业家文化，更易接受个人主义文化，并在一定程度上影响企业文化。同时，由于信息不对称，企业决策面临较强的不确定性，而职业经历丰富的管理者可能依靠自身积累的社会资源，具备一定的信息优势，提高自身决策的自信程度，提高风险承担的意愿与能力。因此，高管丰富的职业经历可能提升企业的风险承担水平。

2.2.3.2　企业行为与企业风险承担

企业风险承担最初的内涵仅涉及企业风险性投资决策（Lumpkin and Dess，1996），随着研究的深入，学者发现企业风险承担与企业经营战略、融资决策等同样密不可分（Hoskisson et al.，2017），而管理者又是企业战略决策的关键制定者，其异质性特征对企业行为产生重要作用（Hambrick and Mason，1984）。因此广义来看，企业风险承担全面体现了高管的决策思维与行为偏好（王菁华和茅宁，2015）。针对企业行为风险特性的差异，学者也从不同的企业行为视角探究企业风险承担的作用渠道或影响路径。

企业风险承担的影响路径研究通常围绕经营、投资、融资等决策展开，Hutton 等（2014）、张敏等（2015）、宋建波等（2017）从创新水平和负债水平两个方面探究高管特质影响企业风险承担的影响路径；吕文栋等（2015）发现中国企业风险承担存在显著的管理者效应，并从投资水平、并购水平、多元化水平、研发支出、现金持有率等管理决策方面检验企业风险承担的作用路径；Ferris 等（2017）在验证 CEO 社会资本提升企业风险承担的基础上，从研发投资、多元化经营、负债水平、营运资本的角度探究影响路径；胡国柳和胡珺（2017）从投资效率的角度验证董事高管责任保险通过激励效应作用机制促进企业风险承担；伊志宏等（2020）也从投资行为和融资行为两个层面检验投资者关系管理影响企业风险承担水平的影响路径；刘振杰等（2019）从企业债务风险承担、研发风险承担、资本性支出风险承担三个方面考察董事长贫困经历对企业风险承担的影响效应。也有部分学者直接探究企业行为与企业风险承担的关系。夏子航等（2015）发现上市公司母公司与子公司的债务分布可以通过改善投资行为进而影响企业风险承担水平。周晨和田昆儒（2021）以借款水平作为债务契约的代理变量，研究企业借款融资水平有助于提升企业风险承担水平。马宁（2018）检验了多元化战略与企业风险承担水平的关系，发现当董事会规模低于 12 人时，多元化水平能够显著提升企业风险承担，而当董事会规模过高时，多元化水平有可能抑制企业风险承担。总体来看，在企业风险承担的影响因素研究中，探究管理决策与企业风险承担的关系，有助于深入解释企业风险承担的影响路径。

2.2.4 企业多元化经营的影响因素研究

企业多元化经营是国内外学者长期关注的研究议题，涉及管理学、经济学等多学科领域，以资源基础理论、交易成本理论、委托代理理论、行为金融理论等为基础的诸多观点为企业多元化经营提供了全方位的研究视角。由于企业多元化经营是庞大繁杂的议题，大部分研究关注企业多元化经营对企业价值的效应，考虑本书的研究主题，仅针对企业多元化经营的影响因素进行综述。

中观行业层面，市场势力理论是解释企业多元化经营的重要理论。经济学者认为提升市场竞争力是企业实施多元化经营的重要动机（Edwards，1955），为缓解由此引发的恶性竞争，企业之间还会通过串谋及容忍行为，对竞争行为进行自我限制，形成相关多元化，从而提高自身利益（Bernheim and Winston，1990）。因此，从制度角度，不同的市场化程度、市场监管程度以及法律健全程度，会导致不同的企业多元化程度（Khanna and Palepu，2000；Fauver et al.，2003）。此外，产业政策也是值得关注的影响因素，杨兴全等（2018）使用双重差分模型检验了产业政策对中国企业的扶持效应及倒逼效应，发现未被产业政策扶持的上市公司更倾向于选择多元化经营，并且会考虑开展产业政策扶持的多元化业务，倒逼效应明显。

微观企业层面,资源基础理论是企业多元化经营最关键的理论之一,其认为企业的资源和能力对多元化经营产生重要影响(Penrose,1959;Guillén,2000),因此诸多研究都基于这一逻辑,研究企业剩余资源、稀缺性特殊资源、能力资源等对于企业多元化经营的影响,如 Matsusaka(2001)从企业组织能力角度探究剩余组织能力对于企业多元化经营的促进作用。对于中国上市公司,在企业盈利能力、公司规模、负债水平等财务特征显著影响多元化经营(姜付秀,2006)之外,中国上市公司的政治关联是重要的异质性资源,从企业所有者角度出发,实际控制人是政府的企业,其多元化经营的程度可能更高(陈信元和黄俊,2007);从政治资源角度出发,张敏和黄继承(2009)实证检验了中国上市公司多元化经营会提升企业风险,而政治关联能够起到缓解作用;郑建明等(2014)则验证了与国有企业相比,拥有政治关联资源的非国有企业更倾向于多元化经营。

管理者层面,学者主要基于委托代理理论、高层梯队理论、行为金融理论等对企业多元化经营进行研究,管理者自利行为和管理者异质性特征是多元化经营的影响因素。首先,代理问题成为解释多元化经营的重要视角,基于第一类代理问题,多元化经营被部分学者视为管理者谋取私利的手段(Mueller,1969;Jensen,1986;章卫东等,2014),管理者可能基于提高个人控制权(Shleifer and Vishny,1989)、增加个人回报(Jensen and Murphy,1990)等自利因素推动企业多元化经营战略;基于第二类代理问题,林晓辉和吴世农(2008)发现控股股东可能会通过多元化扩张以获取私利。其次,近年来许多学者关注管理者异质性对于企业多元化经营的影响。基于高层梯队理论,高管团队的年龄、教育、性别特征等会影响企业多元化和专一化战略的选择(曹志来和石常战,2014),Jensen 和 Zajac(2004)还发现具有财务经历的 CEO 其所在企业的投资经营偏好多元化;基于行为金融理论,管理者过度自信作为非理性行为的代表因素之一,对企业多元化经营产生显著的促进作用(Malmendier,2005;周杰和薛有志,2011;王山慧,2015;徐朝辉和周宗放,2016)。此外,管理者特殊的能力及资源也会对企业多元化经营产生影响。巫景飞等(2008)检验了高管政治网络能够提升企业多元化水平,游家兴和邹雨菲(2014)从嵌入性网络视角出发,证实了管理者社会资本这一特殊的战略性资源对于企业多元化经营的推动作用。

2.2.5 企业资本结构的影响因素研究

资本结构主要指企业债权融资与股权融资的结构关系,其相关决策不仅影响融资成本及财务风险,更与企业的投资经营活动息息相关,甚至影响企业长期发展,是最重要的企业财务决策之一。自 MM 理论(Modigliani and Miller,1958)提出之后,国内外学者对资本结构的探讨从未停歇,从最初基于理性人假设的权衡理论与新优序融资理论，到基于有限理性及非理性的高层梯队理论及行为金融理论等，已有研究从多个角度对企业资本结构决策进行解释。本部分从外部环境角度、微观企业角度和高管个体角度回顾企业资本结构的影响因素。

外部环境层面，宏观政策及市场竞争程度都会对企业资本结构产生影响。首先，宏观政策方面，信贷政策会对企业资本结构及其调整产生重要影响（Cook and Tang，2010；伍中信等，2013），货币政策也会对企业负债水平起到调控作用（曾海舰和苏冬蔚，2010），而政策不确定性会给企业融资决策带来挑战，使企业资本结构决策更加保守（顾研和周强龙，2018），也会阻碍资本结构优化调整（王朝阳等，2018）。其次，产品市场竞争程度是影响企业资本结构的重要外部因素，但影响效应至今还未达成统一。债务有限责任效应（Brander and Lewis，1986）支持激烈的市场竞争对企业负债水平的正向影响（Philip，1995；刘志彪等，2003），同时提升了企业的资本结构决策效率（姜付秀和黄继承，2011）；而掠夺效应理论（Bolton and Scharfstein，1990）则认为产品竞争程度对企业资本结构产生负向影响，李曜和丛菲菲（2015）也通过实证检验和案例研究验证民营企业的资产负债率与行业竞争程度呈负相关。

企业层面，已有研究主要基于新优序融资理论及权衡理论等从企业规模、成长能力、盈利能力、税盾效应、政治关联等方面探讨影响因素。首先，企业财务状况是影响企业融资偏好的重要因素。企业盈利水平越强，现金流更为充足，因此偏好内源融资，负债水平更低（Friend and Lang，1988；肖泽忠和邹宏，2008）；固定资产等有形资产能够作为借款抵押物，从而可能降低债权人风险及融资成本，提高企业杠杆水平（Rajan and Zingales，1995；肖作平，2004）；从税盾效应的角度考虑，所得税税率越高，企业负债水平越高（Robichek and Myers，1966；Kraus and Litzenberger，1973），相应地，非负债税盾会对负债抵税效应产生替代作用，从而降低企业的负债水平（Myers and Majluf，1984）；而关于企业规模及成长性对于资本结构决策的影响研究结论并未形成统一。其次，政治关系是企业重要的资源，拥有政治资源的非国有企业，银行贷款水平更高（余明桂和潘红波，2008），尤其是货币政策较为紧缩时，政治关系可以帮助企业保持融资水平，尤其是贷款水平（段云和国瑶，2012）。

高管层面，已有研究从基于完全理性假设的委托代理理论、基于有限理性假设的高层梯队理论和行为金融理论三个方面，研究高层管理人员对企业资本结构决策产生的重要影响。首先，基于委托代理理论，管理者通常出于自身利益考量而倾向规避风险，从而降低企业负债水平，即存在管理者防御现象，因此学者从对管理者的激励与监督角度探究资本结构的影响因素，结论也并未达成一致。基于利益协同假说（Jensen，1986），包括薪酬及期权在内的管理层激励能够促使管理者与股东某种程度上的利益趋同，从而提升负债水平（Dong et al.，2010；Huang et al.，2014）；而基于堑壕假说（Fama，1980），管理者持股能够一定程度上提高自身的控制权，从而减弱董事会的监督，管理者权力的增加抑制了企业负债水平的提升（Berger and Ofek，1997；Duru et al.，2012）。其次，基于高层梯队理论，管理者异质性会影响其风险偏好及行为认知，这也成为解释公司资本结构的重要视角。从外在特质角度来看，Huang 和 Kisgen（2013）发现管理者性别会影响企业的融资决策，男性管理者更倾向于高负债的激进融资；经济大萧条的个人经历使得管理者更加厌恶风险，因此偏好内源融资，降低企业债务融资水平（Graham and Narasimhan，2004；Malmendier et al.，2011）。从意识形态角度来看，Hutton 等（2014）发现对共和党和民主党的政治倾向也会造成企业资本结构决策的差异，倾向共和党的 CEO 融资决策相对保守，资产负债率更低。最后，基于行为金融理论管理者过度自信、同伴效应等非理性特质也会影响企业的资本结构决策，Cronqvist 等（2012）发现 CEO 个人财务杠杆较高时，其所在企业也偏好高杠杆的融资决策。Cain 和 McKeon（2016）同样证实管理者个人风险偏好较强时，所在企业的资产负债率更高，与行为一致性理论相吻合。过度自信的管理者相比于内源融资，更加偏好长期负债融资，从而资产负债率发挥提升作用（Heaton，2002；江伟，2010；刘彦文和郭杰，2012）。Leary 和 Roberts（2014）、钟田丽和张天宇（2017）发现同群公司的资本结构还会对企业的负债水平产生影响，具有强烈的同伴效应。

2.3　文献评述

在梳理相关理论的基础上，笔者主要围绕 CEO 职业经历与企业风险承担的研究主题，分别对企业聘任 CEO 的影响因素、高管职业经历与企业行为研究、企业风险承担的影响因素研究、企业多元化经营的影响因素研究、企业资本结构的影响因素研究进行了系统的文献回顾，对已有研究总结如下：

关于 CEO 变更的研究主要围绕 CEO 离职的前因展开，企业外部压力与自身发展需求是 CEO 离职的主要原因，其中董事会治理水平对 CEO 变更决策起到关键作用，企业业绩通常是 CEO 变更不可忽视的原因，与传统业绩指标不同，业绩期望落差基于明确的参考点衡量企业经营状态，与 CEO 变更决策存在更强的逻辑关系；与 CEO 继任类型相关的前因主要为公司内部因素，体现出 CEO 特征与公司发展需求匹配的重要性。与 CEO 离任重点聚焦企业历史要素不同，CEO

继任与企业未来发展关系更为密切，而选聘 CEO 是对企业影响巨大的复杂决策，因此研究 CEO 继任类型的前因具有重要的现实意义。已有研究表明拥有复合职业经历的 CEO 会提升企业战略新颖性（Crossland et al.，2014）、创新效率（赵子夜等，2018；何瑛等，2019a）等，并越来越受到董事会的关注与聘任（Custodio et al.，2013），但同时聘任复合型 CEO 又会提升企业的股权资本成本（Mishra，2014），关于复合型高管与专业型高管的选聘问题仍存在争论，截止目前还未有文献研究企业聘任复合型 CEO 的动机，聚焦企业与继任 CEO 风格的匹配问题。

高管职业经历与企业财务行为研究方面，其一，高管单一职业经历与企业财务行为的研究十分丰富，对于学术界重点讨论的企业财务行为，几乎均有涉及，包括融资行为（融资偏好、融资约束、负债融资、股权融资、资本结构决策等）、投资行为（技术创新、资本投资、兼并收购等）及其他财务行为（社会责任、信息披露、盈余管理、财务重述、风险承担等）等。其二，高管单一职业经历主要集中在从军经历、从政经历、学术经历、财务经历、研发经历、海外经历，上述经历对于管理者管理风格的影响较为普遍，对企业行为的影响也较为显著。其三，关于单一特殊职业经历对公司财务行为及经济后果的影响，对于影响机理的直接检验较为困难，涉及影响机理的研究也多应用传统理论框架和理性行为视角，结合非理性行为视角的研究比较少见。其四，高管职业经历多样性的研究近年来取得一定突破，尤其是指标度量方面的创新，推动了高管职业经历多样性与企业财务行为的研究，但目前仅有的几篇文献主要集中在高管职业经历多样性与企业战略、创新、并购、融资成本的研究，未有文献涉及高管职业经历多样性与企业风险承担的研究，相应的作用机制也未探讨，高管职业经历多样性与公司财务行为的综合研究也还有较大的探索空间。

企业风险承担影响因素研究方面，其一，企业风险承担的研究多以管理者作为研究重点，对于企业风险承担影响因素的考察主要基于不同的理论视角从管理者同质性假设和管理者异质性假设进行，其中外部环境因素以及公司治理因素都会影响管理者的风险承担意愿及能力，但该相关研究多基于管理者同质假设。其二，基于管理者异质性假设的研究虽然起步较晚，但是却更加切合实际，并开始引起学者的广泛关注，该领域以高管人口统计学特征与企业风险承担研究为主，部分文献也涉及高管非理性特征的研究。其三，截至目前关于管理者职业经历与企业风险承担的研究多聚焦于单一特殊职业经历，对综合职业生涯进行全面系统考察的研究才刚刚起步，基于多理论视角系统考察高管职业经历多样性对企业风险承担的影响并探讨作用机制是具有意义的研究方向。

企业多元化经营相关研究成果非常丰富，但大多数研究聚焦企业多元化经营的价值效应，研究结论不一而足，对于多元化经营是否促进企业风险承担，如何提升企业价值还未达成一致结论。对于企业实施多元化经营的影响因素研究常与动机研究紧密结合，观点涵盖经济学、管理学、金融学等交叉研究议题，包括中观层面的制度环境、行业政策，微观层面的企业异质性特征、高管特征等从多层次多角度。其中，关于高管层面的因素一直是多元化经营影响因素领域研究的重点，随着高管异质性特征对于企业经营战略影响，基于高层梯队理论和行为金融理论探究高管的人口统计学特征以及心理特征对多元化经营影响作用的研究也逐渐增多。但目前还未有文献研究管理者复合型职业经历对于企业多元化经营的影响。丰富的职业经历造就管理者独特的、稀缺的资源及能力，基于管理者职业经历视角探究企业多元化经营的影响因素，对于解释企业的经营及财务行为具有重要意义。

企业资本结构影响因素的考察是经济学、财务学等领域长久的研究议题，对企业最优资本结构的探索和追求是经久不衰的研究主题，通常来看，企业的资本结构与风险承担有一定关系，高负债水平意味着较高的风险承担水平。关于企业资本结构的影响因素研究主要基于不同的理论视角从企业外部视角和内部视角展开，研究脉络也从完全理性人假设到非完全理性人假设，层层递进深入研究，由于实际管理情境中难以达到理性假设的完美状态，基于管理者有限理性及非理性假设的研究也成为当前企业资本结构决策的热点，尤其是职业经历这一特质对管理者行为认知的塑造影响深远，但已有关于管理者职业经历与企业资本结构的研究较为少见，仅有财务行为、从军行为等单一职业经历的研究，鲜有对于 CEO 职业经历多样性相关因素的考察。

综合来看，对于企业风险承担的影响因素考察，当前文献主要局限在传统的经济学框架内，基于委托代理理论，聚焦从公司内外部治理等契约他律因素考察对企业风险承担的影响（完全理性），而基于高层梯队理论从管理者特质因素考察对企业风险承担影响的研究成果并不多见（有限理性），基于行为金融理论从高管的心理与行为特征因素考察对企业风险承担影响的研究成果更是屈指可数（非理性），为数不多的基于有限理性和非理性行为的文献也忽视了从公司高管个人经历中"复合型职业经历"所塑造的行为认知模式和管理风格等自律因素对企业风险承担的影响。

总之，基于高层梯队理论、委托代理理论、企业制度文化理论等，财务学探索高管复合型职业经历对企业行为的影响效应研究才刚刚起步，需要继续交叉融合"文化与财务"的研究范式进行新的探索。本书将基于多学科交叉融合的理论基础，着眼于有限理性和非理性行为的视角，依据"经济环境—影响效应—作用机制—影响因素—经济后果"的逻辑思路，对中国制度背景下 CEO 复合型职业经历与企业风险承担的理论机理与影响路径、影响因素和经济后果进行理论解释、数据分析和验证，旨在通过加强市场化改革，完善上市公司高管结构和选聘机制，规范公司治理，提高企业风险承担水平，进而促进整个社会经济的可持续发展。综上所述，基于有限理性假说，探讨 CEO 职业经历多样性对企业行为的影响效应属于当前高层梯队理论研究的热点，截止目前鲜有文献从风险承担的视角拓展管理者职业经历多样性的经济后果，并以企业多元化经营和资本结构作为影响路径进行系统研究，本书在理论方面具有创新性和研究意义，并具有较强的实践意义。

第3章 CEO职业经历丰富度的测度

前文概念界定与理论基础部分明确了 CEO 职业经历丰富度指数是本书的核心研究变量，用以衡量 CEO 职业经历多样性程度，因此第 3 章将详细介绍该变量的测度。首先，回顾已有研究关于 CEO 多元职业经历的变量衡量方式，其次在参考已有研究方法的基础上，结合中国研究情境构建 CEO 职业经历丰富度度量方式，最后以 2007~2018 年中国沪深 A 股上市公司为样本，进行指数构建，并初步分析样本分布情况。

3.1 CEO职业经历多样性测度方式总结

虽然关于 CEO 职业经历的研究伴随高层梯队理论兴起，但国内外 CEO 职业经历多样性的研究近年才受到较为广泛的关注，相应的测度方式也并未统一，总结已有相关研究，CEO 职业经历丰富度的测量主要分为以下三类。

第一，针对不同职业经历类型分别设置多项虚拟变量。关于 CEO 不同职业经历的类型研究焦点长期集中于 CEO 曾任职的职能部门类型和制度背景。首先，不同职能背景的专业知识及技能不同，跨部门职业经历是职业经历多元化的重要表现之一。已有研究通常按照企业普遍生产运作流程将职能背景分为以下 8 类：生产/运营、研发/工程、会计/财务、管理/行政、市场营销/销售、人事/劳动关系、法律及其他（Michel and Hambrick，1992；Carpenter and Fredrickson，2001；Cannella et al.，2008）。此外，部分研究也参考 Finkelstein（1992）的分类方式，将 CEO 曾任职职能部门划分为以下四类：产出型（销售、市场、产品研发），生产型（操作、过程研发），管理型（省略类，包括财务和行政）以及其他职能（法律、咨询、学术等）。其次，不同企业、组织、行业等职业经历为 CEO 提供多元的管理情境，也是职业经历多样性的重要组成部分（Karaevli and

Hall，2006)。上述分类及度量方式都是研究管理者职业经历多样性的基础，但是诸多文献只是基于划分标准针对不同职能及制度背景设置相应虚拟变量（Hamori and Koyuncu，2015)，分别或一同探究不同职业经历的影响差异，而非综合考虑并深入研究 CEO 职业经历多样性的作用。

第二，计算职业经历类型总和构建 CEO 职业经历多样变量。在上述职业背景类型划分的基础上，近年来学者探索多样性职业经历的测度，其中两篇代表性文献基于计数方法拓展测度方式。Crossland 等（2014）将 CEO 进入公司前曾任职的公司数、职能类型数、行业类型数分别除以其曾经历的工作年数，并将上述三项年平均职业类型数进行加总，从而构建 CEO 职业经历多样性指标（CEO Career Variety/Diversity)。其认为 CEO 职业经历多样性，包括接触新的业务功能、新的组织和新的环境，会提升高管的认知和经验储备（Tesluk and Jacobs，1998；Dragoni et al.，2011)。该方法使用工作年数进行平均计算，是有效的标准化度量方式，但是在数据收集方面有较高的要求。基于中国特殊的职业状况，Hu 和 Liu（2015）重点关注中国 CEO 组织机构背景的多样性，将中国 CEO 的职业经历划分为三种不同类型的工作组织，分别是企业等"生产型"组织、大学等"非生产型"组织以及"行政或政府组织"，这三类组织机构在中国社会被统称为"单位"。基于此，通过计算单位数总和构建以下 2 项职业经历多样性指标，其一，（danwei）将同一企业集团或具有相同管理功能的不同单位算作一个单位，因为同一部门的两个单位积累的社会网络通常高度重叠，该指标更注重跨单位或跨部门职业经历的社会关系积累。其二（danwei2）不考虑是否在同一企业集团中或具有相同的管理职能，直接计算单位数。同时还基于上述指标构建虚拟变量，若 danwei（danwei2）高于 3（4)，则虚拟变量 D_danwei（D_danwei2）为 1，否则为 0。该度量方法与以往关注职能及行业背景不同，基于中国的制度背景，从任职组织机构类型不同积累的资源不同的角度进行具有特色的指标构建。

第三，通过因子分析法构建 CEO 职业经历多样性变量。鉴于职业经历类型的多样划分方式，目前更多学者从多个维度统计 CEO 职业经历的数量，并运用因子分析法或主成分分析法降维构建职业经历多样性相关指数，其中以 Custódio 等（2013，2017）为代表性研究，从五个维度统计 CEO 的职业经历数，分别为曾任职的职位数、公司数、行业数、是否担任过 CEO、是否在集团公司工作，通过主成分分析从上述五个变量中提取一项主成分构建指数（*General Ability Index*，*GAI*)，该指数越高，职业经历丰富度越高，通才指数也越高。赵子夜等（2018）在参考该方法的基础上，结合中国劳动力工种特点及多省份的区域特性，从以下三个维度衡量高管的职业经历多元化，主要包括省份数、行业数和工种数，工种数类似基于中国劳动力工种数据的职位数，通过主成分分析法降维获取 2 项主成分因子，作为高管的能力结构指标（*GEN*）。

由此可见，随着管理者职业经历研究的深入，CEO 职业经历丰富程度的测度方式也在不断更新，与单一职业经历研究发展至多元职业经历相对应，CEO 职业经历多样性的测度由不同类型经历的虚拟变量，发展至计数总和法以及基于计数的降维指数法。综合考虑数据的可获得性及稳健性，综合考虑多维的职业经历类型并运用因子分析方法降维是目前较为可行的测度方式。

3.2　CEO 职业经历丰富度指数构建

根据前文可知，由于 CEO 职业经历丰富度的研究近年才逐步兴起与完善，其核心变量构建方式并未统一。CEO 职业经历丰富度指数的构建重点参考发表在权威期刊的代表性文献，并结合中国管理情境进行更新。Custódio 等（2013，2017）关于 CEO 职业经历多样性的研究分别发表在顶级期刊 *Journal of Financial Economics* 和 *Management Science* 上，受到国内外 CEO 研究领域学者的广泛关注，其通过主成分分析法构建 CEO 通才指数，职业经历的基础数据具体包括以下五个方面：①曾任职的职位数，在生产、财务、营销等不同部门任职的 CEO 积累的专业知识更为丰富；②曾任职的企业数，在多家企业任职的 CEO 更加具备通用管理技能；③曾任职的行业数，在不同行业任职的 CEO 面临的企业外部经营环境有所不同；④是否担任过 CEO，曾担任过 CEO 的管理者相对更加具备综合管理技能，而非单一的专业技能；⑤是否在集团公司工作，集团公司的组织架构和运作方式更为复杂，为 CEO 提供更为丰富的管理实践经验。上述五个方面的数据通过主成分分析法降维，以提取的公共因子衡量 CEO 职业经历多样化程度，反映 CEO 属于复合型人才还是专业型人才。该衡量方式具备一定的理论的合理性和实践的可操作性，也被诸多学者认可并参考（赵子夜等，2018）。本书核心变量的度量方式亦遵循这一研究思路，同时结合中国情境进行指标构建的更新。

基于高层梯队理论和人力资本理论的诸多研究表明，个人经历尤其是职业经历塑造了管理者的管理技能，尤其是职业经历对管理者特殊的认知结构、价值取向乃至决策模式（Schoar and Zuo，2017）产生重要作用。从理论方面来看，本书从五个维度度量 CEO 职业经历多样性的指标：CEO 职业经历丰富度（*CEO Career Experience Richness Index*，*CEO_CERI*）。第一，管理者任职的职能部门。研发、生产、财务、营销等不同部门的职业经历会影响管理者制定企业决策时的思维模式与风险意识，如曾从事营销或研发的 CEO 所在公司倾向于遵循市场和产品创新战略，研发支出水平较高（Barker and Mueller，2002）；拥有技术背景的管理者更倾向于多元化经营（陈传明和孙俊华，2008），拥有财务经历的管理者所在公司投资效率更高（姜付秀等，2009），更倾向于债务融资（何瑛和张大伟，2015）等。第二，管理者任职的企业。企业独特的经营情境能够提升管理者的环境应对能力及综合管理技能，还为其积累相关的显性及隐性资源，为管理决策提供支持，Hu 和 Liu（2015）发现曾在不同单位工作的中国高管，能够积累社会资本，并缓解信息不对称，从而降低企业的投资—现金流敏感度，提升企业投资水平。第三，管理者任职的行业。多种行业的职业经历有助于管理者培养跨界意识并实现知识资源转移，Custódio 和 Metzger（2014）发现当企业并购时，曾在标的方行业有职业经历的 CEO 价值获取能力更高，能够选择更优的并购交易并在议价谈判时发挥更大的作用，并购绩效也相对更好。第四，管理者任职的组织机构。不同的组织机构具有不同的组织风格和组织文化，从而影响其认知及行为偏好，例如具有学术背景的独立董事能够提升企业的创新水平（Francis et al.，2015）；军队组织的任职经历可能会使高管偏好激进的行事风格，如采取激进的融资方式（Malmendier et al.，2011），偏好高风险及高收益的并购活动（赖黎等，2017），提升企业风险承担水平。第五，管理者任职的地域类型，主要是海外任职经历。由于中国与海外地区的经济环境、制度环境、文化环境等差异较大，因此可能塑造不同的管理风格，研究表明具有海外经历的管理者能够提升企业创新水平，改善企业投资效率，提升企业风险承担水平（宋建波等，2017）。

因此本书的解释变量 CEO 职业经历丰富度指数，在参考 Custódio 等（2017）、赵子夜等（2018）的基础上，包括以下五个维度的基础数据。①职能部门数（CEO_POS）：CEO 曾就任的职能部门类型数，在多个职能部门任职的 CEO 对企业内部的整体运作会更为熟悉，并具备相对更多的职业技能。参考 Crossland 等（2014）等的职位分类标准，结合中国高管简历信息的特点，本书研究的职能部门类型主要包括生产运作、研发设计、金融与财务、市场营销、法律、综合管理六类，通过人工阅读 CEO 简历，并依据相应的关键词对其职能类别进行匹配。②企业数（CEO_COR）：CEO 曾就任的企业数，不同企业的经营运作方式可能存在不同，有助于 CEO 应对不同的经营环境，此数据通过 CEO 个人简历中描述的曾任职企业数目累加计算。③行业数（CEO_IND）：CEO 所经历的不同行业种类，不同行业的工作经历会影响管理者的行业跨界能力。针对简历中 CEO 曾任职的企业，搜索其工商注册信息及经营信息，对企业主营业务进行界定，按照 2012 年证监会行业分类标准划分所在行业。④组织机构数（CEO_INS）：CEO 曾任职的不同组织机构数，包括军队组织、科研机构、金融机构、政府机构、企业单位、非盈利组织等其他组织机构。许多 CEO 在企业任职之前曾加入军队、政府等组织机构，一方面可能为其积累丰富的社会资源，另一方面可能对其管理风格产生复杂深远的影响。⑤地域类型（*CEO_OVE*）：CEO 是否曾拥有海外工作经历（不包括海外留学经历），拥有海外工作经历的管理者对于西方管理方式相对更为熟悉，更了解东西方的管理差异，在公司决策上可能具有更开放的思维和更开阔的眼界。由于衡量管理者职业经历的五个维度数据之间有一定相关性，本书采用因子分析法对其进行降维，提取解释力较强的成分因子，即特征值大于 1，同时累计方差贡献率高于 70% 的因子，作为 CEO 职业经历丰富度指数（*CEO_CERI*）。

在该指数的构建过程中，本书主要从以下五个方面综合考虑：

（1）职能部门：整个职业生涯中 CEO 所经历的不同职能部门数量。参考 Crossland 等（2014）等的职位分类标准，本书将职能部门划分为生产运作、研发、金融与财务、市场营销与公共关系、法律、综合管理 6 大类。笔者手工收集整理了所有企业 CEO 的职业履历，并将其按照这 6 大类进行归类。其中，生产运作类职能部门主要有"车间、生产、制造、加工"等关键词；研发类职能部门主要有"技术员、研究员、设计师、技术顾问"等关键词；金融财务类职能部门主要有"总会计师、会计员、投资经理、审计师、CFO、财务负责人、证券部经理"等关键词；市场营销类职能部门主要有"采购员、销售经理、业务经理、营销员、营业部"等关键词；法律类职能部门主要有"律师、法务顾问、法务人员、检察员"等关键词；综合管理类职能部门则主要有"合伙人、总经理、CEO、董事、综合管理部"等关键词。

（2）企业：整个职业生涯中 CEO 所经历的不同企业数量，曾就职于多家公司的 CEO 对不同企业的运作方式了解更深，从而表现出对企业更强的管理能力。

（3）行业：整个职业生涯中 CEO 所经历的不同行业种类，具有多个行业工作经历的 CEO 对不同外部商业环境的接受能力更强。在确定行业类型时，本书主要参考的是中国证监会颁布的上市公司行业分类指引以及国家统计局颁布的国民经济行业分类（GB/T 4754—2017），通过手工查询企业 CEO 职业经历中曾任职单位的经营范围以确定所属的行业分类。

（4）组织机构：整个职业生涯中 CEO 所经历的不同组织机构背景，如政府机构、科研机构、金融机构、企业单位、军队等。具有多种组织机构背景的 CEO 相对来说拥有更丰富的社会资源；

（5）地域类型：整个职业生涯中高管所经历的不同地域类型，如海外经历与本土经历。拥有海外经历的 CEO 由于接触过不同国家的文化，在公司决策上可能具有更高的眼界与更先进的理念。

本书对 Custódio 等（2017）构建的职业经历刻画维度进行了修订，与赵子夜等（2018）存在不同，主要区别及原因如下：首先，由于个人简历中关于管理者任职的企业详细信息有限，难以客观识别是否为集团公司，因此本书同赵子夜等（2018）的做法一致，未采用管理者是否在集团公司任职这一维度。其次，许多中国上市公司都存在跨多省的子公司或者分公司，并且由于管理者个人简历的披露程度有限，很难确定 CEO 的跨省份职业经历数量，而对于中国企业来说，近年来对于海归人才的重视程度日益提高，与中国地区相比，海外地区在经济环境、制度环境和文化环境方面存在较大差异，同时东西方的管理哲学也有明显不同，在海外的任职经历对于塑造管理风格的影响程度要高于不同省份任职所带来的差异，因此，本书将地域类型界定为是否拥有海外工作经历。最后，在中国的管理情境中，不同的"单位"对于管理者的影响十分深远（Hu and Liu，2015），而且政府机构、军队组织、科研机构等不同的单位还会为管理者提供与盈利性企业不同的异质性资源，因此本书还添加了组织机构数维度。

基于上述测度方式，本书选择 2007～2018 年沪深 A 股上市公司作为研究样本（样本起始年份的确定是基于新会计准则实施于 2007 年），通过手工收集的方式对 CEO 职业经历五维基础数据进行计算。首先，进行上市公司任职经历基础数据收集，数据来源主要是国泰安数据库、公司公告、百度百科、新浪财经、凤凰财经、和讯网，并进行对照补充，完善各 CEO 的简历信息。然后，人工阅读并整理 CEO 职业经历的五个维度：职能部门数、企业数、行业数、组织机构数、地域类型。最后，为确保数据的准确性，将 2008 年之后的数据与 CSMAR 数据库中的 CEO 特征数据进行对比修正。根据研究需要，基础样本进行以下剔除：①剔除金融保险业上市公司样本；②剔除公司主要财务变量存在缺失的样本。因此共获得包含 2912 家上市公司的 18943 个样本，运用 Stata 15.0 软件进行 CEO 职业经历丰富度指数构建。

CEO 职业经历五个维度数据描述性统计如表 3-1 所示。整体来看，CEO 所经历的企业数要比其他维度如行业数、职位数等更高，比较符合实际情况；除第五项地域类型外，CEO 前四项职业经历数据的平均数和中位数基本都在 1 到 3 之间，并且至少有一半 CEO 没有海外经历，总体来说 CEO 职业经历各维度的丰富程度并不高，初步说明拥有复合型职业经历的管理者属于稀缺资源。

表 3-1　CEO 职业经历基础数据描述性统计

变量名	样本量	平均值	标准差	中位数	最小值	最大值
CEO_POS	18943	1.782	0.768	2	1	6
CEO_COR	18943	3.919	2.755	3	0	25

续表

变量名	样本量	平均值	标准差	中位数	最小值	最大值
CEO_IND	18943	2.085	1.161	2	0	9
CEO_INS	18943	1.570	0.789	1	1	5
CEO_OVE	18943	0.057	0.231	0	0	1

针对对上述基础数据，本书进行如下分析。先进行 KMO 检验及 Bartlett 检验，计算得到的 KMO 值为 0.542，大于 0.5；Bartlett 球形度检验卡方近似值的 p 值为 0.000，说明该数据适合进行因子分析。使用因子分析构建 CEO 职业经历丰富度指数的相关数据如下。根据 Stata15.0 软件计算输出结果，CEO 职业经历丰富度指数的计算公式如式（3-1）所示。

$$CEO\_CERI = 0.025 \times CEO\_POS + 0.412 \times CEO\_COR + 0.564 \times CEO\_IND + 0.067 \times$$
$$CEO\_INS + 0.036 \times CEO\_OVE \qquad (3-1)$$

表3-2 及表3-3 报告了运用因子分析计算的因子特征值及方差贡献率，因子分析碎石图如图 3-1 所示，可知第一个公共因子特征值为 1.462，方差贡献率为 0.819，适合作为最佳因子，由此可得 CEO 职业经历丰富度指数，根据表中的因子载荷矩阵，该因子在 *CEO_IND* 和 *CEO_COR* 具有较高载荷，而 *CEO_INS*、*CEO_OVE*、*CEO_POS* 载荷相对较低。

表3-2 因子分析特征值及累计方差贡献率

Factor	Eigenvalue	Difference	Proportion	Cumulative
*Factor*1	1.462	1.251	0.819	0.819
*Factor*2	0.211	0.110	0.118	0.937
*Factor*3	0.101	0.089	0.056	0.994
*Factor*4	0.012	0.012	0.007	1.000
*Factor*5	0.000	—	0.000	1.000

表3-3 因子载荷矩阵

Variable	Factor1	Factor2	Factor3	Factor4
CEO_POS	0.112	0.110	0.118	0.096
CEO_COR	0.789	0.232	−0.049	−0.012
CEO_IND	0.850	−0.162	−0.069	0.009
CEO_INS	0.290	−0.290	0.182	−0.008
CEO_OVE	0.142	0.185	0.216	−0.046

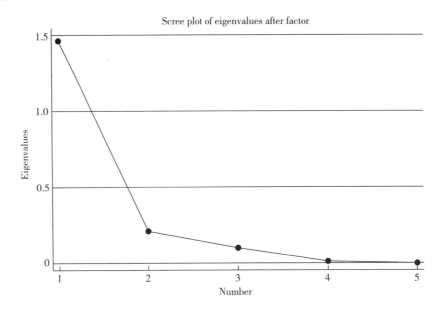

图 3-1　因子分析碎石图

3.3　CEO 职业经历丰富度结果分析

　　根据上一节测度的 CEO 职业经历丰富度指数（*CEO_ CERI*），本书将对 2007~2018 年 18943 个中国 A 股上市公司样本聘任 CEO 职业经历丰富程度进行初步数据分析。

　　首先，从年度分布角度分析样本企业 CEO 职业经历丰富度的变化趋势。图 3-2 列示了 2007~2018 年 CEO 职业经历丰富度箱线图，展示了每年的 *CEO_ CERI* 中位数以及整体的样本范围，可以直观地展现 CEO 职业经历的分布特征。由图 3-2 可知，随着年份增长，样本年度中位数呈现逐渐上升的态势，但变化幅度并不是非常明显，且中位数均小于 0，说明大部分样本企业的 CEO 职业经历丰富度不足；根据各年箱线图的最大观察值和最小观察值，以及上下四分位数值来看，*CEO_CERI* 样本的波动范围存在逐年增长的趋势，属于向上波动，尤其最大值和上四分位数提升较为明显，说明中国上市公司聘任的 CEO 职业经历整体向更加复合的趋势变化。综合来看，CEO 职业经历丰富度总体呈现微弱的逐年增长态势，但各年样本中大多数 CEO 职业经历丰富程度并不高。

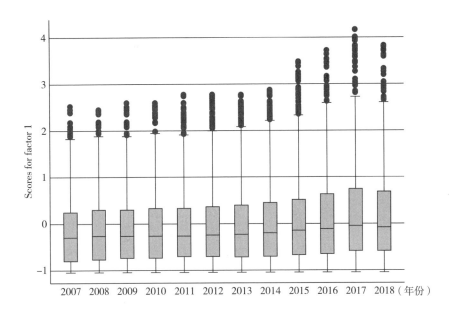

图 3-2　2007~2018 年 CEO 职业经历丰富度箱线图

其次，从行业角度分析样本企业 CEO 职业经历丰富度的分布特征。图 3-3 展示了各行业的 CEO 职业经历丰富度平均值与波动情况，由于样本数据中 60% 以上的观测值为制造业，所以制造业的平均值情况也反映了至少一半以上的样本总体情况，由图 3-3 可见，制造业的 CEO 职业经历丰富度平均水平并不高，与采矿业、交通运输行业一同属于均值较低的水平，说明拥有复合型 CEO 的样本并不占多数。此外值得注意的是，样本数量较少的科学研究和技术服务业的均值最高，但同时标准差也最大，表明行业内样本 CEO 职业经历丰富度的波动也较大。同时图 3-3 也直观体现出企业对于 CEO 这一职位与其他员工需求的不同，对于科学研究和技术服务业、卫生和公共服务等相对特殊的行业，企业创造价值的关键人才通常是核心技术人员，而核心技术人员的专业要求高，通常长期深耕专业领域，职业路径普遍更为固定，"专才"的需求量更高。但是 CEO 职业经历丰富度的数据却并未显现出尤为专一化的统一倾向，反而在均值方面表现出复合型职业经历特征。说明 CEO 作为企业经营管理的关键角色，并非与企业其他核心人员呈现一致的职业专一性，反而可能需要涉足更多领域，在多元职业经历中提升综合素质与能力。"通才" CEO 在不同行业企业中发挥的不同作用值得关注，"通才" CEO 与"专才"人员的团队合作关系也值得研究。

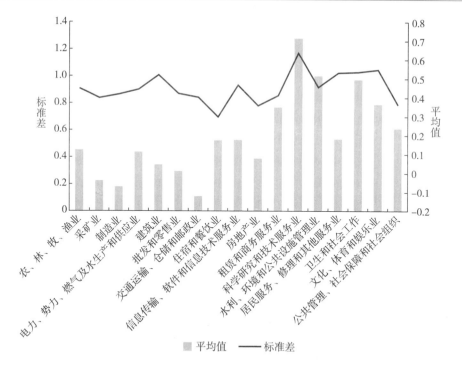

图 3-3　CEO 职业经历丰富度行业均值与标准差

由于多元的企业及行业类型面临不同的管理情境，我们推测不同类别的企业其 CEO 的职业经历丰富程度存在差异，因此笔者分别采用 Mann-Whitney U 检验（非参数检验）和组间均值差异 T 检验（参数检验），判断具有国有产权属性、高新技术行业属性、创业板市场属性的企业是否会对拥有复合型职业经历的 CEO 存在明显的偏好。

3.3.1　基于产权性质的对比分析

表 3-4 报告了基于产权性质分组的对比结果。从均值结果来看，国有企业 CEO 职业经历丰富度均值为-0.139，而非国有企业 CEO 职业经历丰富度均值为0.112，非国有企业的 CEO 职业经历复合程度更高；CEO 职业经历丰富度在国有企业样本和非国有企业样本的非参数检验曼-惠特尼 U 检验与组间均值差异 T 检验结果上呈现一致性，并且检验的显著性都在 1% 水平，即非国有企业的 CEO 职业经历多样性明显高于国有企业样本，这可能主要是不同所有权性质企业高管聘任、晋升制度不同引发的差异，国有企业的高管经常来源于委派，并且职业路径相对更为固定与单一，因而国有企业 CEO 的职业经历丰富度相对更低。

表 3-4　国有企业与非国有企业组间差异检验

产权性质	样本量	均值	Mann-Whitney U test	T test
国有企业	8454	-0.139	Z=19.587，p=0.000	t=19.018，p=0.000
非国有企业	10489	0.112		

3.3.2　基于行业属性的对比分析

表 3-5 报告了高新技术行业与非高新技术行业组间差异检验。根据中国国家统计局发布的《高技术产业（制造业）分类（2017）》，高技术产业（制造业）涵盖医药制造业，航空航天器及设备制造业，电子及通信设备制造业，计算机及办公设备制造业，医疗仪器设备及仪器仪表制造业，信息化学品制造业六类。首先，笔者将全部样本划分为高新技术行业及非高新技术行业，高新技术行业 *CEO_CERI* 的均值为 0.058，而非高新技术行业 *CEO_CERI* 的均值为-0.013，组间差异 Mann-Whitney U 检验和 T 检验的结果一致，且均在 1%水平下显著，说明高新技术行业企业的 CEO 职业经历丰富程度更高；其次，笔者将研究样本缩小为制造业，研究高新技术制造业与非高新技术制造业的 CEO 职业经历丰富度差异，研究结论与全样本基本一致，即高新技术制造业企业的 CEO 职业经历更加丰富。这一结果说明，高新技术企业的 CEO 其职业经历也并非单一，虽然专注于某一领域的研发人才是高新技术企业的重要核心竞争力，但对企业高层管理人员要求与研发人员不同，跨职能跨行业的综合专业知识、跨行业跨企业的社会资本也同样不可或缺。

表 3-5　高新技术行业与非高新技术行业组间差异检验

行业属性	样本量	均值	Mann-Whitney U test	T test
高新技术行业	3825	0.058	Z=-4.347，p=0.000	t=-4.181，p=0.000
非高新技术行业	15118	-0.013		
高新技术制造业	3825	0.058	Z=-10.617，p=0.000	t=-9.920，p=0.000
非高新技术制造业	8439	-0.118		

3.3.3　基于市场类型的对比分析

表 3-6 报告了创业板与非创业板企业组间差异检验。创业板企业样本 CEO

职业经历丰富度均值为 0.256，鉴于图 3-2 探讨的中国上市公司 CEO 职业经历丰富度整体情况，该值表明创业板企业 CEO 职业经历丰富度超过中国大部分上市公司的 CEO，且远高于非创业板企业样本均值。Mann-Whitney U 检验的 Z 值为 -15.582，组间均值差异 T 检验的 t 值为 -14.019，两项检验结果呈现一致性，均表明创业板企业与非创业板企业样本 CEO_CERI 在统计上具有显著的差异。出现这一分布状况的原因可能如下：一方面，创业板上市的企业多为规模较小的新兴企业，其发展对于 CEO 的依赖程度要更高，因此通常需要个人管理能力较强、管理经验丰富、社会资源充足的 CEO，CEO 丰富的职业经历对于创业板企业来说是尤为重要的关键资源；另一方面，值得注意的是创业板企业样本约占全样本的 10%，其 CEO 职业经历丰富度总体特征可能较容易受到异常值的影响，但综合来看，创业板企业 CEO 职业经历丰富程度呈现显著更高的水平，表现非常突出。

表 3-6 创业板与非创业板企业组间差异检验

行业属性	样本量	均值	Mann-Whitney U test	T test
创业板	2179	0.256	Z=-15.582，p=0.000	t=-14.019，p=0.000
非创业板	16690	-0.034		

3.4 本章小结

该章针对核心变量 CEO 职业经历丰富度进行了理论梳理及数据构建。首先，总结已有文献关于 CEO 职业经历多样性的指标构建方式，综合来看，CEO 职业经历类型重点围绕 CEO 任职过的职能部门类型、企业数、行业数展开，指标构建的方法主要分为三类，包括分别设置虚拟变量、计算职业经历类型总和构建 CEO 职业经历多样性变量、通过因子分析法降维求得职业经历多样性指数，以上三类方法伴随着 CEO 职业经历研究的深入依次运用，目前来看，第三种度量方式最为合适和通用。

针对本书的研究主题和中国特殊的制度背景和管理现状，在参考已有权威文献的基础上，从职能类型数、企业数、行业数、组织机构类型数、地域类型五个维度理论构建 CEO 职业经历丰富度指数（CEO_CERI）以衡量 CEO 职业经历的多元化程度。最后，基于 2007~2018 年中国 A 股上市公司样本，通过手工收集的 CEO 职业经历数据集，使用因子分析法，测度中国上市公司 CEO 职业经历丰富度指数，并从产权性质、行业属性、资本市场类型等方面进行数据对比分析，总结 CEO 职业经历丰富度的样本分布情况。

第4章　业绩期望落差与复合型 CEO 聘任

CEO 变更是影响企业未来战略与价值创造的关键决策，聚焦当前聘任"复合型"与"专业型"管理者的争论，本章从业绩反馈视角出发探究企业聘任"复合型" CEO 的动因、作用情境及经济后果。本章选取 2008 至 2016 年中国沪深 A 股上市公司的 CEO 变更事件为样本，基于企业行为理论与高层梯队理论，实证检验业绩期望落差与继任 CEO 职业经历丰富度的关系。首先，本章研究业绩期望落差较大的公司与具有复合型职业经历的 CEO 是否存在较高的匹配概率，并针对不同的职业经历维度探究异质性；其次，从公司治理和离任 CEO 特征两个角度探究业绩期望落差企业聘任复合型 CEO 的作用情境；最后，从经济后果角度，一方面基于公司战略视角，研究聘任复合型 CEO 的业绩期望落差企业其后续战略变革程度，另一方面从资本市场反应角度，分析复合型 CEO 继任后的短期及长期市场反应。本研究从企业行为理论角度探究 CEO 变更，丰富了 CEO 继任的前因研究及业绩期望落差的后果研究，并为企业完善高层次人才培养选聘机制、合理配置人力资源、规范公司治理机制、提升公司价值提供有益参考。

4.1　问题提出

CEO 作为企业重要的战略制定者和决策执行者，对企业的成长发展起到至关重要的作用，而确立适宜的 CEO 接任计划，及时有效地解雇并聘任合适的 CEO，是影响企业发展的关键事件，亦是公司治理高效的体现，还会引发资本市场的强烈反应。当企业经营不佳时，更加需要具备较强管理能力与良好个人声誉的 CEO 继任，以扭转企业的颓势；而在 CEO 选聘过程中，CEO 的职业经历往往成为其管理能力及管理风格的重要信号。例如，美国航空巨头波音公司自 2018 年一系列飞机安全问题之后面临难以克服的经营危机，股价持续下跌，2019 年 12 月 23 日波音公司宣布原 CEO 辞职，由戴维·卡尔霍恩担任新一任 CEO，戴维此前具有丰富的职业经历，曾任职于黑石集团、尼尔森控股、通用电气等多家著名企业，更换 CEO 的消息带动波音股价一日内上涨 2.9%，资本市场反应回暖。从管理者风格角度来看，管理者的个人特征及管理风格有机会被企业识别并选择，从而尽量达到 CEO 与企业风格的匹配（Fee et al.，2013；葛永波等，2016），同时管理者的个人行为偏好也会与公司行为产生一致性（Cronqvist et al.，2012），即管理者的个人特征影响公司的管理决策及价值创造（Hambrick and Mason，1984），因此在实务界 CEO 继任会影响企业的未来发展及市场价值，在学术界 CEO 继任亦备受管理学、人力资源、财务学等领域的关注，而 CEO 继任类型与公司的匹配更是值得研究的议题。

早期对于 CEO 变更的研究集中于公司是否能够及时辞退经营不佳的 CEO，随着企业对 CEO 人力资本关注的提升，CEO 继任研究引起学者的关注，截止目前，诸多关于 CEO 继任类型的研究着重关注 CEO 属于内部晋升还是外部聘任（Jongjaroenkamol and Laux，2017；Zhang and Rajagopalan，2003），随着全球营商环境的剧变及企业经营管理复杂度的提升，CEO 继任类型的研究也更加细化，如美国《萨班斯－奥克斯利法案》（SOX）的颁布影响企业偏好聘任具有财务经历的 CEO（Cullinan and Roush，2011），供应链管理战略导致公司倾向于聘任具有运营背景的 CEO（Koyuncu and Firfiray，2010）等，学者发现 CEO 继任类型通常与公司的战略与环境变化密不可分，近年来学术界关于复合型人才与专业型人才的研究再度兴起，国外研究表明当前企业对利益相关者关系处理的重视以及对可转移的综合管理能力的需求提升，越来越多的企业倾向于聘任具有综合管理能力的复合型 CEO（Crossland et al.，2014；Murphy and Zabojnik，2004），支付其更高的薪酬（Custodio et al.，2013）。虽然国内外已有部分研究证明复合型 CEO 能够影响企业的战略决策（Crossland et al.，2014）、创新水平（Custodio et al.，2017；赵子夜等，2018）、风险承担（何瑛等，2019b）等，但是并未对复合型 CEO 继任的动机进行系统性研究。

作为以盈利为目的的组织，企业的经营业绩备受利益相关者关注，绩效的高低也往往归因于管理者的决策，成为影响管理者变更的重要因素，因而在众多管理者变更研究中，企业业绩通常是最关键也是最直接的考量因素，但是业绩的高低并非衡量 CEO 经营能力的直接标准，基于企业行为理论（Greve，2003；Cyert and March，1963），董事会通常设置一定的经营"参照系"（刘鑫和薛有志，2015），通过业绩期望落差反映实际业绩与目标期望水平的差异，对企业经营的成败和 CEO 管理能力进行判断。与前景理论异曲同工之处在于，业绩期望落差反映的"成功"和"损失"状态将引发不同的企业行为，当实际业绩低于期望水平时，企业被认为处于经营"损失"状态，此时企业具有较强的风险偏好及战略变革动机，更容易促成企业后期较为冒险的搜寻与决策过程（贺小刚等，2020；连燕玲等，2014），其中管理者继任亦是企业重要的组织搜索与决策行为，如何选聘与企业发展需求相匹配的 CEO 是企业需要面对的问题。因此，本书探讨中国情境下的以下问题：当业绩期望落差较大时，企业是否更倾向聘任一名具有复合型职业经历的 CEO 继任带领企业改善现状，这类聘任是否受到内外部治理情境的影响，并且最终是否能够得到资本市场的认同。

从上述文献回顾可知，关于 CEO 变更的研究主要围绕 CEO 离职的前因展开，企业外部压力与自身发展需求是影响 CEO 离职的主要原因，其中董事会治理水平对 CEO 变更决策起到关键作用，企业业绩通常是 CEO 变更不可忽视的原因，与传统业绩指标不同，业绩期望落差基于明确的参考点衡量企业经营状态，与 CEO 变更决策存在更强的逻辑关系；与 CEO 继任类型相关的前因主要为公司内部因素，体现出 CEO 特征与公司发展需求匹配的重要性。与 CEO 离任重点聚焦企业历史要素不同，CEO 继任与企业未来发展关系更为密切，而选聘 CEO 是对企业影响巨大的复杂决策，因此研究 CEO 继任类型的前因具有重要的现实意义。已有研究表明拥有复合职业经历的 CEO 会提升企业战略新颖性（Crossland et al.，2014）、创新效率（赵子夜等，2018；何瑛等，2019a）等，并越来越受到董事会的关注与聘任（Custodio et al.，2013），但同时聘任复合型 CEO 又会提升企业的股权资本成本（Mishra，2014），关于复合型高管与专业型高管的选聘问题仍存在争论，截止目前还未有文献研究企业聘任复合型 CEO 的动机，以聚焦企业与继任 CEO 风格的匹配问题。本书试图从企业适应性视角出发，基于企业行为理论与高层梯队理论，围绕业绩期望落差探究企业聘任复合型 CEO 的前因及情境要素，并对聘任的经济后果进行检验，以丰富关于复合型 CEO 继任的相关研究。

本章基于企业行为理论与高层梯队理论，从业绩期望落差角度实证分析中国上市公司聘任复合型职业经历 CEO 的动因、作用情境及经济后果。主要的研究贡献包括以下三个方面：首先，本书综合运用高层梯队理论与企业行为理论，基于业绩反馈模型对企业聘任复合型职业经历 CEO 的影响因素进行实证分析，拓展了 CEO 继任的前因研究，是对 CEO 变更领域及 CEO 职业经历领域理论与实证研究的有益补充。其次，本书丰富了企业行为理论的相关研究，从管理者变更角度关注业绩期望落差对 CEO 继任类型的影响，从公司治理角度关注业绩期望落差与复合型 CEO 继任的作用情境，并进一步从企业战略与市场反应角度研究业绩反馈模型中组织搜索的后续结果，拓宽了企业行为理论的研究视角，完善了业绩反馈模型。最后，本书丰富了人力资本理论的研究，强调管理者人力资本与企业特征的匹配，为企业高层次人才的甄别、聘任、培养提供参考，有助于人力资源的配置与公司治理机制的完善，促进企业长期的价值创造与可持续发展。

4.2　研究假设

4.2.1　业绩期望落差与聘任复合型 CEO

基于企业行为理论的业绩反馈模型，将业绩期望落差与组织搜索、决策行为联系起来，该模型从企业历史及行业状况出发，设定企业业绩期望值，进而衡量企业的相对业绩，反映并强调企业经营处于"成功"还是"损失"状态；与前景理论相似，当实际业绩低于期望水平时，企业会被认为处于经营失败状态，面对如此现状，企业后续的搜索与决策行为往往偏好风险（Baum el al.，2005；Greve，2003；Chen，2008），其中继任 CEO 的选择亦是企业后续搜索与决策的一部分。企业业绩不仅具有评价历史的作用，还会影响企业未来的行为，董事会对于人力资本的理想投资组合也会随企业经营情境的变化而变化（Quigley et al.，2020；Wright et al.，2014）。管理者变更是对企业组织、战略、文化可能产生深远影响的重要事件，也是企业利益相关者共同关注的决策。基于委托代理理论，由于信息不对称的存在，CEO 的能力及作为评估相对困难，在劳动力市场上，CEO 的职业经历不仅成为管理能力的信号，也成为对其行为风格的体现，被企业及利益相关者识别，成为 CEO 继任决策的重要参考。聚焦企业聘任拥有丰富职业经历 CEO 的动机，基于企业行为理论、高层梯队理论及信号理论，本书推测当业绩期望落差较高时，企业更倾向聘任拥有丰富职业经历的复合型 CEO 带领企业改善现状。

第一，基于企业行为理论与高层梯队理论，从企业与 CEO 特征匹配和双向选择角度出发，研究发现业绩期望落差较大的公司与复合型 CEO 的风险特征更为匹配。以企业选择继任 CEO，即需求方视角来看，业绩期望落差较大的公司需要聘任复合型 CEO 以处理高风险高难度的经营管理任务。根据企业行为理论及业绩反馈模型，相较于实际业绩高于期望水平的企业，业绩期望落差较大的企业风险偏好更强，此时企业会进行组织搜索以弥补潜在经营损失（Ref and Shapira，2017），并且追求冒险决策和进行改革的可能性更高（Cyert and March，1963）。基于适应性的观点，此时经历 CEO 变更的企业聘任复合型 CEO 成为较为理想的方案，因为期望落差企业更需要继任 CEO 具备良好的改革精神、环境适应能力与综合管理能力，并赋予其相对更大的决策自主权，以期施展有利的措施，改善企业发展状况。国外研究也表明 CEO 的一般管理能力对于经历行业冲击或经营困境的企业更为重要，复合型 CEO 通常会被聘任以执行难度较高的管理任务，例如重组、收购、改善经营困境等（Mishra，2014）。同时，从 CEO 选择任职企业，即供应方视角来看，职业经历丰富的 CEO 有能力和意愿接受业绩期望落差企业的风险水平及管理需求。基于高层梯队理论，拥有复合型职业经历的管理者在劳动力市场上具有较强的议价能力和选择的余地，因此其决策失败容忍度较高，通常具有较强的风险偏好（Custodio et al.，2017；何瑛等，2019a），更愿意接受挑战和冒险，也更愿意融入具有变革需求的企业文化（Crossland et al.，2014），而业绩期望落差较大的公司在盈利表现欠佳的背后，往往包含战略、组织、经营等各方面的问题，对继任 CEO 来说是严峻的挑战，继任 CEO 需要具备较强的改革精神及丰富的管理经验，才更有可能选择加入企业，胜任如此高风险的经营管理工作。

第二，基于信号理论，业绩期望落差较大的公司具备聘任能力较强的复合型 CEO 传递企业未来发展向好信号的动机。在信息不对称的情况下，CEO 自身特征既是 CEO 向企业传递信号、也是企业向利益相关者传递信号的重要方式（Zhang and Wiersema，2009）。继任 CEO 的能力信号与特征信号会反映其管理能力及管理风格（刘鑫和薛有志，2016），因而不仅会影响企业中个体与群体的心态（Lin and Liu，2012），还会影响外部利益相关者对于企业未来发展的信心，例如，外部 CEO 继任会成为企业寻求外部知识的信号（Le and Kroll，2017）。当业绩期望落差较大时，企业被界定为经营失败状态，未来面临经营困境甚至组织衰败危机的概率增大，此时 CEO 变更成为董事会、股东、竞合伙伴等多方利益相关者共同关注的事件，继任 CEO 成为外界评判企业能否摆脱失败蜕变成功的关键角色，这其中继任 CEO 类型的选择显得尤为重要，因此业绩期望落差较大的企业更加需要聘任能力受认可的 CEO 作为未来业绩能够改善的信号，向利益相关者展现企业努力发展、勇于变革的决心，以改善企业当前形象，提振资本市场及合作伙伴的信心，便于未来融资、投资、经营等事务的开展。拥有复合型职业经历的 CEO 曾任职于多家公司或多类行业，曾面临多元的管理情境，自身丰富的经历为其打造具有丰富的社会资本（Fitzsimmons and Callan，2016）、较强的环境适应能力和综合管理技能的个人形象（何瑛等，2019a），作为展现自我能力的信号，更有可能让董事会及利益相关者相信其带领企业"转危为安"的综合能力，并成为业绩期望落差企业改善经营状态的信号。

基于此，本书提出假设 4-1：

H4-1：企业的业绩期望落差越大，越倾向于聘任具有复合型职业经历的 CEO。

4.2.2　董事会治理的调节效应

从内部治理的角度来看，作为企业最重要的决策之一，CEO 选聘是董事会的重要职能，聘任合适的继任 CEO 也是董事会治理有效性的体现，因此董事会治理水平会影响业绩期望落差公司对 CEO 继任类型的选择。一方面，独立性是董事会治理的灵魂，董事会治理水平高的企业，董事会独立性更强，更能够代表股东利益（李维安和徐建，2014），从而更好地履行选聘 CEO 的职责，如 Kaplan and Minton（2012）、Guo and Masulis（2015）发现当董事会独立性较强时，CEO 强制变更的业绩敏感性更高。治理水平高的董事会能够更为客观公正地评估 CEO 的能力与匹配度，从企业利益而非自身利益出发，选择有助于改善期望落差企业当前困境的复合型 CEO；另一方面，CEO 选聘是一项复杂而又专业的决策，需要董事会充分发挥专业作用，董事会治理水平高的企业其选聘继任 CEO 的流程更加完备（Zhang，2008），董事能够充分行使监督与咨询的职能，董事会决策的专业性相应提高，因而公司与 CEO 继任类型的匹配程度也相应更高，即当公司业绩期望落差较大时，董事会治理水平高的企业也更有能力选择并聘请复合型 CEO。基于此，本书提出假设 4-2：

H4-2：董事会治理在业绩期望落差与企业聘任复合型 CEO 之间发挥正向调节作用，即董事会治理水平越高，低于业绩期望水平的企业越倾向于聘任复合型 CEO。

4.2.3　市场化进程的调节效应

从外部治理的角度而言，企业聘任 CEO 不仅受到内部因素驱动，而且受到外部制度环境的影响，其中市场化进程也是影响业绩期望落差企业聘任复合型 CEO 的因素。一方面，从正式制度及非正式制度视角出发，市场化进程的提高意味着法律等制度的完善与市场竞争的加剧，从而提高了企业面临的外部监督与竞争程度（周建等，2009），也提高了企业管理的要求，因而在市场化程度高的情况下，业绩期望落差较大的公司更加需要聘任合适的 CEO 以处理企业内部与外部面临的双重压力，此时继任 CEO 需要具备较强的综合管理能力并充分了解市场制度与规则，因而具有丰富职业经历的 CEO 成为更加符合要求的继任人选；另一方面，从人力资本角度出发，外部制度的健全代表要素市场的发育程度较高，有助于构建较为完善的劳动力市场，提升劳动力的流动性及人力资本配置的有效性（王小鲁等，2018），改善企业与 CEO 的匹配效果。在制度环境健全的地区，劳动力市场上的信息不对称得到部分缓解，交易成本降低，为企业高效聘任 CEO 提供了条件（高照军，2019），企业与经理人能够在一定程度上实现较为合理的双向选择，因而拥有丰富职业经历的 CEO 作为劳动力市场的稀缺资源，能够被业绩期望落差大的企业发现并聘任。

基于此，本书提出假设 4-3：

H4-3：制度环境在业绩期望落差与企业聘任复合型 CEO 之间发挥正向调节作用，即市场化程度越高，低于业绩期望水平的企业越倾向于聘任复合型 CEO。

4.3 研究设计

4.3.1 样本选择与数据来源

本书选择 2008~2018 年中国沪深 A 股上市公司 CEO 变更事件作为研究样本，鉴于中国自 2007 年始实施新会计准则，研究可获取数据为 2007~2019 年，由于部分变量计算需要使用 [t-1，t+3] 窗口期数据，研究样本最终确定为 2008~2018 年。根据研究需要，本书对初始样本进行以下筛选处理：①剔除金融保险业上市公司样本；②剔除 ST 公司样本；③剔除变量存在缺失的样本。最终获取包含 1052 家公司在内的 1468 个观测值，属于非平衡面板数据。

本书主要研究的被解释变量 CEO 职业经历丰富度数据获取步骤如下：先从 CSMAR 数据库下载中国 A 股上市公司各年份 CEO 名单及简历资料，并人工浏览公司公告、公司年报、百度百科、新浪财经等公开资料补充 CEO 简历信息。然后，根据 CEO 简历信息手工整理职业经历丰富度数据，包含职能部门数、企业数、行业数、组织机构数、地域类型。研究所需的其他财务数据均来自 CSMAR 数据库和 Wind 数据库。本书使用 Stata 15.0 软件进行数据处理与分析。为缓解异常值对研究结果准确性的影响，对连续变量进行上下 1% 的 winsorize 处理。

4.3.2 模型设定与变量说明

本书采用以下模型进行主假设检验：

$$CEO\_CERI_{i,t} = \beta_0 + \beta_1 Loss_{i,t-1} + \beta_i Controls_{i,t} + \varepsilon_{i,t} \qquad (4-1)$$

式（4-1）中，CEO_CERI 表示被解释变量，为 CEO 职业经历丰富度指数。$Loss_{i}$，$t-1$ 表示解释变量，为业绩期望落差。$Control_{i}$，t 表示控制变量。由于业绩期望落差的数值为非正数，且其绝对值越高则业绩期望落差越大，因此，当系

数 β1 为负时，说明企业业绩期望落差越大，继任 CEO 职业经历丰富度越高，则验证假设 4-1 成立。本章使用 OLS 回归对主假设进行实证分析，同时辅以 Logit 和 Probit 模型进行检验，为提高结果的稳健性，所有回归结果的标准误经过公司层面的聚类调整。研究模型中的具体变量衡量方式如表 4-1 所示。

表 4-1　变量定义

类型	变量名	变量符号	变量测度
因变量	CEO 职业经历丰富度	*CEO_CERI*	从职能部门数、企业数、行业数、组织机构数以及地域类型五个方面综合构建，采用因子分析法计算综合得分
自变量	业绩期望落差	*Loss*	实际业绩低于期望业绩之差的截尾变量
调节变量	董事会治理	*Board*	将董事会规模、独立性、勤勉性、规范性四个方面指标标准化后加总，然后将该指标以按年度和行业中位数转换为虚拟变量
	市场化进程	*Market*	王小鲁等（2019）发布的市场化指数，同时将该指标以按年度和行业中位数转换为虚拟变量
控制变量	有息负债率	*Leverage*	有息负债/总资产
	债务期限结构	*Mature*	长期有息负债/有息负债
	企业规模	*Size*	总资产的自然对数
	企业盈利能力	*ROE*	净资产收益率
	企业成长性	*Growth*	企业销售收入增长率
	资本支出水平	*Cap*	资本支出/总资产
	有形资产水平	*Tang*	（固定资产+存货）/总资产
	第一大股东持股比例	*Top*1	第一大股东持股数/总股数
	年份	*Year*	年份虚拟变量
	行业	*Industry*	行业虚拟变量

（1）被解释变量：CEO 职业经历丰富度指数。

本章使用手工收集的 CEO 职业经历数据集，运用因子分析法基于 CEO 曾任职的职能部门数、企业数、行业数、组织机构数和地域类型五个维度构建 CEO 职业经历丰富度指数（*CEO Career Experience Richness Index*，*CEO_CERI*），该指数越高，说明 CEO 的职业经历越丰富。同时，本章还根据 *CEO_CERI* 样本中位数构建虚拟变量 *CEO_D* 以进行稳健性检验，如果 *CEO_CERI* 大于中位数，则将 CEO 划分为复合型 CEO，设置 *CEO_D* 为 1，否则 *CEO_D* 为 0。

（2）解释变量：业绩期望落差。

本书参考 Chen（2008）、连燕玲等（2014）、贺小刚等（2020）的衡量方式，将业绩期望落差定义为历史业绩期望落差，同时后文使用行业竞争期望落差进行稳健性检验。由于本书研究业绩期望落差对 CEO 聘任决策的影响，对解释变量进行滞后一期处理。业绩期望差距（Loss）具体衡量方式为（$P_{i,t-1}-A_{i,t-1}$），即企业 i 在 t-1 年的实际业绩与期望业绩之差，其中 $P_{i,t-1}$ 为企业 i 在 t-1 年的实际业绩，$A_{i,t-1}$ 为企业 i 在 t-1 年的业绩期望水平，根据以往研究，业绩水平以总资产回报率（ROA）衡量，$A_{i,t-1}$ 的计算公式如下：

$$A_{i,t-1} = (1 - \alpha_1)P_{i,t-2} + \alpha_1 A_{i,t-2} \tag{4-2}$$

式（4-2）中，α_1 表示权重，取值区间为 [0，1]，参考以往研究，限于篇幅，本书只汇报 α_1 = 0.4 时的回归结果。由于权重变化会影响 $A_{i,t-1}$ 的结果，笔者从 0 开始，逐次增加 0.1 以设定权重 α_1，使用分别计算得出的 $A_{i,t-1}$ 组合结果进行稳健性检验，研究结论均一致。本书的解释变量业绩期望落差（$Loss_{i,t-1}$）是根据业绩期望差距（$P_{i,t-1}-A_{i,t-1}$）生成的截尾变量，即设置表示低绩效企业的虚拟变量 I1，若企业 i 在过去一年实际业绩水平与企业期望水平之差小于 0，即（$P_{i,t-1}-A_{i,t-1}$）<0，则 I1 = 1，否则为 0；业绩期望落差（$Loss_{i,t-1}$）是 I1 与（$P_{i,t-1}-A_{i,t-1}$）相乘而得的截尾变量。

（3）调节变量。

董事会治理水平（Board）。本书参考 Black et al.（2017）、孟祥展等（2018）和徐沛勣（2020）等，从以下四个方面衡量董事会治理水平：①董事会规模，以董事会总人数衡量；②董事会独立性，以独立董事人数与董事会总人数之比衡量；③董事会勤勉性，以年度内董事会会议召开次数衡量；④董事会规范性，以董事会下设的战略委员会、提名委员会、薪酬委员会、审计委员会等专业委员会的数量衡量。本书将以上四个方面的指标标准化后加总，得到董事会治理水平指标。最后根据研究模型需要，将该指标按年度和行业中位数转换为虚拟变量。

市场化进程（Market）。本书参考连燕玲等（2015），使用王小鲁等（2019）发布的市场化指数衡量企业面临的外部制度环境，该指数综合衡量中国各省份政府与市场的关系、非国有经济、产品市场、要素市场、市场中介组织五个方面的发展程度，反映企业面临的外部治理环境。本书根据上市公司总部所在省份进行区域匹配，以衡量企业每年所在区域的市场化进程。同时也根据研究模型需要，将该指标以按年度和行业中位数转换为虚拟变量。

（4）控制变量。

参考 CEO 变更的相关研究（姜付秀等，2012；张行，2018），研究模型还包括以下控制变量：①有息负债率（Leverage），以有息负债除以总资产衡量；②债务期限结构（*Mature*），以长期有息负债除以有息负债衡量；③企业规模（*Size*），以期末总资产的自然对数衡量；④企业盈利能力（*ROE*），以年度净利润除以净资产衡量；⑤企业成长性（*Growth*），以企业总资产增长率衡量；⑥资本支出水平（*Cap*），以资本支出占总资产比值进行衡量；⑦有形资产水平（*Tang*），以固定资产与存货之和占总资产比值进行衡量；⑧股权集中度（*Top*1）以第一大股东持股比例衡量；⑨本书还设置了年份和行业虚拟变量，以控制年份和行业固定效应。

4.4　业绩期望落差与复合型 CEO 聘任研究

4.4.1　描述性统计及相关性分析

根据表 4-2 可知，继任 CEO 的职业经历丰富度（*CEO_CERI*）差异较大，并且中位数低于均值，说明继任 CEO 中具有丰富职业经历的 CEO 占比并不高，复合型 CEO 属于相对稀缺的人力资源。解释变量业绩期望落差（*Loss*）中位数为 -0.0020，说明发生 CEO 变更的样本中，实际业绩低于期望业绩的样本超过 50%，经营失败的企业更有可能更换 CEO。控制变量的数据分布特征与以往研究基本一致，本书不再赘述。

表 4-2　主要变量描述性统计

变量名	样本量	平均值	标准差	中位数	最小值	最大值
CEO_CERI	1468	-0.1324	0.7213	-0.2760	-1.5249	3.9510
Loss	1468	-0.0192	0.0421	-0.0020	-0.3342	0.0000
Leverage	1468	0.2163	0.1728	0.1941	0.0000	0.7452
Mature	1468	0.2278	0.2781	0.0972	0.0000	1.0000
Size	1468	22.1368	1.3355	21.9340	19.0778	27.0770
ROE	1468	0.0540	0.1546	0.0624	-0.8599	0.3649
Growth	1468	0.1642	0.3643	0.0839	-0.4489	2.5865
Cap	1468	0.0486	0.0475	0.0351	0.0001	0.2420
Tang	1468	0.4188	0.1897	0.4189	0.0082	0.8205
*Top*1	1468	0.3641	0.1564	0.3404	0.0848	0.7551

续表

变量名	样本量	平均值	标准差	中位数	最小值	最大值
Board	1468	0.4748	0.4995	0.0000	0.0000	1.0000
Market	1468	0.5041	0.5002	1.0000	0.0000	1.0000

图 4-1 统计了样本期间内 CEO 变更事件与继任 CEO 职业经历丰富度平均值的变化情况，值得关注的是，2009～2016 年继任 CEO 的职业经历丰富程度一直处于波动上升的状态，说明上市公司对于拥有丰富职业经历的 CEO 的偏好程度不断上升。

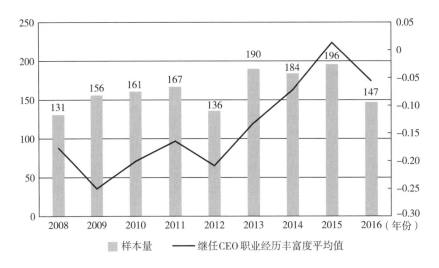

图 4-1 CEO 变更事件统计

根据表 4-3 可知，业绩期望落差（*Loss*）与继任 CEO 的职业经历丰富度（*CEO_CERI*）在 1%的水平下显著负相关，初步验证主假设的结果。其他变量之间的相关系数亦均在合理范围内。下文将对上述变量之间的关系进行回归分析。

表 4-3 主要变量相关性分析

变量名	*CEO_CERI*	*Loss*	*Leverage*	*Mature*	*Size*	*ROE*	*Growth*	*Cap*	*Tang*	*Top1*
CEO_CERI	1									
Loss	-0.0794***	1								
Leverage	-0.0380	0.0075	1							
Mature	-0.0042	0.0325	0.3302***	1						
Size	-0.0539**	0.0948***	0.4006***	0.2942***	1					

续表

变量名	CEO_CERI	Loss	Leverage	Mature	Size	ROE	Growth	Cap	Tang	Top1
ROE	0.0211	0.1484 ***	-0.2419 ***	0.0179	0.0949 ***	1				
Growth	0.1334 ***	0.0606 **	0.0005	0.0549 **	0.1248 ***	0.2123 ***	1			
Cap	-0.0894 ***	0.0122	0.1534 ***	0.1431 ***	0.0857 ***	0.0649 **	0.0953 ***	1		
Tang	-0.1115 ***	-0.0215	0.3809 ***	0.2223 ***	0.1655 ***	-0.1645 ***	-0.2333 ***	0.0279	1	
Top1	-0.0549 **	0.0172	0.0919 ***	0.1231 ***	0.3503 ***	0.1234 ***	-0.0569 **	0.0312	0.1451 ***	1

注： * 、 * * 、 * * * 分别表示 10%、5%、1% 统计意义上的显著。

4.4.2 主效应结果分析

表 4-4 列（1）列示了主假设的 OLS 回归结果，根据结果可知，业绩期望落差（Loss）与继任 CEO 职业经历丰富度指数（CEO_CERI）在 1% 水平下显著负相关，系数为 -1.4158，即企业实际业绩与期望业绩的差距越大，继任 CEO 职业经历越丰富，因此验证了本书的假设 4-1。

表 4-4 基本模型回归结果

变量名	（1） OLS	（2） FE	（3） Logit	（4） Probit
Loss	-1.4158 *** (-2.8171)	-1.5453 ** (-2.5672)	-3.8681 *** (-2.9643)	-2.4448 *** (-3.0542)
Leverage	0.1127 (0.8127)	0.0940 (0.3019)	0.4619 (1.0609)	0.2807 (1.0526)
Mature	0.0352 (0.4520)	-0.1444 (-0.9556)	0.3403 (1.4523)	0.2112 (1.4598)
Size	-0.0406 ** (-2.1128)	0.0188 (0.2859)	-0.1048 * (-1.7826)	-0.0635 * (-1.7878)
ROE	0.0826 (0.7705)	0.0292 (0.1744)	0.3747 (0.9981)	0.2389 (1.0241)
Growth	0.2518 *** (3.7835)	0.1891 * (1.7329)	0.4752 *** (2.8635)	0.2986 *** (2.9613)
Cap	-1.2753 *** (-2.8760)	-1.9615 ** (-2.0885)	-3.1807 ** (-2.3644)	-1.9757 ** (-2.4259)
Tang	-0.3293 *** (-2.6401)	-0.0742 (-0.2398)	-1.0611 *** (-2.8699)	-0.6464 *** (-2.8571)

变量名	（1）OLS	（2）FE	（3）Logit	（4）Probit
$Top1$	−0.0686 (−0.4913)	0.6811 (1.2381)	−0.2981 (−0.7404)	−0.1835 (−0.7405)
$Year$	YES	YES	YES	YES
$Industry$	YES	YES	YES	YES
$Constant$	1.3017*** (3.1173)	−0.5299 (−0.3869)	3.8533*** (3.1070)	2.3532*** (3.1400)
N	1468	1468	1468	1468
Adj_R^2	0.0652	0.0852		
$Pseudo\ R^2$			0.0470	0.0472

注：*、**、***分别表示10%、5%、1%统计意义上的显著。回归结果经过公司层面cluster调整。

4.5　稳健性检验

为增强上述结论的稳健性，本书采取两阶段最小二乘法、更换回归模型、更换核心解释变量的衡量方式以进行内生性及稳健性检验，检验结果均支持假设4-1的观点。

4.5.1　两阶段最小二乘法

为缓解可能存在的内生性问题，本书参考连燕玲等（2015）的研究，选择滞后2期的业绩期望落差作为解释变量滞后1期业绩期望落差（$Loss$）的工具变量，进行两阶段最小二乘法检验。最终回归结果如表4-5列（1）所示，业绩期望落差与继任CEO的职业经历丰富度的仍然显著负相关，再次验证假设4-1成立。

表4-5　稳健性检验回归结果

变量名	（1）2SLS	（2）Loss（行业）	（3）Loss（ROS）	（4）Loss（ROE）
$Loss$	−9.8236* (−1.8180)	−2.2979** (−2.4969)	−0.5963*** (−2.9535)	−0.3668* (−1.8239)

续表

变量名	（1）2SLS	（2）Loss（行业）	（3）Loss（ROS）	（4）Loss（ROE）
Leverage	0.1451 （0.9110）	0.0446 （0.3146）	0.1618 （1.1865）	0.1045 （0.7436）
Mature	0.0623 （0.7198）	0.0357 （0.4614）	−0.0179 （−0.2362）	−0.0111 （−0.1441）
Size	−0.0203 （−0.8232）	−0.0356* （−1.8407）	−0.0291 （−1.5821）	−0.0323* （−1.7220）
ROE	0.4240 （1.6253）	0.0929 （0.8530）	0.1164 （1.1136）	0.0647 （0.5415）
Growth	0.2682*** （4.0624）	0.2494*** （3.7308）	0.2236*** （3.6131）	0.2275*** （3.5761）
Cap	−1.2348** （−2.4768）	−1.1490*** （−2.5843）	−1.3597*** （−3.3114）	−1.4041*** （−3.3138）
Tang	−0.3546** （−2.4363）	−0.3381*** （−2.7338）	−0.2693** （−2.2531）	−0.2735** （−2.2097）
Top1	−0.1245 （−0.7878）	−0.0678 （−0.4857）	−0.0912 （−0.6727）	−0.0999 （−0.7278）
Year	YES	YES	YES	YES
Industry	YES	YES	YES	YES
Constant	0.6523 （1.0669）	1.2378*** （2.9476）	1.0292** （2.5575）	1.0789*** （2.6607）
N	1468	1468	1443	1395
Adj_R^2	−0.1666	0.0631	0.0597	0.0556

注：*、**、***分别表示10%、5%、1%统计意义上的显著。回归结果经过公司层面 cluster 调整。

4.5.2　更换回归模型

参考姜付秀等（2012）、贺小刚等（2020）的研究，本书还采用以下回归模型进行稳健性检验。使用面板数据的固定效应模型进行回归，结果如表 4-5 列（2）所示，业绩期望落差的回归系数在 5% 的水平下显著为负，与前文结论一致。将被解释变量继任 CEO 职业经历丰富度（CEO_CERI）根据年度中位数转换为虚拟变量，生成新的被解释变量（CEO_D），进而分别使用 Logit 及 Probit 模型回归，回归结果如表 4-5 列（3）和列（4）所示，业绩期望落差的回归系数均在 1% 的水平下显著为负，同样验证假设 4-1 成立。

4.5.3 更换业绩期望落差的衡量方式

参考连燕玲等（2014）、贺小刚等（2020）的研究，本书更换了测量解释变量业绩期望落差（Loss）的方式，并重新回归。将历史业绩期望落差更换为行业业绩期望落差，行业业绩期望落差的计算逻辑与历史业绩期望落差一致，为实际业绩与行业期望业绩之差的截尾变量，其中业绩仍然使用 ROA 衡量，企业 i 在 t−1 期的行业业绩期望等于企业 i 在 t−2 期行业内全部企业 ROA 的中位数与 t−2 期的行业业绩期望的加权组合，后者的权重仍然选取为 0.4。该回归结果如表 4−5 列（2）所示，行业业绩期望落差的回归系数在 1%水平下显著为负。分别使用 ROS 和 ROE 作为企业业绩衡量方式计算企业历史业绩期望落差，回归结果如表 4−5 列（3）及列（4）所示，业绩期望落差的回归系数分别在 1%和 10%水平下显著为负，再次提高主假设回归结果的稳健性。

4.6 调节效应检验

在主假设检验成立的基础上，本书继续分析董事会治理水平以及市场化进程对二者关系的影响。本书采取交互项回归与分组回归的方式进行调节效应检验，回归结果如表 4−6 所示。其中列（1）至列（3）显示董事会治理水平的调节效应回归结果，在交互项回归中，业绩期望落差与董事会治理水平的交互项（Loss * Board）在 5%水平下显著为负；同时在分组回归中，董事会治理水平较高的样本中业绩期望落差（Loss）的回归系数显著性更高，并通过了验证两组系数差异的似无相关检验；因此可以说明在董事会治理水平较高的公司，其业绩期望落差越大，越有可能聘任职业经历丰富的 CEO，即假设 4−2 成立。同样地，列（4）至列（6）显示外部制度环境的调节效应回归结果，在交互项回归中，业绩期望落差与市场化进程的交互项（Loss * Market）在 10%水平下显著为负；同时在分组回归中，与市场化程度较低的样本回归结果相比，市场化程度较高的样本中业绩期望落差（Loss）的系数显著性更高，并通过了验证两组系数差异的似无相关检验；因此可以说明与市场化进程缓慢的地区相比，在市场化程度较高的地区，公司业绩期望落差越大，越有可能聘任职业经历丰富的 CEO，即假设 4−3 成立。以上两个假设的结果说明企业内部与外部治理水平会对企业聘任 CEO 决策产生影响，也会在一定程度上影响企业与继任 CEO 的匹配程度。

表 4-6 调节效应回归结果

变量名	（1）全样本	（2）Board = 1	（3）Board = 0	（4）全样本	（5）Market = 1	（6）Market = 0
Loss	−0.1061 (−0.2756)	−1.5698*** (−2.6881)	−0.1531 (−0.3637)	−0.2691 (−0.6245)	−1.6936** (−2.3012)	−0.2506 (−0.5954)
Board	0.0144 (0.3544)					
Loss * Board	−1.5549** (−2.1076)					
Market				0.0657 (1.5696)		
Loss * Market				−1.4309* (−1.7016)		
Leverage	0.1072 (0.7717)	0.1349 (0.7368)	0.1253 (0.6311)	0.1254 (0.9023)	0.1185 (0.5464)	0.1174 (0.6367)
Mature	0.0273 (0.3522)	0.1815 (1.5651)	−0.0967 (−0.9629)	0.0460 (0.5909)	0.0920 (0.7791)	−0.0513 (−0.4918)
Size	−0.0439** (−2.2461)	−0.0722*** (−2.6534)	−0.0166 (−0.6047)	−0.0436** (−2.2960)	−0.0238 (−0.8896)	−0.0512* (−1.9352)
ROE	0.0357 (0.3366)	−0.1276 (−0.8032)	0.1837 (1.2972)	0.0536 (0.4979)	0.1184 (0.6703)	−0.0192 (−0.1307)
Growth	0.2504*** (3.7761)	0.2883*** (2.9299)	0.1945** (2.3250)	0.2529*** (3.7479)	0.2361** (2.2284)	0.2495*** (2.6146)
Cap	−1.2568*** (−2.8333)	−1.8245*** (−3.3624)	−0.7709 (−1.1454)	−1.3036*** (−2.8872)	−2.2253*** (−4.1467)	−0.3807 (−0.5319)
Tang	−0.3240*** (−2.6129)	−0.4464** (−2.4491)	−0.2454 (−1.4722)	−0.3140** (−2.5097)	−0.3171* (−1.8277)	−0.2917* (−1.6677)
Top1	−0.0622 (−0.4413)	0.0046 (0.0223)	−0.1040 (−0.5316)	−0.0847 (−0.6028)	−0.0504 (−0.2401)	−0.1404 (−0.7434)
Year	YES	YES	YES	YES	YES	YES
Industry	YES	YES	YES	YES	YES	YES
Constant	1.3602*** (3.2582)	1.9956*** (3.4966)	0.7644 (1.3348)	1.3074*** (3.1484)	1.0544** (1.9756)	1.3498** (2.1984)
N	1468	697	771	1468	740	728
Adj_R^2	0.0643	0.0774	0.0631	0.0662	0.0523	0.0698
SUR		Chi2 = 4.05，p = 0.0443			Chi2 = 3.03，p = 0.0816	

注：*、**、***分别表示 10%、5%、1%统计意义上的显著。回归结果经过公司层面 cluster 调整。SUR 为 suest 命令生成的似无相关检验结果。

4.7 进一步检验

4.7.1 业绩期望落差与 CEO 职业经历类型

本书的被解释变量 CEO 职业经历丰富度指数由 5 个方面的数据构成，具体包括任职过的职能部门数（*CEO_POS*）、企业数（*CEO_COR*）、行业数（*CEO_IND*）、组织机构数（*CEO_INS*）、地域类型（*CEO_OVE*）。本部分探讨业绩期望落差与继任 CEO 职业经历的五个维度的关系及差异，根据表 4-7 回归结果，业绩期望落差较大的企业更倾向于聘任就职过较多企业及行业的 CEO，其次对于具有海外任职经历的 CEO 也更为偏好，而业绩期望落差与 CEO 丰富的职能部门及组织机构经历的关系并不显著。

表 4-7 业绩期望落差与 CEO 职业经历类型

变量名	(1) *CEO_POS*	(2) *CEO_COR*	(3) *CEO_IND*	(4) *CEO_INS*	(5) *CEO_OVE*
Loss	0.3651 (0.8319)	−3.8280** (−2.2560)	−2.0284*** (−2.7411)	−0.1084 (−0.2329)	−0.3057* (−1.7248)
Leverage	0.2304 (1.5820)	0.3841 (0.8868)	0.1136 (0.5237)	−0.0827 (−0.6636)	0.0318 (0.8580)
Mature	0.0432 (0.5116)	−0.0524 (−0.2201)	0.1063 (0.8870)	0.0021 (0.0306)	−0.0035 (−0.1651)
Size	0.0175 (0.8916)	−0.0241 (−0.4226)	−0.0946*** (−3.1403)	−0.0132 (−0.7692)	−0.0001 (−0.0084)
ROE	0.0086 (0.0597)	0.4114 (1.1040)	0.0388 (0.2373)	−0.0481 (−0.4197)	0.0475 (1.4443)
Growth	−0.0496 (−0.7735)	0.5947*** (2.7985)	0.4048*** (4.1028)	0.0769 (1.4952)	0.0074 (0.3659)
Cap	−0.3158 (−0.7204)	−2.8356** (−1.9827)	−2.1309*** (−3.3793)	−0.2121 (−0.4735)	0.0320 (0.2297)
Tang	−0.2372** (−1.9674)	−1.0386*** (−2.8318)	−0.3613* (−1.8289)	0.0025 (0.0208)	−0.0873** (−2.5285)
*Top*1	0.0195 (0.1307)	−0.2214 (−0.4911)	−0.0737 (−0.3556)	−0.1314 (−1.0272)	0.0275 (0.6263)

变量名	(1) CEO_POS	(2) CEO_COR	(3) CEO_IND	(4) CEO_INS	(5) CEO_OVE
Year	YES	YES	YES	YES	YES
Industry	YES	YES	YES	YES	YES
Constant	1.1889*** (2.8621)	5.5522*** (4.3488)	4.9273*** (7.6690)	1.7194*** (4.6528)	0.0436 (0.3236)
N	1468	1468	1468	1468	1468
Adj_R^2	0.0392	0.0241	0.0963	0.0269	0.0093

注：*、**、***分别表示 10%、5%、1%统计意义上的显著。回归结果经过公司层面 cluster 调整。

4.7.2　离任 CEO 特征、业绩期望落差与继任 CEO 职业经历丰富度

CEO 继任决策还会受到离任 CEO 特征的影响。首先，CEO 离任方式会影响业绩期望落差与继任 CEO 职业经历丰富度的关系。CEO 离任方式通常分为常规变更与非常规变更，与常规变更不同，CEO 非常规变更通常发生在企业陷入绩效困境情境中（Warner et al.，1988），此种情况下继任 CEO 也更加具有提升企业业绩的动机（Finkelstein et al.，2009），随后往往伴随较为剧烈的组织动荡及战略变革，此时企业对于具有丰富职业经历和社会资本、较强管理能力的继任 CEO 需求更为强烈。基于此，本书推测非常规变更情况下，低于业绩期望水平的企业越倾向于聘任复合型 CEO。另外，离任 CEO 的任期长短也会影响业绩期望落差与继任 CEO 职业经历丰富度的关系。任期会影响离任 CEO 的权力与影响力，前一任 CEO 的任期越长，对企业的影响越大，越容易造成企业的路径依赖与战略惯性（刘鑫和薛有志，2013），因而不利于企业重大战略调整，包括 CEO 聘任及后续的战略调整决策。基于此，本书推测当离任 CEO 任期较短时，低于业绩期望水平的企业越倾向于聘任复合型 CEO。

为验证上述假设，本书分别将 CEO 离任方式与离任 CEO 任期作为调节变量，进行交互项回归与分组回归，检验其对主效应是否存在调节作用。首先，对于 CEO 离任方式的调节效应检验，本书参考陈丽蓉等（2015）的衡量方式，将由于健康或死亡、退休、完善公司治理结构、涉案等引发的 CEO 变更界定为常规变更，设置调节变量 Fdimission = 0，其他的情况界定为 CEO 非常规变更，设置 Fdimission = 1。回归结果如表 4-8 列（1）至列（3）所示，在交互项回归结果中 Loss * Fdimission 的回归系数在 1%水平下显著为负，分组回归结论一致且通过似无相关检验，可见当前一任 CEO 发生非常规离职时，业绩期望落差企业越偏好

聘任拥有丰富职业经历的 CEO。其次，关于离任 CEO 任期长短的调节效应检验，本书参考刘鑫和薛有（2013）的研究，将前一任 CEO 任期年数作为离任 CEO 任期，根据需要按年度中位数划分为虚拟变量 $Dimage$，其中当离任 CEO 任期大于每年度的中位数时，设置 $Dimage=1$，表示前一任 CEO 在样本企业任职时间较长，反之则 $Dimage=0$。回归结果如表 4-8 列（4）至列（6）所示，交互项回归结果中 $Loss * Dimage$ 的回归系数在 10% 水平下显著为正，同时分组回归结果中 $Dimage=0$ 时业绩期望落差与 CEO 职业经历丰富度的负向关系更为显著，且通过系数差异似无相关检验，因此与离任 CEO 任期较长的情况相比，当离任 CEO 任期较短时，业绩期望落差企业越偏好聘任拥有丰富职业经历的 CEO。以上结果说明前一任 CEO 的离任方式及任期长短均可能对业绩期望落差企业的 CEO 继任决策产生影响。

表 4-8　离任 CEO 特征、业绩期望落差与继任 CEO 职业经历丰富度

变量名	（1）全样本	（2）Fdimission = 1	（3）Fdimission = 0	（4）全样本	（5）Dimage = 1	（6）Dimage = 0
Loss	0.9410 (1.4257)	−1.8751 *** (−3.3642)	0.9670 (1.1549)	−2.1862 *** (−2.9455)	−0.5183 (−0.9083)	−2.1772 *** (−2.8692)
Fdimission	−0.0707 (−0.9803)					
Loss * Fdimission	−2.8249 *** (−3.2520)					
Dimage				0.0052 (0.1315)		
Loss * Dimage				1.7288 * (1.8973)		
Leverage	0.1075 (0.7751)	0.1003 (0.7118)	−0.1120 (−0.2015)	0.1125 (0.8014)	0.2048 (1.0147)	0.0312 (0.1680)
Mature	0.0369 (0.4743)	0.0595 (0.7248)	−0.1596 (−0.4150)	0.0299 (0.3840)	−0.0440 (−0.4124)	0.0958 (0.9084)
Size	−0.0390 ** (−2.0310)	−0.0451 ** (−2.3157)	0.0555 (0.6502)	−0.0377 * (−1.9610)	−0.0482 * (−1.8256)	−0.0276 (−1.0866)
ROE	0.0882 (0.8243)	0.0848 (0.7746)	−0.5426 (−0.7408)	0.0759 (0.7027)	0.2083 (1.3857)	−0.0476 (−0.3065)
Growth	0.2511 *** (3.7932)	0.2541 *** (3.6464)	0.2100 (1.2548)	0.2479 *** (3.7673)	0.2178 ** (2.0373)	0.2738 *** (3.1994)

续表

变量名	（1） 全样本	（2） Fdimission = 1	（3） Fdimission = 0	（4） 全样本	（5） Dimage = 1	（6） Dimage = 0
Cap	−1.2128 *** （−2.7326）	−1.2107 ** （−2.5727）	−1.1036 （−0.8142）	−1.2464 *** （−2.8189）	−0.8625 （−1.4497）	−1.4741 ** （−2.4002）
Tang	−0.3331 *** （−2.6749）	−0.3529 *** （−2.7281）	−0.2263 （−0.4769）	−0.3336 *** （−2.6691）	−0.3770 ** （−2.1184）	−0.2751 * （−1.6503）
Top1	−0.0692 （−0.4959）	−0.0707 （−0.4892）	−0.0888 （−0.1639）	−0.0705 （−0.5043）	−0.0128 （−0.0607）	−0.1282 （−0.7224）
Year	YES	YES	YES	YES	YES	YES
Industry	YES	YES	YES	YES	YES	YES
Constant	1.3153 *** （3.1492）	1.4336 *** （3.3273）	−1.4831 （−0.8778）	1.2348 *** （2.9768）	1.4285 ** （2.5059）	1.0538 ** （2.0181）
N	1468	1349	119	1468	675	793
Adj_R^2	0.0675	0.0700	−0.0786	0.0668	0.0464	0.0717
SUR		Chi2 = 9.55, p = 0.0020			Chi2 = 3.24, p = 0.0717	

注：*、**、*** 分别表示 10%、5%、1% 统计意义上的显著。回归结果经过公司层面 cluster 调整。
SUR 为 suest 命令生成的似无相关检验结果。

4.7.3 基于战略变革与市场效应的经济后果分析

前文已经验证业绩期望落差较大的企业在选择继任 CEO 时，更倾向于聘任具有复合职业经历的 CEO，根据假设 4-1 的逻辑，从聘任动机出发，这可能是出于企业寻求变革以及挽回资本市场认可而做出的决定，因此本书接下来将从经济后果角度，进一步验证业绩期望落差企业在聘任复合型 CEO 后，是否的确促进了企业后续战略变革，以及是否得到了资本市场的良好反应。

企业战略方面，本书通过中介效应检验分析业绩期望落差企业是否通过聘任复合型 CEO 促进企业战略变革。参考 Zhang and Rajagopalan（2010）、郭蓉和文巧甜（2017）的研究，本书从战略资源配置的 6 个方面构建战略变革程度指标，具体为广告支出占收比、研发支出占收比、固定资产净值占固定资产总值比、存货占收比、非生产性支出占收比、财务杠杆系数；先分别计算上述 6 个指标在 [t−1, t+3] 五年窗口期内的方差；然后将该方差基于行业进行标准化并加总，最终得到企业战略变革程度变量（Change）。本书参考温忠麟和叶宝娟（2014）的研究验证中介效应。第一步，检验业绩期望落差（Loss）是否能够促进企业战略变革程度（*Change*）；第二步，检验业绩期望落差（*Loss*）与 CEO 职业经历丰富度（*CEO_CERI*）之间关系，前文已经验证，业绩期望落差大的企业更可能聘任复合型 CEO；第三步，检验 CEO 职业经历丰富度（*CEO_CERI*）与业绩期望落差（*Loss*）同时对企业战略变革程度（*Change*）的影响。具体结果如表 4-9 列（1）至列（3）所示，业绩期望落差与企业战略变革程度呈现显著的正相关关系，其中 *CEO_CERI* 起到部分中介效应，中介效应占比为 5.30%，笔者还使用 Stata 软件中的 sgmediation 命令进行 Sobel 检验，验证中介效应通过。由此可知，实际业绩低于期望水平的企业能够通过聘任复合型 CEO 提升企业战略变革程度。

市场反应方面，本书通过中介效应检验分析业绩期望落差企业与复合型 CEO 的匹配，是否得到积极的资本市场反应。参考彭凯等（2018）的研究，本书采用事件研究法，计算 CEO 继任事件的短期市场反应（*CAR*）与长期市场反应（*BHAR*）。短期市场反应采用市场模型法进行衡量：选择 CEO 变更公告日前 130 至前 10 个交易日作为估计期，记为 [−130, −10]，选择 CEO 变更公告日前后 [t−1, t+3] 共五天作为事件期；将考虑现金红利再投资的日个股回报率作为实际收益率，将公司在 t 期所在分市场的考虑现金红利再投资的日回报率（等权平均法）作为市场收益率，使用估计期内数据回归估计市场模型，根据回归所得系数估算事件期内的超额收益率，在事件期内加总计算累计超额收益率 *CAR*。长期市场反应（*BHAR*）通过购买持有超额收益法进行计算，将 CEO 变更公告日后 12 个月作为持有期，购买持有收益通过考虑现金红利再投资的月个股回报率（等权平均法）和公司在 t 期所在分市场的考虑现金红利再投资的月市场回报率（等权平均法）进行计算。本书将 *CAR* 和 *BHAR* 分别作为被解释变量，通过中介效应检验三步法进行回归与计算判断。回归结果如表 4-9 列（1）、列（4）至列（7）所示，从短期市场反应来看，业绩期望落差与 *CAR* 存在显著正相关关系，可见资本市场对于实际业绩高于期望业绩的企业保持乐观态度，对于业绩期望落差较高的企业并不是十分看好，同时对复合型 CEO 与公司的匹配也并不敏感，短期市场反应并不显著，因此期望落差公司无法通过聘任复合型 CEO 提升企业短期内的超额累计收益率。从长期市场反应来看，业绩期望落差企业能够通过聘任职业经历丰富的 CEO 提升企业的长期超额收益，复合型 CEO 起到了中介作用。综合来看，该结果说明期望落差较大的公司发布聘任职业经历丰富的 CEO 的公告后，资本市场并没有立即展现出乐观的支持态势，短期内对于期望落差公司与继任 CEO 的匹配存在一定程度上的分歧或观望，但长期来看，期望落差较大的企业聘任复合型 CEO 后股价的长期市场表现良好，在一定程度上赢得了资本市场的肯定。

表 4-9　聘任复合型 CEO 的经济后果

变量名	(1) CEO_CERI	(2) Change	(3) Change	(4) CAR	(5) CAR	(6) BHAR	(7) BHAR
Loss	-1.4158 *** (-2.8171)	-2.5538 *** (-2.7649)	-2.4183 *** (-2.6522)	0.0711 * (1.8129)	0.0754 * (1.8943)	-0.5965 * (-1.7545)	-0.5446 (-1.6308)
CEO_CERI			0.0957 * (1.8835)		0.0028 (1.0591)		0.0341 * (1.9275)
Leverage	0.1127 (0.8127)	0.3130 (1.2444)	0.3022 (1.1959)	0.0218 * (1.7012)	0.0214 * (1.6711)	-0.0021 (-0.0249)	-0.0065 (-0.0763)
Mature	0.0352 (0.4520)	0.5114 *** (3.2338)	0.5080 *** (3.1980)	0.0033 (0.4467)	0.0033 (0.4422)	0.0514 (1.1746)	0.0503 (1.1490)
Size	-0.0406 ** (-2.1128)	-0.2357 *** (-6.6717)	-0.2318 *** (-6.5087)	-0.0020 (-1.2120)	-0.0019 (-1.1586)	-0.0349 *** (-2.9102)	-0.0336 *** (-2.8153)
ROE	0.0826 (0.7705)	-0.5947 ** (-2.0722)	-0.6026 ** (-2.1001)	-0.0047 (-0.3450)	-0.0050 (-0.3678)	0.2534 ** (2.1905)	0.2496 ** (2.1613)
Growth	0.2518 *** (3.7835)	0.4235 *** (3.6457)	0.3994 *** (3.3677)	-0.0003 (-0.0611)	-0.0009 (-0.1716)	-0.0161 (-0.4893)	-0.0236 (-0.7185)
Cap	-1.2753 *** (-2.8760)	0.0132 (0.0128)	0.1352 (0.1312)	0.0125 (0.3216)	0.0161 (0.4148)	-0.6463 *** (-2.7909)	-0.6056 *** (-2.6390)
Tang	-0.3293 *** (-2.6401)	-0.2702 (-0.9966)	-0.2387 (-0.8846)	-0.0099 (-0.8428)	-0.0090 (-0.7505)	0.1300 * (1.6706)	0.1425 * (1.8404)
Top1	-0.0686 (-0.4913)	0.1991 (0.8246)	0.2056 (0.8465)	-0.0046 (-0.3953)	-0.0043 (-0.3665)	0.1824 ** (2.2763)	0.1848 ** (2.3101)
Year	YES	YES	YES	YES	YES	YES	YES
Industry	YES	YES	YES	YES	YES	YES	YES
Constant	1.2447 *** (2.9284)	4.3525 *** (5.2362)	4.2334 *** (5.0513)	0.0350 (0.9534)	0.0319 (0.8666)	0.5036 * (1.9324)	0.4581 * (1.7549)
N	1468	1468	1468	1399	1399	1417	1417
Adj_R^2	0.0652	0.0789	0.0811	0.0060	0.0062	0.0371	0.0391
Sobel			0.0817 * (Z=-1.741)			0.0929 * (Z=-1.680)	
中介效应比例			5.30%			8.69%	

注：*、**、*** 分别表示 10%、5%、1% 统计意义上的显著。回归结果经过公司层面 cluster 调整。Sobel 为 sgmediation 命令生成的检验结果。

4.8　本章小结

　　CEO 继任是影响企业未来组织架构、战略决策的重要事件，继任 CEO 与企业风格的匹配更是关乎企业能否良好发展的关键，因此企业选聘 CEO 的决策是实务界与学术界共同关注的议题。近年来，诸多研究强调复合型高管对于当前时代企业发展的重要性，但未有文献系统研究企业选择复合型人才或专业型人才的影响因素，在 CEO 变更决策中，企业业绩通常是最重要的参考因素，而与绝对业绩指标相比，业绩期望落差更能反映企业的经营状态及经营动机。因此，本书选取 2008~2018 年中国 A 股上市公司 CEO 变更事件为样本，综合运用企业行为理论、高层梯队理论、信号理论、公司治理理论等，从业绩反馈视角探究企业聘任复合型 CEO 的动机。研究结果表明，以企业历史及行业业绩为参考点衡量的企业业绩期望落差会影响企业继任 CEO 的特点，企业的业绩期望落差越大，越倾向于聘任具有复合型职业经历的 CEO，这一结论在运用两阶段最小二乘法、更换研究模型及解释变量衡量方式等检验后结果依然稳健。影响因素方面，从公司治理角度，良好的公司治理水平能够有效促进企业与继任 CEO 的匹配，即董事会治理水平越高、市场化进程越高，低于业绩期望水平的企业越倾向于聘任复合型 CEO；从离任 CEO 特征角度，当离任 CEO 发生非常规变更、离任 CEO 任期较短时，低于业绩期望水平的企业越倾向于聘任复合型 CEO。经济后果方面，业绩期望落差较大的企业在聘任复合型 CEO 后，战略变革程度显著提升，虽然资本市场短期反应并不明朗，但长期来看反应良好，说明复合型 CEO 与业绩期望落差企业的匹配能够体现人力资源配置的合理性，并得到利益相关者的认同。

　　本书不仅丰富了企业行为理论与高层梯队理论的相关研究，还为管理实践提供了一定的证据与参考。从宏观角度来看，制度环境的改善有助于人力资本的有效配置。市场化发展不仅能为企业提供良好的市场环境与经济法律环境，还能完善劳动力市场，提高企业与人才的匹配程度，因此政府应持续健康推进市场化进程，为企业发展提供良好的制度环境，以提升资源配置效率及经济发展活力。从微观企业角度来看，首先，业绩期望落差表明当前企业组织、战略等方面可能存在问题，未来往往会采取诸多纠偏及变革举措，面对实际业绩低于期望业绩的情况，企业在管理者选择方面应更为谨慎。管理者的选择不仅影响企业的战略决策与竞争优势，还会影响投资者等利益相关者的立场，影响企业在资本市场的价值体现。因此，企业需要更加重视高层管理人员的培训与选聘，如有条件应该完善

CEO 的接任计划，以提高企业面临及扭转困境的能力。其次，企业在选聘 CEO 时，应更加注重企业风格与管理者风格的匹配，管理者的异质性特质能够被识别并选择，同时管理者的特质往往是多元化的，企业应该关注未来发展与管理者的契合程度，使继任 CEO 的管理能力得到充分发挥，以帮助企业高效改善经营现状。最后，企业要完善公司治理机制，良好的治理机制有助于企业关键决策的有效制定及执行，尤其对董事会来说，CEO 解雇与选聘是其重要职责，企业应注重完善董事会的各项制度及机构设置，提升董事会决策的专业性和独立性，以提高企业对高层次管理人才的配置效率。从微观个体角度来看，管理者一方面应注重个人经历对自身能力、评价及信号的影响；另一方面应关注复合型人才对于企业发展的重要作用，保持开放包容的心态与持续学习的能力，不断提高自身在劳动力市场的议价能力与形象声誉。

第5章 CEO 复合型职业经历与企业风险承担

风险承担是企业提升盈利、创造价值的重要因素，探究企业风险承担的微观影响因素对于企业成长发展与经济高质量增长研究具有重要意义。基于高层梯队理论，管理者的职业经历可能会影响其认知及行为偏好，并作用于企业的管理决策，是企业风险承担不可忽视的影响因素。第4章主要通过理论分析和实证检验探究 CEO 复合型职业经历对企业风险承担的影响效应，并从风险承担意愿与能力两个角度检验二者的作用机制，最后从经济后果角度探究其对企业价值的提升作用。

5.1 问题提出

人才是我国实施创新驱动发展战略的关键，如何培养与选拔高层次管理人才是关乎企业可持续发展及宏观经济增长的重要议题，多样化的管理技能较之于专业技能的相对优势日趋明显，职业经历丰富的复合型高管更容易受到企业的青睐（Murphy and Zabojnik，2007）。在全球背景下，美国十分重视人才战略，实施多种政策吸引人才，高校纷纷整合人文教育、基础教育与专业教育，以培养复合型人才为目标。美国著名的《企业家宣言》中强调"企业家要有寻求突破的勇气，要做有意义的冒险"，并且近 50 年来其商业领域引人瞩目的趋势之一就是具有多样化职业背景的 CEO 比例大幅提升（Crossland et al.，2014）。在中国，人才强国战略一再被提至重要位置，高水平人才队伍建设是我国的长期发展规划，激烈的市场竞争更是引发了企业的人才争夺战。丰富的职业经历有助于企业管理者拥有综合的管理技能、丰富的社会网络和过人的胆识也是塑造复合型人才的重要途径。麦当劳传奇创始人雷·克拉克，早年曾先后担任救护车司机、纸杯推销员、乐队成员、奶昔机推销员等，跨行业的职业经历和丰富的人生阅历为其积累了良好的社会资源与商业声誉，为其将小型快餐店打造成全球著名快餐企业奠定了基石。再如国内著名房地产企业万科的创始人王石，早期曾从军五年，复原后先在铁路局担任车间工人，后到广东省外经委工作，跨行业、跨岗位的丰富职业经历造就了王石坚毅、勇敢的行事风格以及勇于承担风险的精神。毋庸置疑的是，基于不同职业经历所形成的个人性格、价值观及行事风格对管理者日后经营管理企业与制定战略及财务决策具有深远的影响。拥有跨行业、跨企业、跨职位等多维职业经历的管理者，在融资、投资、经营等方面可能具有更丰富的资源、更广阔的视野、更全面的管理技能和勇敢冒险的精神，进而提高企业的风险承担水平，并促进企业价值的可持续创造。

管理者作为企业风险活动的决策主体，一直是财务研究领域的关注重点。传统代理理论关注如何实施监督激励机制，引导管理者制定帕累托最优决策，促进企业可持续发展，但其中隐含的管理者同质前提已很难符合现实情况，管理者异质性愈加受到学者的重视，尤其是人口统计学、心理学、社会学等领域与管理学的融合为公司财务决策研究提供了新的研究思路。基于高层梯队理论，管理者的职业经历会影响其认知及行为模式，进而作用于公司行为。以往对于管理者职业经历与公司财务行为的研究重点集中在从军经历（Malmendier et al.，2011；Benmelech and Frydman，2015；赖黎等，2017）、财务经历（Güner et al.，2008；姜付秀和黄继承，2013）、研发经历（Barker and Mueller，2002）、学术经历（Francis et al.，2015；周楷唐等，2017）、海外经历（Giannetti et al.，2015；宋建波等，2017）等单一特殊职业经历对公司财务行为及经济后果的影响，然而不同的职业经历会互相作用、共同塑造管理者的管理风格，海外最新研究发现管理者在制定公司决策时会综合运用整个职业生涯所学的技能，而拥有丰富职业经历的复合型高管通常具有更强的应变能力、跨界能力、创新意识及冒险精神，也更容易被企业关注和聘任，并获得更高的薪酬（Custódio et al.，2013），国内也有学者开始关注高管丰富的职业经历对公司财务行为的影响（Hu and Liu，2015；赵子夜等，2018）。国内外文献已经从各个侧面反映出管理者职业经历的丰富程度可能对企业风险承担产生影响，但截至目前尚无文献系统研究管理者职业经历丰富度与企业风险承担的关系，更未涉足影响路径和经济后果的深入探究。有鉴于此，本章预期切入企业风险承担的考察视角，分析和考察管理者职业经历是否会对企业风险承担水平产生影响，客观表现如何？管理者职业经历影响企业风险承担水平的作用路径？回归价值检验的终极命题，管理者职业经历是否通过影响企业风险承担水平提升公司价值？这些正是本章希望探究的主要问题。

本章的主要研究贡献在于：尽管业界已经意识到管理者复合型职业经历的综

合优势，但是由于管理者个人的职业经历广度难以用量化手段予以准确界定和衡量，目前只有少数文献单一研究某种职业经历（例如：海外经历、从政经历、从军经历等）对企业风险承担行为的影响，而未直接研究管理者职业经历多样化对企业风险承担的影响。从研究脉络来看，本章继承了 Custódio 等（2017）和赵子夜等（2018）关于通才型 CEO 的研究，同时具有一定的创新性。首先，Custódio 等（2017）和赵子夜等（2018）重点研究通才型 CEO 对于企业创新活动的影响，而本书聚焦企业风险承担这一长期财务行为，并关注资本结构、多元化等风险性活动，研究侧重点不同，为管理者背景特征影响企业财务决策相关研究提供新的证据支持，也丰富了管理者职业经历的经济后果领域的文献，是对高层梯队理论的有益补充。其次，鉴于中国高层次人才的职业背景中不同组织机构的任职经历和海外任职经历对其管理风格的影响也十分深远，本书增加了组织机构类型数和地域类型这两项职业经历维度，对于 CEO 职业经历丰富度的构建更加全面，更加契合中国的制度背景及组织机构设置，对于人才特质的量化具有重要的参考意义。最后，本章基于高层梯队理论、委托代理理论、烙印理论等理论从多学科视角研究管理者多样化职业经历对企业风险承担的影响，并深入研究其影响路径和经济后果，丰富了企业风险承担领域的研究成果。

5.2 研究假设

该章聚焦于 CEO 曾在不同职能部门、企业、行业、组织机构、地域的职业经历，研究丰富的职业经历是否影响 CEO 承担风险的意识或能力，并作用于企业的财务决策，进而影响企业的风险承担水平。

第一，基于烙印效应及人力资本视角，管理者在不同组织或不同环境的工作经历会通过认知烙印和能力烙印影响其管理思维及决策偏好，职业经历丰富的管理者对于风险活动的认知会更为深刻，更有能力识别对企业有利但风险较高的项目，并制定相对更优的管理决策，因而提升企业风险承担水平。其一，从认知烙印的角度，管理者承担风险的意识会影响企业风险承担水平，具有丰富职业经历的管理者曾经历不同情境下的风险活动，其对风险承担的意义理解更为全面，更能意识到良好的风险承担是企业发展的动力，没有任何企业能在不承担风险的情况下获取长远的收益和发展。宋建波等（2017）发现具有海外工作经历的高管在国外需要面对陌生的环境，克服工作，生活等方面的困难，培养了面对风险乐观积极的心理素养，进而提升企业的风险承担水平；曾有从军经历的高管具备处理高压情况的信心，行事风格也更具侵略性，从而倾向于激进的融资决策（Malmendier et al.，2011）和高风险的并购决策（赖黎等，2017），提升企业风险承担水平。因此，多样化的职业经历通常意味着多元的经营管理情境，有助于加深管理者对于风险的认知，塑造其积极承担风险创造企业价值的管理理念。其二，从能力烙印的角度，管理者的个人能力对于企业风险承担也十分重要，职业经历丰富的管理者在多次实践中不断提升机会识别能力、资源整合能力、跨界能力等管理技能，可能更加具备发现并充分利用公司稀缺性投资机会的能力，进而提升企业风险承担水平。丰富的职业经历提升了 CEO 应对紧急情况的能力；Yuan 和 Wen（2018）验证海归高管具有更完善的知识体系和更广阔的视野，应对风险的能力也更强，因而更加重视公司的创新活动；Custódio 等（2017）验证了具有丰富职业经历的 CEO，成功可复制能力和跨界学习能力更强，进而促进企业创新绩效。管理技能并非与生俱来，在面临高不确定性的决策时，职业经历丰富的管理者能够依靠自身的经验优势做出判断，把握企业面临的稀缺性机会；同时具备更强的资源获取及资源配置能力，制定高效优良的管理决策；还能凭借跨界能力及知识迁移能力，交叉融合，推陈出新，从而提升企业风险承担水平。

第二，基于资源效应视角，风险活动具有资源依赖性，管理者在不同组织，不同岗位的职业经历为其积累更为丰富的资源，从而可能提升企业风险承担水平。首先，从社会网络的角度，管理者在不同企业，不同行业任职，必然扩大其人际交往的边界，丰富其社会关系，高管的社会资本能够为其提供非正式保险机制，进而提升风险承担水平（Ferris et al.，2017）。其次，从信息不对称的角度，决策的不确定性大部分源于企业对投资机会和投资项目存在信息不对称，而职业经历丰富的管理者能够凭借自身的社会网络高效获取更多非冗余信息，有助于企业风险决策的制定。最后，从资源基础理论的角度，丰富的职业经历可以使管理者积累许多优质资源，包括资金、人才、知识等，如拥有学术经历的高管能够降低企业融资约束（周楷唐等，2017），在商业银行任职的董事能够显著增加银行借款金额，Hu 和 Liu（2015）从资源基础理论及信息不对称理论出发，实证检验了职业经历丰富的管理者能够通过缓解融资约束从而降低投资–现金流敏感性等，丰富的职业经历促进了知识共享与资源协同，能够有效支撑企业承担风险。

第三，基于委托代理视角，虽然根据管理防御假说，在信息不对称的情况下管理者可能为防止被解雇或获取私利而规避风险，但管理者也可能为追求个人声誉、薪酬等积极承担风险，丰富的职业经历强化了管理者承担风险的动机，即符合风险追逐假说。首先，从防御效应角度，丰富的职业经历能够提升管理者在经理人市场的议价能力，缓解解雇风险，降低其管理防御动机，从而积极承担风险（Faleye et al.，2014）。其次，从个人声誉角度，职业经历丰富的管理者一旦被企业聘任，通常会获得更多关注，甚至可能成为"明星高管"，企业的利益相关者更加希望其能够积极承担风险，使得被关注的管理者拥有为追逐良好声誉而承担风险的动力。最后，从管理者权力角度，多样化的职业经历丰富了管理者的社会资本，进而有助于提升管理者的非正式权力，提高其决策自主权，便于其制定高风险的企业决策（Greve and Mitsuhashi，2007）。因此，丰富的职业经历作为一种自我约束机制，能够在一定程度上缓解代理问题，提升管理者的风险承担意识。

因此基于以上分析，本章提出假设 5-1：

H5-1：CEO 复合型职业经历有助于提升企业风险承担水平。

5.3 研究设计

5.3.1 样本选择与数据来源

本章选择 2007~2017 年中国沪深 A 股上市公司数据作为研究样本，将 2017 年作为截止年份是由于核心变量企业风险承担水平的计算需要三年窗口期。根据研究需要，笔者对初始样本进行以下筛选：①剔除金融保险业上市公司；②剔除变量缺失的样本。最终获取包含 2691 家公司的 15970 个观测值，属于非平衡面板数据。

本书研究的解释变量 CEO 职业经历丰富度来自于手工整理的数据集，主要收集步骤如下：首先，从 CSMAR 数据库下载 CEO 个人简历文件，并结合公司公告、百度百科、新浪财经、凤凰财经、和讯人物补充高管简历信息。其次，人工阅读并整理 CEO 职业经历的五个维度：职能部门数、企业数、行业数、组织机构数、地域类型。最后，为确保数据的准确性，将 2008 年之后的部分数据与 CSMAR 数据库中的 CEO 特征数据进行对比修正。被解释变量多元化程度所需数据来源于 Wind 数据库，研究所需的其他财务数据均来源于 CSMAR 数据库。本书使用 Stata15.0 软件进行数据分析，为缓解异常值对模型准确性的影响，对所有连续变量进行上下 1%的 winsorize 处理。

5.3.2 模型设定与变量说明

由于本书研究存在对同一公司多年份的持续观测情况，因此参考 Petersen（2008）、申广军等（2018）的研究方法，运用双向固定效应模型（Two-way FE）

对样本数据进行回归，以同时控制难以观测的、不随时间改变的个体异质性因素，以及特定年份对全部个体的影响，并在一定程度上缓解内生性问题。此外，由于部分企业在样本期间内变更行业类型，导致行业因素无法在双向固定效应中被完全考虑，因此模型中也加入了行业虚拟变量。最后，为控制异方差的影响，本书提供了稳健标准误。为验证假设 5-1，构建模型公式（5-1）：

$$Risktaking = \beta_0 + \beta_1 \times CEO\_CERI + \beta_i \times Controls + \varepsilon \qquad (5-1)$$

式（5-1）中，$Risktaking$ 为被解释变量，代表企业风险承担水平，主要包括 $Risk1$ 和 $Risk2$ 两个变量；CEO_CERI 表示解释变量，为 CEO 职业经历丰富度指数。$Control$ 表示控制变量。为验证 CEO 职业经历丰富度对企业风险承担水平的影响该章重点关注系数 β_1 的正负性及显著性。相关变量衡量方式如表 5-1 所示。

表 5-1　主要变量定义

变量名	变量符号	变量测度
Panel A：企业风险承担变量		
风险承担水平 1	$Risk1$	用企业经行业调整后的盈余回报率在三年（t 年至 t+2 年）内的标准差乘以 100 测度，其中盈余回报率用息税前利润除以年末总资产计算
风险承担水平 2	$Risk2$	用企业经行业调整后的盈余回报率在三年（t 年至 t+2 年）内的极差乘以 100 测度，其中盈余回报率用息税前利润除以年末总资产计算
Panel B：CEO 职业经历丰富度变量		
CEO 职业经历丰富度指数	CEO_CERI	基于 CEO 任职过的职能部门数、企业数、行业数、组织机构数以及地域类型五个方面综合构建，采用因子分析法测度，具体方法见本书 3.2
Panel C：控制变量		
企业年龄	Age	企业观测年份减成立年份的差值
企业规模	$Size$	期末总资产的自然对数
企业成长性	$Growth$	主营业务收入增长率
盈利能力	ROA	当期净利润/期末总资产
有形资产	$Tang$	（期末固定资产+期末存货）/期末总资产
研发支出	RD	研发支出/期末总资产
董事会规模	$Board$	董事会总人数
独立董事比例	$Indep$	独立董事人数/董事会总人数
产权性质	SOE	虚拟变量，当样本为国有企业时，变量取值为 1，否则取值为 0
股权集中度	$Top1$	第一大股东持股数/总流通股数

续表

变量名	变量符号	变量测度
两职合一	*Duality*	虚拟变量，当 CEO 兼任董事长时，变量取值为 1，否则取值为 0
CEO 持股水平	*CEOShare*	CEO 持股数/总流通股数
CEO 年龄	*CEOAge*	CEO 年龄
CEO 性别	*CEOGender*	虚拟变量，当 CEO 为男性时，变量取值为 1，否则取值为 0
CEO 任期	*CEOTenure*	CEO 任期（月数）
年份	*Year*	设置年份虚拟变量
行业	*Industry*	设置行业虚拟变量

被解释变量：企业风险承担水平。已有文献常用的风险承担衡量指标包括盈余波动性（Boubakri 等，2013；余明桂等，2013）、股票回报波动性（张敏等，2015）等，由于中国股票市场波动性较大等原因，中国企业风险承担水平广泛采用盈余波动性来衡量。因此本书也使用企业在观测时段内的 Roa 波动程度来度量企业风险承担水平，盈余波动性越大，说明企业风险承担水平越高。其中 Roa 使用息税前利润除以年末总资产衡量，参考刘行等（2016）的研究提出 Roa 大于 4 或小于−4 的样本，并参考 John 等（2008）、余明桂等（2013）、刘行等（2016）的研究，将公司 Roa 减去年度行业均值得到 Adj_Roa（如公式（4-2）所示），以缓解行业及周期的影响，由于我国制造业上市公司数量较多，观测值超过全样本的 60%，因此对制造业企业的行业分类细化至两位代码，并删除行业仅有一家公司的样本。然后具体采用公式（4-3）和公式（4-4）的计算方法，以每三年（t 年至 t+2 年）作为一个观测时段，分别滚动计算经行业调整后的 Roa（Adj_Roa）的标准差和极差，同时参考 Faccio 等（2011）和宋建波等（2017）的处理方式，将该结果乘以 100 得到 Risk1 和 Risk2 两个指标以衡量企业风险承担水平，量纲处理能够更加直观地显示结果，并不影响其显著性水平。

$$Adj\_Roa_{i,t} = \frac{EBIT_{i,t}}{ASSET_{i,t}} - \frac{1}{X}\sum_{k=1}^{X}\frac{EBIT_{i,t}}{ASSET_{i,t}} \tag{5-2}$$

$$Risk1_{i,t} = \sqrt{\frac{1}{T-1}\sum_{t=1}^{T}\left(Adj\_Roa_{i,t} - \frac{1}{T}\sum_{t=1}^{T}Adj\_Roa_{i,t}\right)^2} \mid T = 3 \tag{5-3}$$

$$Risk2_{i,t} = Max(Adj\_Roa_{i,t}) - Min(Adj\_Roa_{i,t}) \tag{5-4}$$

解释变量：CEO 职业经历丰富度（*CEO_CERI*），参考 Custódio 等（2017）、赵子夜等（2018）的研究，结合中国管理情境，使用手工收集的 CEO 职业经历数据集，运用因子分析法基于 CEO 曾任职的职能部门数、企业数、行业数、组织机构数和地域类型五个维度构建 CEO 职业经历丰富度指数（*CEO Career Expe-*

rience Richness Index，*CEO_CERI*），该指数越高，说明 CEO 的职业经历越丰富。具体计算过程见本书 3.2。

　　控制变量：参考企业风险承担影响因素的相关研究（Faccio 等，2011；张敏等，2015），本书设置多个控制变量。具体分为企业层面与 CEO 层面。企业层面的控制变量为企业财务特征及治理特征：财务特征层面，*Age* 为企业年龄，以观测年份减成立年份的差值衡量；*Size* 为企业规模，用期末总资产的自然对数表示；*Growth* 表示企业成长性，以企业销售收入增长率测度；*ROA* 表示企业盈利能力，以期末净利润除以期末总资产衡量；*Tang* 表示企业有形资产，等于期末固定资产与存货之和与期末总资产的比值；*RD* 表示研发投资，等于研发支出除以期末总资产；公司治理层面，*Board* 表示董事会规模，以董事会人数衡量；*Indep* 表示独立董事比例，即独立董事人数与董事会总人数之比；*SOE* 表示产权性质，为虚拟变量，当企业为国有企业时取 1，否则取 0；*TOP*1 表示股权集中度，以第一大股东持股比例衡量；*Duality* 表示两职合一，为虚拟变量，当 CEO 兼任董事长时取 1，否则取 0。CEO 层面主要控制了对企业行为具有关键作用的特征，*CEOAge* 表示 CEO 年龄；*CEOGender* 表示 CEO 性别，为虚拟变量，当 CEO 为男性时取值为 1，否则为 0；*CEOTenure* 表示 CEO 任期，以月数测度；*CEOShare* 表示 CEO 持股比例。本书还设置了年份和行业虚拟变量，以控制年份和行业固定效应，其中行业变量参考证监会 2012 年行业分类标准。

5.4　CEO 复合型职业经历对企业风险承担的影响效应：主效应分析

5.4.1　描述性统计

　　主要变量的描述性统计如表 5-2 所示。Panel A 描述样本企业风险承担水平，主要包括 *Risk*1、*Risk*2 两个变量，样本企业的风险承担水平 *Risk*1 均值为 3.6762，最小值为 0.1945，最大值为 36.0823，可见企业整体风险承担水平较低且差距较大，与已有研究结果基本一致。Panel B 为 CEO 职业经历相关变量。CEO 职业经历丰富度指数（*CEO_CERI*）存在负值，但正负号及数值大小仅代表丰富程度大小，不具有实际含义，通过描述性统计发现 *CEO_CERI* 的中位数低于平均值，可见大多数 CEO 的职业经历丰富程度都低于平均值，说明拥有复合型职业经历的CEO 属于稀缺资源。Panel C 为其他控制变量描述性分析。公司年龄变量（*Age*）

最大值为 48，最小值为 1，中位数和平均值都接近 15，表明中国上市公司年龄差距范围较大，整体企业年龄偏低。企业规模（*Size*）在企业总资产经过自然对数的标准化方法后，数据分布相对平稳，由于在中国 A 股上市需要满足企业最低规模限制，因此该变量并无明显的异常值，尤其是最小值。企业盈利能力（*ROA*）的波动范围为 −0.3408~0.2112，中位数和平均值均在 0.0300 左右，说明样本企业盈利能力存在差异，但整体差异并不是非常大。企业成长性（*Growth*）最小值为 −0.7783，最大值为 12.1557，可见企业的成长能力存在较大的差异。有形资产（*Tang*）的极差较大，表明变量样本整体变动范围较宽，其次是中位数与平均值较为接近，说明大约一半企业的有形资产占比超过平均值。研发投资支出（*RD*）的均值为 0.0118，最高值仅为 0.0770，说明中国上市公司整体研发投入水平较低。公司治理变量方面，董事会（*Board*）及独立董事变量（*Indep*）基本符合实际，且遵循《中华人民共和国公司法》的规定；产权性质（*SOE*）方面，超过一半的中国上市公司为非国有企业；从股权集中度（*Top*1）来看，第一大股东的持股比例最低为 0.0872，最大值为 0.7572，平均值为 0.3508，中位数为 0.3298，说明中国上市公司股权结构整体相对集中；两职合一（*Duality*）的中位数为 0，平均值为 0.2648，说明样本企业中 CEO 兼任董事长的情况占少数。CEO 层面的变量，CEO 持股比例（*CEOShare*）的均值仅为 0.0408，中位数为 0，表明中国上市公司 CEO 整体持股水平较低，股权激励方面还有较大的发展空间；CEO 年龄（*CEOAge*）的中位数为 49，表明中上市公司 CEO 整体年龄偏高，年轻 CEO 相对稀缺；CEO 性别（*CEOGender*）表明 90% 以上的公司 CEO 为男性，女性 CEO 占比较低；CEO 任期（*CEOTenure*）的中位数为 33，平均值约为 42，表明大多数 CEO 在样本年份统计之前已在该公司任职 3 年以上，对于公司的经营运作了解较为充分。

表 5-2 主要变量描述性统计

变量名	样本量	平均值	标准差	中位数	最小值	最大值
Panel A：多元化程度变量						
*Risk*1	15970	3.6428	4.8481	2.0490	0.1880	32.4562
*Risk*2	15970	6.8753	8.9840	3.9111	0.3560	59.3475
Panel B：CEO 职业经历丰富度变量						
CEO_CERI	15970	−0.0159	0.8743	−0.2288	−1.0461	4.1686
CEO_POS	15970	1.7726	0.7684	2	1	6
CEO_COR	15970	3.8844	2.7182	3	0	24
CEO_IND	15970	2.0774	1.1537	2	0	9

续表

变量名	样本量	平均值	标准差	中位数	最小值	最大值
CEO_INS	15970	1.5734	0.7922	1	1	5
CEO_OVE	15970	0.0542	0.2263	0	0	1
Panel C：控制变量						
Age	15970	15.1551	5.4745	15	1	48
Size	15970	21.9979	1.3288	21.8318	19.0722	25.9293
ROA	15970	0.0351	0.0599	0.0337	−0.3408	0.2112
Growth	15970	0.5028	1.5811	0.1332	−0.7783	12.1557
Tang	15970	0.4026	0.1851	0.3963	0.0183	0.8255
RD	15970	0.0118	0.0159	0.0037	0	0.0770
Board	15970	8.8267	1.7773	9	4	18
Indep	15970	0.3711	0.0548	0.3333	0.0909	0.8
SOE	15970	0.4445	0.4969	0	0	1
Top1	15970	0.3525	0.1514	0.3320	0.0872	0.7572
CEOShare	15970	0.0409	0.1076	0	0	0.8001
Duality	15970	0.2620	0.4397	0	0	1
CEOAge	15970	48.7721	6.4295	49	24	78
CEOGender	15970	0.9411	0.2354	1	0	1
CEOTenure	15970	42.2132	34.3900	32	0	255

5.4.2 相关性分析

表 5-3 展示了主要研究变量的 pearson 相关性分析结果。根据表 5-3，CEO 职业经历丰富度（CEO_CERI）与企业风险承担水平（Risk1，Risk2）相关系数为正，初步表示 CEO 职业经历的丰富程度可能影响企业风险承担。控制变量方面的相关系数也基本符合预期，并且最大相关系数低于 0.5，计算可得最大的方差膨胀因子（VIF）为 1.47，低于限制值 10，排除多重共线性的影响。

表 5-3 主要变量相关性分析

变量名	Risk1	Risk2	CEO_CERI	Age	Size	Growth
Risk1	1					
Risk2	0.9987	1				
CEO_CERI	0.0300	0.0295	1			

续表

变量名	Risk1	Risk2	CEO_CERI	Age	Size	Growth
Age	0.0455	0.0451	0.0245	1		
Size	−0.1825	−0.1841	0.0013	0.1798	1	
Growth	0.0136	0.0135	0.0279	0.0900	0.0021	1
ROA	−0.3012	−0.3014	0.0110	−0.1118	0.0259	0.0054
Tang	−0.0022	−0.0009	−0.1369	0.0687	0.1605	0.0432
RD	0.1083	0.1094	−0.1322	−0.0246	0.0058	−0.1832
Board	−0.0531	−0.0524	−0.0560	0.0036	0.2604	−0.0376
Indep	0.0105	0.0100	0.0427	−0.0069	0.0413	0.0199
CEOAge	−0.0460	−0.0460	0.0556	0.1091	0.1509	−0.0348
CEOGender	−0.0119	−0.0119	−0.0248	−0.0288	0.0344	−0.0349
CEOTenure	−0.0664	−0.0668	0.0935	0.0945	0.0741	−0.0312
CEOShare	−0.0348	−0.0347	0.0912	−0.1903	−0.1922	−0.0333
Duality	0.0144	0.0137	0.1811	−0.1034	−0.1524	−0.0074
SOE	−0.0577	−0.0571	−0.1350	0.1489	0.3298	0.0002
Top1	−0.1325	−0.1330	−0.0213	−0.1501	0.2449	0.0150
变量名	ROA	Tang	RD	Board	Indep	CEOAge
ROA	1					
Tang	−0.1882	1				
RD	−0.1498	0.4785	1			
Board	0.0141	0.1061	0.1188	1		
Indep	−0.0209	−0.0478	−0.0626	−0.4133	1	
CEOAge	0.0072	0.0173	0.0399	0.0496	0.0108	1
CEOGender	−0.0245	0.0003	0.0434	0.0551	−0.0259	0.0354
CEOTenure	0.0297	−0.0249	−0.0333	0.0038	0.0293	0.2377
CEOShare	0.1173	−0.1802	−0.1217	−0.1457	0.0961	0.0306
Duality	0.0573	−0.1134	−0.0859	−0.1633	0.0973	0.1597
SOE	−0.1199	0.2159	0.1828	0.2766	−0.0729	0.0990
Top1	0.1097	0.1020	0.0688	0.0160	0.0327	0.0313
变量名	CEOGender	CEOTenure	CEOShare	Duality	SOE	Top1
CEOGender	1					
CEOTenure	0.0066	1				
CEOShare	−0.0041	0.1100	1			
Duality	0.0317	0.1694	0.4856	1		
SOE	0.0673	−0.0778	−0.3299	−0.2913	1	
Top1	0.0071	−0.0720	0.0252	−0.0464	0.1844	1

5.4.3　主效应结果分析

表 5-4 报告了模型（5-1）的回归结果，列（1）、列（2）的结果显示：在使用两种方式衡量企业风险承担水平的情况下，CEO 职业经历丰富程度与企业风险承担水平均为正相关，且在 1% 统计水平上显著。控制变量的回归结果也基本符合预期：企业年龄（Age）回归系数显著为正，表明企业经营年限越长，风险承担水平越高；企业规模（Size）的回归系数显著为负，表明与大企业相比，小企业具有更强的风险偏好；企业盈利能力（ROA）的估计系数为负，说明盈利能力越好的企业，其风险承担意愿可能越低；有形资产（Tang）的回归系数显著为正，表明有形资产越高，企业风险承担能力可能越高；股权集中度（Top1）的回归系数显著为负，表示第一大股东持股比例越高，与公司决策的利害关系越紧密，而可能存在风险厌恶的动机。回归结果基本符合假设 5-1 的预期，即 CEO 复合型职业经历有助于提升企业风险承担水平。

表 5-4　CEO 复合型职业经历与企业风险承担水平

变量名	（1） Risk1	（2） Risk2
CEO_CERI	0.1411*** (2.0339)	0.2533*** (1.9777)
Age	0.1463*** (5.9415)	0.2643*** (5.8084)
Size	−0.7102*** (−9.0751)	−1.3212*** (−9.1407)
ROA	−4.1766*** (−10.3118)	−7.7793*** (−10.3985)
Growth	0.0081 (0.3223)	0.0187 (0.4028)
Tang	0.7016*** (2.0725)	1.3337*** (2.1329)
RD	5.4395 (1.3884)	9.7965 (1.3537)
Board	0.0013 (0.0313)	−0.0011 (−0.0148)
Indep	2.0182* (1.9545)	3.4784* (1.8238)

续表

变量名	(1) Risk1	(2) Risk2
SOE	0.1908 (0.7217)	0.3716 (0.7608)
Top1	−5.4621*** (−9.3669)	−10.0944*** (−9.3719)
CEOShare	−1.5738*** (−1.9852)	−2.8317* (−1.9338)
Duality	−0.0781 (−0.5823)	−0.1577 (−0.6360)
CEOAge	0.0129 (1.5073)	0.0253 (1.6002)
CEOGender	−0.0770 (−0.3433)	−0.1306 (−0.3153)
CEOTenure	0.0001 (0.1063)	0.0005 (0.2033)
_cons	17.8272*** (9.5790)	33.6785*** (9.7972)
Industry	Yes	Yes
Year	Yes	Yes
N	15970	15970
R^2	0.0850	0.0863
F	30.0072	30.5131
p	0.0000	0.0000

注：***、**、*分别表示在1%、5%、10%统计水平上显著。

本书衡量CEO职业经历丰富程度的数据包含五个维度：职能部门数（CEO_POS）、企业数（CEO_COR）、行业数（CEO_IND）、组织机构数（CEO_INS）、地域类型（CEO_OVE），主效应验证了CEO职业经历越丰富，企业风险承担水平越高，因此本书进一步细分上述五个维度，研究CEO职业经历的哪个维度对企业风险承担水平的影响更为明显。表5-5报告了CEO职业经历五个维度分别与企业风险承担水平回归的结果，对于CEO来说，其任职过的行业数（CEO_IND）以及海外任职经历（CEO_OVE）对企业风险承担水平的促进作用最强，回归系数均在1%水平下显著为正，而企业数（CEO_COR）、职能部门数（CEO_POS）、组织机构数（CEO_INS）对企业风险承担水平的影响不显著。

表5-5　CEO 职业经历类型与企业风险承担水平

变量名	Risk1					Risk2				
	(1)	(2)	(3)	(4)	(5)	(6)	(7)	(8)	(9)	(10)
CEO_POS	0.0540 (0.7203)					0.1045 (0.7470)				
CEO_COR		0.0349 (1.5020)					0.0665 (1.5280)			
CEO_IND			0.1211** (2.2913)					0.2287** (2.3206)		
CEO_INS				-0.0446 (-0.6142)					-0.0842 (-0.6212)	
CEO_OVE					0.7860** (2.5713)					1.4673** (2.5765)
Controls	Yes	Yes	Yes	Yes	Yes	Yes	Yes	Yes	Yes	Yes
Year	Yes	Yes	Yes	Yes	Yes	Yes	Yes	Yes	Yes	Yes
Industry	Yes	Yes	Yes	Yes	Yes	Yes	Yes	Yes	Yes	Yes
Year*Industry	Yes	Yes	Yes	Yes	Yes	Yes	Yes	Yes	Yes	Yes
Constant	27.2833*** (10.9179)	27.4301*** (10.9949)	27.1271*** (10.8834)	27.4349*** (11.0082)	27.5107*** (11.0317)	50.8973*** (10.9822)	51.1798*** (11.0628)	50.6065*** (10.9479)	51.1879*** (11.0763)	51.3282*** (11.1001)
Observations	15970	15970	15970	15970	15970	15970	15970	15970	15970	15970
Adj-R2	0.2587	0.2589	0.2591	0.2587	0.2593	0.2608	0.2609	0.2612	0.2608	0.2613

注：*、**、***分别表示10%、5%、1%统计意义上的显著。

5.5 稳健性检验

由于管理者特质与企业特征可能存在一定的因果倒置关系，为缓解内生性问题，提高研究结论的可靠性，笔者针对 CEO 职业经历丰富度与企业风险承担进行了如下内生性检验，包括工具变量法、替换指标、控制可能产生影响的其他因素进行检验，研究结果均与假设 5-1 保持一致。

5.5.1 工具变量法

工具变量法是缓解内生性问题的有效方法，本章参考 Hu 和 Liu（2015）的研究，选取对 CEO 职业经历丰富度有影响而对企业风险承担不存在直接影响的工具变量。本章选取的第一个工具是同年同行业其他企业"通才型"CEO 的占比（*OtherCEO*），其中将大于各年各行业样本中位数的观测值设置为"通才型"CEO，否则为"专才型"CEO，同行业其他企业的高管选聘可能会相互影响，但不直接影响本企业的资本结构决策；第二个工具变量参考 Hu 和 Liu（2015）的研究，根据企业注册地是否属于副省级城市或直辖市（*City*）[1]，属于则 *City* 取值为 1，否则为 0，由于中国存在特殊的城市行政级别划分，副省级城市及直辖市通常具备更好的公共服务和基础设施，优越的人才扶持政策，诸多隐性资源对职业经历复合型人才具有更高的吸引力；另外，城市行政级别对城市经济发展水平及企业经营效果的影响并不明显，许多普通城市的发展水平远高于副省级城市，因此该变量并不对企业资本结构产生直接影响。笔者对上述工具变量进行了以下检验：不可识别检验，Kleibergen-Paap rk LM 统计量 p 值为 0.000，拒绝原假设；弱工具变量检验，Cragg-Donald Wald F 统计量为 305.171，超过 10% 的临界值，过度识别检验，Sargan 统计量的 p 值为 0.7546，结果均表明工具变量符合要求。由于企业所在的城市不随时间变化而变化，在固定效应模型中该变量通常被省略，因此，该部分采用截面数据的工具变量-两阶段回归，第二阶段回归结果如表 5-5 列（1）和列（2）所示，可知 *CEO_CERI* 与 *Risk*1 和 *Risk*2 的回归系数均在 10% 的水平下显著为正，检验结果与主效应结果保持一致。

---

① 中国的副省级城市包括：广州、武汉、哈尔滨、沈阳、成都、南京、西安、长春、济南、杭州、大连、青岛、深圳、厦门、宁波。直辖市包括北京、上海、天津、重庆。

表 5-6 稳健性检验：工具变量法和倾向得分匹配法回归结果

变量名	（1） Risk1	（2） Risk2	（3） Risk1	（4） Risk2
CEO_CERI	0.3939 * （1.8711）	0.7306 * （1.8772）	0.1795 *** （2.1588）	0.3220 *** （2.0990）
Age	0.0284 *** （3.3136）	0.0544 *** （3.4286）	0.0307 （1.0432）	0.0473 （0.8720）
Size	−0.6461 *** （−17.3165）	−1.2058 *** （−17.4773）	−0.6120 *** （−6.4157）	−1.1305 *** （−6.4228）
ROA	−8.3599 *** （−18.1754）	−15.4451 *** （−18.1616）	−4.8950 *** （−9.1642）	−9.1372 *** （−9.2706）
Growth	0.0877 *** （3.1676）	0.1611 *** （3.1486）	0.0050 （0.1613）	0.0113 （0.1996）
Tang	0.2626 （0.9368）	0.5228 （1.0088）	0.3431 （0.8259）	0.6632 （0.8650）
RD	−23.4483 *** （−7.6249）	−43.7705 *** （−7.6981）	3.9587 （0.7985）	6.8825 （0.7523）
Board	0.0084 （0.3057）	0.0211 （0.4145）	0.0480 （0.9287）	0.0869 （0.9115）
Indep	2.7068 *** （3.3309）	5.1524 *** （3.4292）	2.4458 * （1.9401）	4.2779 * （1.8391）
SOE	−0.0870 （−0.8424）	−0.1615 （−0.8457）	0.2438 （0.7331）	0.5588 （0.9106）
Top1	−1.6961 *** （−5.9562）	−3.1741 *** （−6.0285）	−7.0012 *** （−9.6318）	−12.9225 *** （−9.6347）
CEOShare	−1.9294 *** （−4.4897）	−3.5081 *** （−4.4152）	−1.2137 （−1.2862）	−2.2833 （−1.3114）
Duality	0.1862 （1.5045）	0.3270 （1.4285）	0.0142 （0.0871）	0.0275 （0.0913）
CEOAge	−0.0065 （−0.9850）	−0.0113 （−0.9284）	0.0158 （1.4692）	0.0302 （1.5160）
CEOGender	−0.1921 （−1.1404）	−0.3548 （−1.1394）	0.0721 （0.2529）	0.1410 （0.2679）
CEOTenure	−0.0066 *** （−5.1152）	−0.0120 *** （−5.0583）	−0.0009 （−0.5368）	−0.0014 （−0.4578）
_cons	20.7671 *** （22.6494）	38.8216 *** （22.8999）	16.8750 *** （7.4235）	31.8194 *** （7.5860）

续表

变量名	(1) Risk1	(2) Risk2	(3) Risk1	(4) Risk2
Industry	Yes	Yes	Yes	Yes
Year	Yes	Yes	Yes	Yes
N	12214	12214	12067	12067
R^2	0.141	0.143	0.0770	0.0775

注：***、**、*分别表示在1%、5%、10%统计水平上显著。

5.5.2 倾向得分匹配法

为缓解样本选择及内生性问题，该章采用倾向得分匹配法进行稳健性检验，先以 *CEO_CERI* 是否大于各年度同行业样本中位数为依据，生成 *CEO_D* 虚拟变量，将总样本分为对照组和控制组，对照组为职业经历丰富程度高于中位数，即 *CEO_D* 为 1 的样本，控制组反之。我们以 *CEO_D* 为被解释变量，影响 *CERI_D* 的变量为匹配变量（包括 CEO 性别、CEO 年龄、CEO 受教育程度，公司层面变量与主效应检验公司特征变量一致），采用 Logit 回归，倾向分值选取最近邻方法，在两组之间进行 1：1 有放回匹配，最终获得 12067 个匹配样本。表 5-5 列（3）和列（4）报告了匹配后样本的回归结果，*CEO_CERI* 的回归系数均在 1% 的水平下显著为正，与假设 H4-1 预期结果一致。

5.5.3 替换核心变量

本书采用以下三种替换变量方法进行稳健性检验。其一，CEO 职业经历丰富度（*CEO_CERI*）主要使用因子分析法进行指数构建，在稳健性检验中，笔者使用主成分分析法（PCA）重新构建该指数，提取特征值符合要求且累计方差贡献率大于 70% 的前三个公共因子，并以其各自的方差贡献率加权计算得分，得到新的 CEO 职业经历丰富度指数 *CEO_CERI*（PCA），作为解释变量使用模型（5-1）进行回归，表 5-7 列（1）和列（2）展示了回归结果，更换度量方式的 CEO 职业经历丰富度指数回归系数仍然在 1% 的水平下显著为正，与预期结果相符。其二，为进一步缓解内生性问题，我们将被解释变量提前一期（*F. Risk1*、*F. Risk2*）加入模型进行回归，表 5-7 中列（3）和列（4）结果显示 *CEO_CERI* 的回归系数依然显著为正。其三，计算风险承担水平变量时，将窗口期调整为 5 年（t-2 至 t+2），其他计算方法不变，使用重新度量的风险承担水平变量进行回归，结果如表 5-7 列（5）和列（6）所示，*CEO_CERI* 的回归系数仍然显著为正。

表 5-7　稳健性检验：替换变量回归结果

变量名	(1) Risk1	(2) Risk2	(3) F. Risk1	(4) F. Risk2	(5) Risk1$_{T=5}$	(6) Risk2$_{T=5}$
CEO_CERI	0.1244* (1.9165)	0.2232* (1.8608)	0.2647*** (3.2097)	0.4803*** (3.1517)	0.0896*** (2.0076)	0.2283*** (2.0932)
Age	0.1467*** (5.9557)	0.2649*** (5.8223)	0.0364 (1.1388)	0.0704 (1.1929)	-0.0121 (-0.7668)	-0.0470 (-1.2228)
Size	-0.7100*** (-9.0718)	-1.3209*** (-9.1374)	0.4748*** (4.6164)	0.8629*** (4.5405)	-0.4314*** (-8.1392)	-1.0553*** (-8.1487)
ROA	-4.1750*** (-10.3078)	-7.7764*** (-10.3946)	-3.7878*** (-7.7112)	-6.8717*** (-7.5709)	-4.4250*** (-9.0668)	-10.1900*** (-8.5452)
Growth	0.0081 (0.3220)	0.0187 (0.4025)	-0.0220 (-0.7477)	-0.0393 (-0.7211)	0.0454*** (2.8468)	0.1030*** (2.6445)
Tang	0.7004*** (2.0690)	1.3315*** (2.1294)	0.9514*** (2.2938)	1.7157*** (2.2386)	-0.3581 (-1.5917)	-0.8545 (-1.5546)
RD	5.4509 (1.3912)	9.8167 (1.3565)	9.5817*** (2.0562)	17.0566*** (1.9809)	-4.0795 (-1.5906)	-12.2731* (-1.9585)
Board	0.0011 (0.0272)	-0.0014 (-0.0188)	0.0408 (0.8098)	0.0732 (0.7861)	-0.0156 (-0.5862)	-0.0299 (-0.4612)
Indep	2.0223* (1.9584)	3.4857* (1.8276)	1.0722 (0.8601)	1.5188 (0.6593)	0.4781 (0.7282)	1.4321 (0.8928)
SOE	0.1898 (0.7178)	0.3697 (0.7569)	-0.1265 (-0.3796)	-0.1552 (-0.2522)	-0.1579 (-0.9141)	-0.3519 (-0.8337)
Top1	-5.4627*** (-9.3677)	-10.0955*** (-9.3728)	-4.1118*** (-5.4468)	-7.6777*** (-5.5041)	-0.5560 (-1.4728)	-1.1670 (-1.2652)
CEOShare	-1.5781*** (-1.9906)	-2.8394* (-1.9390)	-0.8072 (-0.8489)	-1.4717 (-0.8376)	-1.0431* (-1.7788)	-2.1717 (-1.5158)
Duality	-0.0765 (-0.5703)	-0.1547 (-0.6240)	-0.3871*** (-2.3528)	-0.7423*** (-2.4418)	-0.0664 (-0.7681)	-0.1461 (-0.6921)
CEOAge	0.0129 (1.5048)	0.0253 (1.5979)	0.0169 (1.5859)	0.0310 (1.5720)	0.0139*** (2.4911)	0.0322*** (2.3632)
CEOGender	-0.0758 (-0.3380)	-0.1285 (-0.3101)	0.5326* (1.9164)	0.9915* (1.9305)	-0.2111 (-1.4722)	-0.4818 (-1.3752)
CEOTenure	0.0001 (0.1066)	0.0005 (0.2037)	0.0002 (0.1066)	0.0004 (0.1270)	-0.0014* (-1.6792)	-0.0039* (-1.9186)
_cons	17.8123*** (9.5714)	33.6513*** (9.7896)	-7.5087*** (-3.1526)	-13.0887*** (-2.9741)	14.7583*** (11.7528)	36.4059*** (11.8654)
Industry	Yes	Yes	Yes	Yes	Yes	Yes
Year	Yes	Yes	Yes	Yes	Yes	Yes

变量名	(1) Risk1	(2) Risk2	(3) F. Risk1	(4) F. Risk2	(5) Risk1$_{T=5}$	(6) Risk2$_{T=5}$
N	15970	15970	11743	11743	14236	14236
R^2	0.0850	0.0863	0.0623	0.0632	0.1065	0.1088
F	29.9949	30.5011	15.5399	15.7788	34.1236	34.9455
p	0.0000	0.0000	0.0000	0.0000	0.0000	0.0000

注：＊＊＊、＊＊、＊分别表示在 1%、5%、10% 统计水平上显著。

5.5.4 控制 CEO 过度自信的影响

本章主要研究 CEO 复合型职业经历对企业风险承担水平的影响，前文的稳健性检验均说明 CEO 复合型职业经历提升企业风险承担的结果具有可靠性。但是可能存在 CEO 过度自信的替代性解释，从而干扰本书的研究结果，为排除 CEO 本身的心理特征的影响，本部分参考 Yuan 和 Wen（2018）的研究，在研究模型中控制 CEO 过度自信变量，以缓解内生性问题。本章参考相关研究（Hribar 和 Yang，2016；姜付秀，2009；马春爱和易彩，2017）的度量方式，依据盈利预测准确程度设置 CEO 过度自信变量 OC，当公司至少存在一次盈利预测大于实际利润水平，则该样本为过度自信样本，OC 为 1，否则取值为 0。表 5-8 报告了控制 CEO 过度自信后样本的回归结果，可以看出，CEO_CERI 的回归系数及显著性水平均符合预期，并不受过度自信的影响，因此表明 CEO 职业经历丰富度能够提升企业风险承担水平。

表 5-8　稳健性检验：控制 CEO 过度自信的影响

变量名	(1) OC	(2) Risk1	(3) Risk2
CEO_CERI	−0.0022 (−0.4842)	0.1427＊＊＊ (2.0602)	0.2564＊＊＊ (2.0044)
Age	0.0008 (0.5134)	0.1457＊＊＊ (5.9231)	0.2631＊＊＊ (5.7897)
$Size$	0.0051 (1.0093)	−0.7141＊＊＊ (−9.1354)	−1.3285＊＊＊ (−9.2020)
ROA	−0.2557＊＊＊ (−9.6986)	−3.9824＊＊＊ (−9.8093)	−7.4164＊＊＊ (−9.8903)

续表

变量名	（1）OC	（2）Risk1	（3）Risk2
Growth	0.0017 （1.0225）	0.0068 （0.2721）	0.0163 （0.3520）
Tang	0.0024 （0.1092）	0.6998 *** （2.0696）	1.3303 *** （2.1300）
RD	−0.0755 （−0.2960）	5.4968 （1.4047）	9.9037 （1.3702）
Board	0.0004 （0.1554）	0.0010 （0.0236）	−0.0017 （−0.0226）
Indep	0.0196 （0.2921）	2.0033 * （1.9424）	3.4505 * （1.8113）
SOE	−0.0055 （−0.3194）	0.1950 （0.7384）	0.3794 （0.7778）
Top1	0.0433 （1.1419）	−5.4950 *** （−9.4340）	−10.1559 *** （−9.4400）
CEOShare	0.1131 *** （2.1924）	−1.6597 *** （−2.0957）	−2.9923 *** （−2.0456）
Duality	0.0059 （0.6775）	−0.0826 （−0.6165）	−0.1661 （−0.6707）
CEOAge	−0.0014 *** （−2.4967）	0.0139 （1.6322）	0.0273 * （1.7268）
CEOGender	0.0166 （1.1392）	−0.0896 （−0.4001）	−0.1542 （−0.3727）
CEOTenure	−0.0000 （−0.2769）	0.0002 （0.1201）	0.0005 （0.2174）
OC		0.7595 *** （5.6940）	1.4197 *** （5.7626）
_cons	0.0340 （0.2806）	17.8014 *** （9.5765）	33.6302 *** （9.7950）
Industry	Yes	Yes	Yes
Year	Yes	Yes	Yes
N	15970	15970	15970
R^2	0.0243	0.0873	0.0886
F	8.0447	30.1342	30.6497
p	0.0000	0.0000	0.0000

注： *** 、 ** 、 * 分别表示在1%、5%、10%统计水平上显著。

5.6 CEO 复合型职业经历对企业风险 承担的作用机制检验

第 5 章主效应回归结果验证了 CEO 复合型职业经历对企业风险承担的促进作用，初步证实假设 5-1。接下来进一步检验相应的作用机制，具体而言，丰富的职业经历从风险承担意愿与能力两个角度影响了企业风险承担。一方面，管理者的风险偏好反映其风险承担意愿，基于委托代理理论，管理者出于防御动机存在风险厌恶的特性，而实践情境中管理者并非全部同质，基于异质性假说，不同的经历与背景会造就不同的价值观及行为偏好，高层梯队理论的诸多研究也支持职业经历影响管理者风险偏好的观点，因而职业经历丰富度不同的管理者其风险承担意愿可能存在差异，从而影响企业风险承担水平。另一方面，企业获取资源及利用资源的能力反映其风险承担能力，基于资源基础理论，风险承担具有很强的资源依赖性，首先，高风险的战略决策通常需要较高水平的资源投入，还伴随不确定的现金流及较长的投资回收期，对企业的资源获取及使用能力提出较高的要求。其次，高风险决策的制定与实施需要知识、能力、信息等重要的无形资源，而管理者在此方面发挥关键作用。因此 CEO 复合型职业经历能够从非正式制度角度提升企业承担风险的能力。

5.6.1 基于风险承担意愿视角的作用机制检验

从风险承担意愿的角度，复合型职业经历有助于改善 CEO 的风险认知及风险容忍度，进而偏好承担风险的决策。针对风险承担意愿这一作用机制，本节采用经济政策不确定性变量进行检验。经济政策不确定性反映企业面临外部环境的变化及冲击，对企业风险决策者来说，外生政策与经济的不确定性具有损失与机会的双面性，一方面可能加剧管理者的风险规避倾向，另一方面可能提升管理者的期望预期（刘志远等，2017）。学术界对于经济政策不确定性对中国企业风险承担的影响也存在争议，虽然刘志远等（2017）、王菁华和茅宁（2019）发现经济政策不确定性通过期望预期效应促进企业风险承担，顾夏铭等（2018）也检验了经济政策不确定性对企业创新的激励效应；但也有学者证实了经济政策不确定性对企业投资（李凤羽和杨墨竹，2015；饶品贵等，2017）、并购（黄灿等，2020）、风险承担（薛龙，2019）等行为的抑制作用，毋庸置疑的是，面对不确定的外部环境，企业的风险决策制定与管理者的风险容忍度联系更加紧密，并反映了管理者对风险的态度。根据主假设的推断，拥有复合型职业经历的 CEO 一方面在劳动力市场的议价能力更强，基于职业生涯考虑的风险规避倾向更低；另一方面，其经历过更多复杂的管理情境，追逐机遇的意识更强，风险可接受度更高。因此面对经济政策不确定性较高的外部环境，拥有复合型职业经历的 CEO 其风险承担意愿相对更加积极，进而影响企业风险承担。

基于此，提出假设 5-2：

H5-2：经济政策不确定性越高，CEO 复合型职业经历对企业风险承担的促进作用越强。

针对这一作用机制，本书参考 Baker 等（2016）、顾夏铭等（2018）的研究，使用 Baker 等（2016）测算的中国经济政策不确定性指数作为衡量指标，将每年 12 个月的指数均值作为年度指标：经济政策不确定性（EPU）。在模型（5-1）的基础上加入 EPU、$CEO\_CERI * EPU$，主要关注交互项 $CEO\_CERI * EPU$ 的回归系数是否为正。表 5-9 报告了该检验的回归结果，列（1）和（2）的结果初步显示经济政策不确定性对企业风险承担有一定程度的抑制作用；列（2）和（4）中 $CEO\_CERI * EPU$ 的回归系数均在 1% 的统计水平下显著为正，表明面对较高的经济政策不确定性，复合型 CEO 更偏好追逐机遇，而非规避风险，从而有效提升企业风险承担水平，验证假设 5-2 成立。

表 5-9　CEO 复合型职业经历对企业风险承担的作用机制：风险承担意愿视角

变量名	（1） Risk1	（2） Risk1	（3） Risk2	（4） Risk2
CEO_CERI	0.1411 *** （2.0339）	−0.1798 （−1.6079）	0.2533 *** （1.9777）	−0.3377 （−1.6343）
EPU	−0.0413 *** （−7.6423）	−0.0406 *** （−7.5208）	−0.0782 *** （−7.8353）	−0.0770 *** （−7.7141）
$CEO\_CERI * EPU$		0.0015 *** （3.6557）		0.0028 *** （3.6451）
Age	1.3091 *** （8.1370）	1.2917 *** （8.0292）	2.4662 *** （8.2991）	2.4342 *** （8.1916）
$Size$	−0.7102 *** （−9.0751）	−0.7276 *** （−9.2848）	−1.3212 *** （−9.1407）	−1.3533 *** （−9.3497）
ROA	−4.1766 *** （−10.3118）	−4.1579 *** （−10.2697）	−7.7793 *** （−10.3985）	−7.7449 *** （−10.3565）

续表

变量名	(1) Risk1	(2) Risk1	(3) Risk2	(4) Risk2
Growth	0.0081 (0.3223)	0.0080 (0.3209)	0.0187 (0.4028)	0.0186 (0.4014)
Tang	0.7016*** (2.0725)	0.7183*** (2.1227)	1.3337*** (2.1329)	1.3645*** (2.1830)
RD	5.4395 (1.3884)	5.6190 (1.4348)	9.7965 (1.3537)	10.1271 (1.4000)
Board	0.0013 (0.0313)	0.0010 (0.0235)	−0.0011 (−0.0148)	−0.0017 (−0.0225)
Indep	2.0182* (1.9545)	2.0003* (1.9381)	3.4784* (1.8238)	3.4456* (1.8074)
SOE	0.1908 (0.7217)	0.1878 (0.7105)	0.3716 (0.7608)	0.3660 (0.7496)
Top1	−5.4621*** (−9.3669)	−5.4245*** (−9.3053)	−10.0944*** (−9.3719)	−10.0251*** (−9.3104)
CEOShare	−1.5738*** (−1.9852)	−1.5833*** (−1.9981)	−2.8317* (−1.9338)	−2.8491* (−1.9466)
Duality	−0.0781 (−0.5823)	−0.0716 (−0.5335)	−0.1577 (−0.6360)	−0.1455 (−0.5874)
CEOAge	0.0129 (1.5073)	0.0132 (1.5426)	0.0253 (1.6002)	0.0258 (1.6355)
CEOGender	−0.0770 (−0.3433)	−0.0800 (−0.3566)	−0.1306 (−0.3153)	−0.1361 (−0.3285)
CEOTenure	0.0001 (0.1063)	0.0001 (0.0571)	0.0005 (0.2033)	0.0004 (0.1543)
_cons	10.1181*** (4.7620)	10.5847*** (4.9750)	19.0796*** (4.8615)	19.9389*** (5.0737)
Industry	Yes	Yes	Yes	Yes
Year	Yes	Yes	Yes	Yes
N	15970	15970	15970	15970
R^2	0.0850	0.0860	0.0863	0.0873
F	30.0072	29.6383	30.5131	30.1306
p	0.0000	0.0000	0.0000	0.0000

注：***、**、*分别表示在1%、5%、10%统计水平上显著。

5.6.2 基于风险承担能力视角的作用机制检验

从风险承担能力的角度，CEO复合型职业经历通过积累的资源与技能，提高企业承担风险的能力。风险承担是一项资源依赖性企业行为，风险决策的开展需要企业具备较强的资源获取与利用能力，CEO复合型职业经历能够从非正式制度角度提升企业承担风险的能力。针对风险承担能力的作用机制，本书从市场化发展水平视角进行检验。

市场化程度反映了企业所在地区的市场资源配置效率，与风险承担活动资源获取息息相关（张敏等，2015）。我国各地区的市场化发展水平差异显著，从资源视角来看，较高的市场化程度意味着较少的政府干预和健全的法律法规、相对完善的资本市场和规范的融资渠道（Dai 和 Liu，2015；朱沆等，2016；王小鲁等，2019），有助于资金流向高质量的项目，提升配置效率，因此对于市场化发展水平较低的地区来说，企业风险承担行为受到较为严峻的限制，此时CEO对于企业风险承担能力的作用更大。首先，复合型职业经历帮助CEO积累了较为丰富的社会资本，建立较高的声望与社会地位，从而为企业风险活动提供非正式资源获取渠道，当市场化程度较低时，企业资源获取尤其是资金筹集，更加依赖社会关系等非正式制度（张敏等，2015）。其次，丰富的职业经历提升了CEO的机会识别能力与资源使用效率，由于CEO具备跨企业、跨行业、跨机构等任职经历，其对市场运作方式更为熟悉，对于市场环境的敏锐度更高，资源整合能力更强，因此可以有效缓解市场资源配置效率不足给企业风险活动带来的负向作用。基于此，提出假设5-3：

H5-3：市场化程度越低，CEO复合型职业经历对企业风险承担的促进作用更强。

针对上述作用机制，本书参考张敏等（2015）、马连福等（2016）的研究，使用王小鲁等（2019）测算的中国各省份市场化指数衡量市场化程度，将市场化程度按照每年各行业中位数分组设置虚拟变量，大于中位数的样本 *Market* 设置为1，表示样本企业所在省份市场化程度较高，小于中位数的样本 *Market* 设置为0。在模型（5-1）的基础上加入 *Market*、*CEO_CERI * Market*，主要关注交互项 *CEO_CERI * Market* 的回归系数是否为负。如表5-10所示，列（2）和列（4）中 *CEO_CERI * Market* 的回归系数均在1%的水平下显著为负，表示与市场化发展水平高的地区相比，市场化程度低的地区，复合型CEO对企业风险承担的促进作用更为显著，说明CEO丰富职业经历为企业带来的资源获取与利用能力，能够在一定程度上对正式制度起到替代作用，验证了假设5-3。

表 5-10 　CEO 复合型职业经历对企业风险承担的作用机制：风险承担能力视角

变量名	(1) Risk1	(2) Risk1	(3) Risk2	(4) Risk2
CEO_CERI	0.1408*** (2.0305)	0.2748*** (3.0145)	0.2529*** (1.9744)	0.4945*** (2.9361)
Market	0.1476 (1.1443)	0.1711 (1.3225)	0.2718 (1.1409)	0.3142 (1.3147)
CEO_CERI * Market		−0.2368*** (−2.2640)		−0.4268*** (−2.2090)
Age	0.1476*** (5.9871)	0.1482*** (6.0097)	0.2666*** (5.8540)	0.2676*** (5.8760)
Size	−0.7108*** (−9.0825)	−0.7124*** (−9.1043)	−1.3223*** (−9.1481)	−1.3252*** (−9.1693)
ROA	−4.1726*** (−10.3018)	−4.1745*** (−10.3081)	−7.7721*** (−10.3885)	−7.7755*** (−10.3946)
Growth	0.0080 (0.3181)	0.0086 (0.3413)	0.0185 (0.3986)	0.0195 (0.4212)
Tang	0.6981*** (2.0620)	0.6971*** (2.0595)	1.3272*** (2.1224)	1.3255*** (2.1200)
RD	5.5230 (1.4095)	5.7129 (1.4578)	9.9503 (1.3748)	10.2925 (1.4219)
Board	0.0006 (0.0143)	−0.0005 (−0.0111)	−0.0024 (−0.0316)	−0.0043 (−0.0565)
Indep	2.0082* (1.9448)	1.9911* (1.9285)	3.4600* (1.8141)	3.4293* (1.7982)
SOE	0.1870 (0.7073)	0.1908 (0.7216)	0.3646 (0.7464)	0.3713 (0.7603)
Top1	−5.4661*** (−9.3737)	−5.5157*** (−9.4535)	−10.1017*** (−9.3787)	−10.1911*** (−9.4563)
CEOShare	−1.5509* (−1.9557)	−1.5482* (−1.9526)	−2.7895* (−1.9044)	−2.7847* (−1.9014)
Duality	−0.0784 (−0.5844)	−0.0763 (−0.5684)	−0.1582 (−0.6381)	−0.1543 (−0.6224)
CEOAge	0.0129 (1.5124)	0.0132 (1.5469)	0.0254 (1.6054)	0.0259 (1.6389)
CEOGender	−0.0794 (−0.3540)	−0.0681 (−0.3034)	−0.1350 (−0.3259)	−0.1146 (−0.2766)

续表

变量名	（1） Risk1	（2） Risk1	（3） Risk2	（4） Risk2
CEOTenure	0.0001 （0.1011）	0.0001 （0.1101）	0.0005 （0.1981）	0.0005 （0.2069）
_cons	17.7230*** （9.5118）	17.7877*** （9.5468）	33.4866*** （9.7298）	33.6031*** （9.7640）
Industry	Yes	Yes	Yes	Yes
Year	Yes	Yes	Yes	Yes
N	15970	15970	15970	15970
R^2	0.0851	0.0855	0.0864	0.0868
F	29.3246	28.7708	29.8183	29.2468
p	0.0000	0.0000	0.0000	0.0000

注：***、**、*分别表示在1%、5%、10%统计水平上显著。

5.7　CEO 复合型职业经历、企业风险承担与企业价值：经济后果分析

根据高层梯队理论，管理者的人口统计学特征能够影响其制定企业财务决策，进而对企业价值创造发挥重要作用，丰富的职业经历作为其中重要的异质性特征，可能会对企业价值产生重要影响。拥有丰富职业经历的管理者在资源配置、管理技能、迁移能力等方面都具有优势。首先，管理者跨企业、跨行业等多元的职业经历帮助其积累更多社会资源，Ferris 等（2017）曾检验 CEO 社会资本能够提升企业价值，而风险承担是重要的作用渠道，因而丰富的职业经历有可能提升管理者的资源配置能力与效率，最终提高企业价值创造能力。其次，丰富的职业经历为管理者提供了充足的管理实践机会，帮助其理解先进的管理理念，提升自身的管理技能，明确如何制定有利于企业发展的管理决策，高效提升企业价值。最后，丰富的职业经历塑造了管理者的跨界领导力，强化其知识迁移能力，当企业面临不确定性环境时，管理者能够依靠其知识迁移及跨界能力应对变化多端的管理情境，提升企业价值。前文检验了 CEO 职业经历丰富程度对企业风险承担水平的正向影响，此前也有学者曾发现企业风险承担能够对企业价值创造能

力甚至国家的经济增长产生影响（John 等，2008），因此本部分将采用中介效应检验，判断 CEO 丰富的职业经历能否通过促进企业风险承担水平进而提升企业价值。

$$TobinQ = \alpha_0 + \alpha_1 * CERI + \alpha_i * Controls + \varepsilon \tag{5-5}$$

$$Risktaking = \beta_0 + \beta_1 * CERI + \beta_i * Controls + \varepsilon \tag{5-1}$$

$$TobinQ = \gamma_0 + \gamma_1 * Risktaking + \gamma_2 * CERI + \gamma_i * Controls + \varepsilon \tag{5-6}$$

中介效应检验参考 Baron 和 Kenny（1986）、温忠麟和叶宝娟（2014）经典的中介检验三步法。如上述模型所示，第一步检验 CEO 复合型职业经历是否能够显著提升企业价值，第二步检验 CEO 复合型职业经历是否显著提升企业风险承担水平，此结果已在前文进行验证，第三步检验企业风险承担水平和 CEO 职业经历同时对企业价值的作用。其中企业风险承担水平 Risktaking 为中介变量，以 TobinQ 衡量被解释变量企业价值，即企业市场价值与资产比值，其他变量同模型（5-1）一致。中介效应检验重点关注上述三个模型中解释变量（CEO_CERI）与中介变量（Risktaking）的系数及显著性。表 5-11 报告了中介效应检验三步法的回归结果，列（1）列示了模型（5-5）的回归结果，表明 CEO 职业经历丰富程度与企业价值显著正相关，CEO_CERI 的回归系数在 1% 统计水平下显著为正，表明 CEO 复合型职业经历最终提升企业价值，为企业产生积极的经济后果；公式（5-1）的回归结果已经在 5.4 节列示，结果表明 CEO 复合型职业经历能够提升企业风险承担；列（2）展示了模型（5-6）的回归结果，表明企业风险承担水平与 CEO 职业经历丰富度都能显著提升企业价值，并且模型中加入风险承担变量后，CEO_CERI 的回归系数有所下降。结合表 5-12 的中介效应结果推断，本书发现在 CEO 复合型职业经历与企业价值的关系中，企业风险承担起到部分中介效应。说明从企业价值视角出发，CEO 复合型职业经历影响企业风险承担的经济后果较为积极，即拥有复合型职业经历的 CEO 能够通过促进企业风险承担水平提升企业价值。

表 5-11　经济后果检验：CEO 复合型职业经历、企业风险承担与企业价值

变量名	(1) TobinQ	(2) TobinQ	(3) TobinQ
Risk1		0.0158 *** (7.9365)	
Risk2			0.0083 *** (7.7134)

续表

变量名	（1） TobinQ	（2） TobinQ	（3） TobinQ
CEO_CERI	0.0562*** （3.6423）	0.0544*** （3.5391）	0.0545*** （3.5441）
Age	0.0872*** （15.8604）	0.0853*** （15.5352）	0.0854*** （15.5536）
Size	−0.9349*** （−52.2923）	−0.9274*** （−51.9228）	−0.9276*** （−51.9236）
ROA	0.9467*** （8.7106）	1.0861*** （9.8888）	1.0829*** （9.8568）
Growth	0.0021 （0.3783）	0.0020 （0.3545）	0.0020 （0.3525）
Tang	−0.0226 （−0.2975）	−0.0280 （−0.3703）	−0.0284 （−0.3744）
RD	2.7997*** （3.2348）	2.7005*** （3.1275）	2.7056*** （3.1329）
Board	0.0326*** （3.5408）	0.0321*** （3.4860）	0.0321*** （3.4913）
Indep	0.5887*** （2.5659）	0.5620*** （2.4553）	0.5646*** （2.4662）
SOE	−0.1736*** （−2.8783）	−0.1745*** （−2.8994）	−0.1746*** （−2.9001）
Top1	−1.2027*** （−9.1716）	−1.1339*** （−8.6490）	−1.1355*** （−8.6601）
CEOShare	−0.8422*** （−4.7885）	−0.8204*** （−4.6758）	−0.8219*** （−4.6833）
Duality	−0.0285 （−0.9504）	−0.0285 （−0.9536）	−0.0284 （−0.9471）
CEOAge	−0.0006 （−0.3369）	−0.0007 （−0.3864）	−0.0007 （−0.3937）
CEOGender	0.0356 （0.7091）	0.0387 （0.7710）	0.0385 （0.7679）
CEOTenure	0.0009*** （3.1290）	0.0009*** （3.1340）	0.0009*** （3.1291）
_cons	21.1477*** （49.2452）	20.9496*** （48.8197）	20.9499*** （48.8092）

续表

变量名	(1) *TobinQ*	(2) *TobinQ*	(3) *TobinQ*
Industry	Yes	Yes	Yes
Year	Yes	Yes	Yes
N	15454	15454	15454
R^2	0.3856	0.3887	0.3885
F	194.8277	192.6151	192.4798
p	0.0000	0.0000	0.0000

注：***、**、*分别表示在1%、5%、10%统计水平上显著。

表 5-12　经济后果检验推断

检验步骤	（1）解释变量 CEO_CERI 对被解释变量 *TobinQ* 的总效应 c	（2）解释变量 CEO_CERI 对中介变量 M 的效应 a，控制解释变量 CEO_CERI 后，中介变量 M 对解释变量 *TobinQ* 的效应 b	（3）控制中介变量 M 之后，解释变量 CEO_CERI 对被解释变量 *TobinQ* 的直接效应 c′	（4）检验 ab 与 c′ 是否同号，推断中介效应并计算中介占比
检验关系	CEO 职业经历丰富度→企业风险承担→企业价值			
检验结果	$c = 0.0562^{***}$ 可能存在中介效应	$a_1 = 0.1411^{***}$，$b_1 = 0.0158^{***}$ $a_2 = 0.2533^{***}$，$b_2 = 0.0083^{***}$ a、b 均显著，说明企业多元化经营的间接效应显著	$c_1' = 0.0544^{***}$ $c_2' = 0.0545^{***}$ 直接效应显著，可能存在其他中介	ab 与 c′ 同号，企业多元化经营具有部分中介效应，占比为： $a_1 b_1 / c_1 = 0.0397$ $a_2 b_2 / c_2 = 0.0374$

5.8　CEO复合型职业经历与企业经营风险承担和财务风险承担

　　第 5 章通过理论与实证分析验证了 CEO 复合型职业经历对企业风险承担水平的提升作用，由于风险承担水平是较为抽象的概念，仅体现 CEO 整体的管理风格与风险偏好，无法直接识别具体的企业行为，因此本书接下来将基于经营风险承担与财务风险承担两个角度，从企业经营行为和融资行为深入探究 CEO 复合型职业经历影响企业风险承担的具体路径。

从企业经营风险承担角度出发，本书选择企业多元化经营作为研究重点，聚焦"CEO 职业经历丰富度—多元化经营—企业风险承担"路径是否成立，构成第 6 章的研究内容。企业经营风险承担关注企业资金的使用环节，与企业生产经营活动的不确定性相关，反映企业在投资经营决策方面的风险态度。对企业经营风险承担来说，经营战略的选择是关键的企业行为，尤其是实务界与学术界长期关注专业化与多元化经营战略的选择，不仅影响企业的产品策略与营销策略及企业经营绩效，还与企业并购、战略性投资等投资活动密切相关。学术界对于多元化经营是否提升企业风险承担也存在较为普遍的争论，吕文栋等（2015）检验了中国上市公司多元化经营是管理者提升企业风险承担的影响路径，而 Ferris 等（2017）分析发现管理者社会资本通过降低多元化经营提升企业风险承担，不同的管理情境下多元化战略所引发的经济后果也存在差异。目前还未有研究基于中国管理情境探究 CEO 复合型职业经历如何选择经营战略提升企业风险承担水平，因此本书将重点讨论 CEO 复合型职业经历对多元化经营的影响，并检验相应的作用机制与经济后果，最重要的是探究企业多元化经营是否作为 CEO 复合型职业经历提升企业风险承担的重要路径。

　　从企业财务风险承担角度出发，本书选择企业资本结构决策作为研究主题，重点探究"CEO 职业经历丰富度—资本结构—企业风险承担"路径是否成立，构成第 7 章的研究内容。企业财务风险承担聚焦企业资金来源及偿还，与企业融资行为息息相关，而资本结构决策是企业最关键的融资决策，综合反映管理者融资过程中的风险偏好及融资能力，因此第 7 章从财务风险承担视角研究 CEO 复合型职业经历与企业资本结构及企业风险承担的关系。资本结构决策的核心是企业债权融资与股权融资的结构比例，由于债权融资刚性成本的存在，较高的负债融资水平意味着企业未来现金流压力会更高，财务风险更大。在企业风险承担研究中，债务融资是学者们重点关注的风险承担行为，Hutton 等（2014）、张敏等（2015）、宋建波等（2017）等在研究管理者影响企业风险承担的作用路径时对企业负债水平进行了相应的考察。丰富的职业经历可能会为 CEO 积累隐性资源并完善风险认知，从而影响其债务风险承担意愿与能力，因此第 7 章从理论和实证角度系统验证 CEO 职业经历丰富度对企业资本结构的影响效应，并探究负债水平是否是 CEO 复合型职业经历影响企业风险承担水平的作用路径；同时关注当 CEO 拥有更高的管理自主权时，复合型职业经历对企业负债水平的影响是否更强；最后从资本结构动态决策视角验证 CEO 职业经历丰富度是否有助于改善资本结构动态调整速度。

　　由此可见，第 5 章总体检验 CEO 复合型职业经历对企业风险承担水平的影响效应、作用机制与经济后果；第 6 章与第 7 章分别从经营风险承担和财务风承担视角进行更为直观和深入的企业行为研究，并验证 CEO 复合型职业经历影响企业风险承担的路径，构成逻辑较为完整的研究体系。

5.9　本章小结

CEO 是企业风险决策的关键主体，其个人多样化职业经历必然会对企业风险承担决策产生重要影响，并进而影响企业可持续的价值创造和突破式成长。本章以 2007~2017 年中国沪深 A 股上市公司为样本，基于高层梯队理论，着眼有限理性的视角，利用手工收集的 CEO 多维职业经历独特数据集，依据"制度环境—影响效应—作用机制—经济后果"的逻辑思路，对中国制度背景下 CEO 职业经历与企业风险承担的影响效应与机制、经济后果进行理论解释、数据分析和验证。

首先，丰富的职业经历能够塑造管理者多元化思维、提升其管理技能、丰富其社会资源，使管理者具备复合型人才的特质。研究结果表明，CEO 复合型职业经历有助于提升企业风险承担水平。其次，作用机制方面，丰富的职业经历提升风险承担意愿与能力，体现在经济政策不确定性越高、市场化程度越低，CEO 职业经历丰富度对企业风险承担的促进作用越强。最后，经济后果方面，CEO 丰富的职业经历能够通过促进企业风险承担，进而提升企业的价值创造能力。本章研究复合型 CEO 对企业财务行为的影响，并结合中国本土情境构建了 CEO 职业经历丰富度指数，对于复合型人才的量化具有重要参考意义，为企业高管的甄别和选拔提供了新的证据支持。进一步地，笔者从理论角度阐述 CEO 复合型职业经历与企业经营风险承担和财务风险承担的研究思路，明确第 5 章与第 6 章、第 7 章的逻辑关系。

第6章　CEO复合型职业经历与企业多元化经营

前文已经验证了 CEO 复合型职业经历对企业风险承担水平的影响，本章从经营风险承担的视角探究 CEO 复合型职业经历与企业多元化经营及企业风险承担水平的关系。经营投资策略是影响企业融资的先决策略，也是企业风险承担的重要体现之一。其中多元化经营和专一化经营的选择，是围绕现代企业发展长久争论的议题。企业是否选择多元化，多元化经营是否促进企业风险承担及健康发展依然存在争议。CEO 作为企业经营战略的重要制定者，其个人特质会影响企业多元化经营水平。本章首先基于高层梯队理论、资源基础理论、人力资本理论，实证检验 CEO 复合型职业经历对企业多元化经营的影响，并进一步检验其作用机制，其次从经济后果的角度验证拥有丰富职业经历的 CEO 促成的企业多元化经营战略是否有助于企业价值创造。最后聚焦企业风险承担，实证经验多元化经营是否作为 CEO 复合型职业经历提升企业风险承担的影响路径。

6.1　问题提出

多元化经营是经济与管理多学科领域长期关注的议题，也是企业经营管理中重要的战略选择，是中国企业常见的投资经营决策（王福胜和宋海旭，2012）。然而多元化经营能否长久地促进企业发展还存在争议，一方面，多元化经营是企业扩张版图、提升竞争实力的重要方式（Khanna 和 Palepu，2000；Duchin，2010），如海尔集团、阿里巴巴集团等外知名跨国公司都采用多元化经营提升企业的综合实力；但另一方面，多元化经营涉及企业战略、生产、财务、营销复杂的经营管理系统，需要企业具备较强的资源和竞争力，看似完美的多元化分散风险定理在诸多企业多元化经营案例中被不断推翻，许多中国企业在盲目多元化的过程中陷入泥淖从而面临破产，如乐视企业的财务危机正是由多元化战略引发。关于多元化经营与风险承担水平关系的结论也不一而足，以 Stein（1997）为代表的学者认为多元化经营创造内部资本市场，并从提高资源配置效率角度促进企业风险承担；而以 Berger 和 Ofer（1995）为代表的"内部资本市场低效假说"则得出完全相反的结论。由此可见，与专一化决策相比，多元化决策并不具有绝对的优劣，其结果存在高度的不确定性，并依赖丰富的资源和专业的能力，如何科学地制定并执行多元化战略才是成功与否的关键。因此深入探究多元化经营的推动因素，厘清多元化经营的前因及后果具有重要的理论及实践意义。

早期诸多关于企业多元化经营的研究基于资源基础理论、市场势力理论、内部资本市场理论等从外部环境及企业特征视角等探究其影响因素（Penrose，1959；姜付秀，2006），随着管理者有限理性假设的提出，管理者异质性特征成为企业行为研究的重要焦点，目前也有少数企业多元化经营的相关文献涉及高管特质，学者发现管理者过度自信（Malmendier，2005；徐朝辉和周宗放，2016）、社会资本（游家兴和邹雨菲，2014）等都对企业多元化经营产生重要推动效应，并且对多元化经营能否健康持续也起到关键作用。同时根据资源基础观和能力匹配观（Matsusaka，2001），企业多元化经营的实施依赖于企业的资源和能力，其中人力资本是重要的异质性资源，管理者更是企业重要的稀缺性人力资本。对于管理者来说，其职业经历是重要的异质性特征，也是稀缺性资源及能力的重要组成部分。具有多样性职业经历的管理者能够通过其跨组织、跨行业等的职业经历积累丰富的社会资本（Hu 和 Liu，2016），提升交叉综合的专业知识和管理技能，更能胜任复杂的管理任务（Custódio 和 Metzger，2014），为企业带来多元化经营所需的竞争性优势。随着全球经济持续互动，管理情境日渐复杂，复合型 CEO 在职业经理人市场中也得到更多的认可（Malmendier 和 Tate，2009；Crossland 等，2014），作为企业经营管理决策的制定者和执行者，以及企业多元化经营战略健康推进的关键角色，CEO 多样化的职业经历可能会对企业多元化经营产生重要作用，而目前尚未有文献对此进行系统研究。因此本章探究在此背景下，拥有丰富职业经历的 CEO 是否能够促进公司的多元化经营。

本章基于高层梯队理论、资源基础理论、人力资本理论，以 2007~2018 年中国沪深 A 股上市公司为研究样本。基于笔者手工收集的中国上市公司 CEO 多维职业经历数据集，从跨职能数、跨企业数、跨行业数、跨组织机构数、跨地域类型五个方面构建 CEO 职业经历丰富度指数，实证检验 CEO 复合型职业经历对企业多元化的推动作用。研究结论主要包括：CEO 职业经历丰富度提升了企业多元化程度，其中跨行业和跨地域的职业经历作用最为显著。作用机制方面，CEO 丰富的职业经历通过发挥信息资源效应和管理能力效应促进企业多元化经营。经济后果方面，拥有复合型职业经历 CEO 开展多元化经营能够在一定程度上发挥协同效应，促进企业的价值创造。回归企业风险承担主题，CEO 复合型职业经历能够通过推动企业多元化经营最终提高企业风险承担水平。

本章的研究意义主要包括以下两个方面：其一，从高管层面拓展了企业多元化经营的影响因素研究。大多数企业多元化经营的研究聚焦多元化的经济后果，对影响因素的研究多集中于行业及企业层面，对管理者层面的研究更多集中于理性人假设，基于有限理性假设的研究属于近年来研究的热点，并且囿于管理者多样性职业经历度量的复杂性，未有文献探究本书的研究主题，因此本书从 CEO 多样性职业经历视角为企业多元化经营的动因提供相关证据。其二，丰富了 CEO 复合型职业经历影响企业行为的相关研究，是对高层梯队理论的有益补充。拥有多维度职业经历的 CEO 具备可迁移的综合管理知识与技能，积累丰富的社会资源，对企业经营管理活动发挥重要作用。但是目前对 CEO 职业经历丰富度推动企业多元化经营的研究相对缺乏。企业多元化经营是复杂的管理任务，需要企业拥有丰富的资源及能力，研究"复合型"CEO 对企业多元化的影响效应及作用机制，为健康推进中国企业多元化经营提供参考。

6.2 研究假设

基于资源基础理论，企业多元化经营依赖于组织的资源和能力（Penrose，1959），具有丰富职业经历的 CEO 能够通过资源效应和能力效应两个方面提升企业核心竞争力，促进企业多元化经营。

第一，基于资源基础观，多维度的职业经历有助于 CEO 积累丰富的社会资源，从而缓解信息不对称，有效推进多元化经营。基于社会网络视角，跨企业、跨行业、跨组织等多样化的职业经历有助于 CEO 积累丰富的社会关系网络，以此构成宝贵的组织资源（Granovetter，1985），该资源对企业多元化经营起到重要的促进作用。首先，该资源从信息支持的角度帮助 CEO 高效实施多元化经营决策。复合型 CEO 的社会网络有助于扩充管理者的信息获取渠道，从而降低信息搜寻成本，提升信息质量（Adler and Kwon，2002），缓解多元化决策的信息不对称，有助于管理者制定并执行良好的多元化经营决策。其次，CEO 积累的社会资源为企业拓宽外部合作提供良好机会。CEO 在多行业多地域积累的人脉和声誉，丰富的职业经历为利益相关者提供良好的信号，有助于企业与利益相关者的良性合作（Hu and Liu，2015），促进企业向多行业、多市场渗透，进而开展多元化业务。最后，CEO 过往职业经历构建的社会网络可以帮助企业拓宽融资渠道，从非正式制度角度获取更多优质的外部资源，尤其帮助解决多元化经营时常可能面临的财务困境问题，从而助力企业通过多元化扩张提升资源配置效率（游家兴和邹雨菲，2014），为企业发展寻求新的突破。

第二，基于能力匹配观，丰富的职业经历有助于 CEO 提升综合管理认知及技能，难以复制的管理技能提升了企业的核心竞争优势，从而促进企业多元化经营。能力匹配理论强调企业多元化业务与组织能力的匹配，只有企业具备足够的能力，才可能有效开展促进价值提升的多元化经营（Matsusaka，2001）。首先，职业经历丰富的 CEO 具备较强的知识和技能迁移能力，能够将过往的经营管理经验应用于多元化经营中。赵子夜等（2018）、Fahrenkopf 等（2020）研究发现，与专业型人才相比，具有复合型知识和技能的通才其跨界学习及迁移能力更强。企业多元化经营的关键便是迁移能力，将企业在某一领域的成功经验迁移至另一领域，以此提升企业的资源配置效率。其次，具有多维丰富职业经历的 CEO 更能有效处理高难度的管理任务，以完成企业多元化等复杂经营策略。跨职位、跨组织、跨行业等职业经历意味着复杂多元的经营管理情境，有助于提升 CEO 的综合管理技能和环境适应能力，在面对财务困境或并购、多元化等重大战略调整时具有更全面的认知和经验（Custódio et al.，2017）。最后，职业经历的差异会影响管理者的认知及价值取向（Hambrick and Mason，1984），多样化的职业经历使管理者积累与多元化相关的知识和经验，更能提升其成功实施多元化经营的信心和意愿，多元化经营所代表的潜在收益也更能对 CEO 发挥激励作用。

基于此，提出假设 6-1：

H6-1：CEO 复合型职业经历有助于提升企业多元化经营水平。

6.3　研究设计

6.3.1　样本选择与数据来源

本书选择 2007~2018 年中国沪深 A 股上市公司数据作为研究对象，起始样本的确定基于 2007 年新会计准则的实施。根据本章研究需要，笔者对初始样本进行以下筛选：①剔除具有特殊性的金融保险业样本；②剔除研究变量存在缺失的样本。最终获取包含 2823 家公司的 17450 个观测值，属于非平衡面板数据。

主要研究的解释变量 CEO 职业经历丰富度来自手工整理的数据集，主要收集步骤如下：首先，从 CSMAR 数据库下载 CEO 个人简历文件，并结合公司公告、百度百科、新浪财经、凤凰财经、和讯人物补充 CEO 简历信息。其次，人工阅读并整理 CEO 职业经历的五个维度：职能部门数、企业数、行业数、组织机构数、地域类型。最后，为确保数据的准确性，将 2008 年之后的部分数据与 CSMAR 数据库中的 CEO 特征数据进行对比修正。被解释变量多元化程度所需数据来源于 Wind 数据库，研究所需的其他财务数据均来源于 CSMAR 数据库。笔者使用 Stata15.0 软件进行数据分析，为缓解异常值对模型准确性的影响，对所有连续变量进行上下 1% 的 winsorize 处理。

6.3.2　模型设定与变量说明

由于研究存在对同一公司多年份的持续观测情况，参考 Petersen（2008）、游家兴和邹雨菲（2014）、申广军等（2018）的研究方法，运用双向固定效应模型（Two-way FE）对样本数据进行回归，以同时控制难以观测的、不随时间改变的个体异质性因素，以及特定年份对全部个体的影响，并在一定程度上缓解内生性问题。此外，由于部分企业在样本期间内变更行业类型，导致行业因素无法在双向固定效应中被完全考虑，因此模型中也加入了行业虚拟变量。最后，为控制异方差的影响，本书提供稳健标准误。为验证假设 6-1，构建模型公式如下：

$$Div = \beta_0 + \beta_1 \times CEO\_CERI + \beta_i \times Controls + \varepsilon \tag{6-1}$$

式（6-1）中，Div 为被解释变量，由代表企业多元化程度的三个指标度量（Div_n，Div_entro，Div_hhi）；CEO_CERI 表示解释变量，为 CEO 职业经历丰富度指数。$Control$ 表示控制变量。为验证 CEO 职业经历丰富度对企业多元化程度的影响该章重点关注系数 β_1 的正负性及显著性。研究模型中的具体变量衡量方式如表 6-1 所示。

被解释变量：企业多元化程度（Div）。参考姜付秀等（2006）、杨兴全等（2020）的研究，依据公司经营的行业及营业收入份额数据使用以下三种方式度量企业多元化程度。①多元化行业数目（Div_n），为占总营业收入 10% 以上的公司经营行业数量，该指标越高，企业多元化水平越高；②多元化收入熵指数（Div_entro），具体计算公式见表 5-1，该指数越大，代表企业多元化水平越高；③多元化赫芬达尔指数（Div_hhi），为分行业收入占比平方的总和，与收入熵指数相反，赫芬达尔指数越高，表明企业多元化水平越低。

解释变量：CEO 职业经历丰富度（CEO_CERI），参考 Custódio 等（2017）、赵子夜等（2018）的研究，结合中国管理情境，使用手工收集的 CEO 职业经历数据集，运用因子分析法构建 CEO 曾任职的职能部门数、企业数、行业数、组织机构数和地域类型五个维度构建 CEO 职业经历丰富度指数（CEO Career Experience Richness Index，CEO_CERI），该指数越高，说明 CEO 的职业经历越丰富。具体计算过程见本书 3.2 节。

控制变量：参考游家兴和邹雨菲（2014）、赵子夜等（2018）、杨兴全等（2020）关于企业多元化经营、以及管理者异质性与企业行为的研究模型，该章设置以下控制变量。具体分为企业层面与 CEO 层面。企业层面的控制变量为企业财务特征及治理特征：财务特征层面，Age 为企业年龄，以观测年份减成立年份的差值衡量；Size 为企业规模，用期末总资产的自然对数衡量；Growth 表示企业成长性，以企业销售收入增长率测度；ROA 表示企业盈利能力，以期末净利润除以期末总资产衡量；Tang 表示企业有形资产，等于期末固定资产与存货之和与期末总资产的比值；Lev 表示财务杠杆，等于期末总负债与期末总资产的比值；Cfo 表示现金流水平，以经营活动现金流量占期末总资产比值进行衡量；公司治理层面，Board 表示董事会规模，以董事会人数衡量；Indep 表示独立董事比例，即独立董事人数与董事会总人数之比；SOE 表示产权性质，为虚拟变量，当企业为国有企业时取 1，否则取 0；TOP1 表示股权集中度，以第一大股东持股比例衡量；Duality 表示两职合一，为虚拟变量，当 CEO 兼任董事长时取 1，否则取 0。CEO 层面主要控制了对企业行为具有关键作用的特征，CEOAge 表示 CEO 年龄；CEOGender 表示 CEO 性别，为虚拟变量，当 CEO 为男性时取值为 1，否则为 0；CEOTenure 表示 CEO 任期，以月数测度；CEOShare 表示 CEO 持股比例。本书还设置了年份和行业虚拟变量，以控制年份和行业固定效应，其中行业变量参考证监会 2012 年行业分类标准。

表 6-1 　主要变量定义

变量名	变量符号	变量测度
Panel A：多元化程度变量		
行业数目	Div_n	占营业收入 10% 以上的行业数目
收入熵指数	Div_entro	$Div\_entro = \sum_{i=1}^{n} P_i \times \ln(\frac{1}{P_i})$，其中 n 为多元化经营行业数，Pi 为第 i 行业营业收入占总收入的比值，该指数越高表明公司多元化程度越高
赫芬达尔指数	Div_hhi	$Div\_hhi = \sum_{i=1}^{n} P_i^2$，其中 n 为多元化经营行业数，Pi 为第 i 行业营业收入占总收入的比值，该指数越高表明公司多元化程度越低
Panel B：CEO 职业经历丰富度变量		
CEO 职业经历丰富度指数	CEO_CERI	基于 CEO 任职过的职能部门数、企业数、行业数、组织机构数以及地域类型五个方面综合构建，采用因子分析法降维测度，具体方法见本书 3.2 节

续表

变量名	变量符号	变量测度
Panel C：控制变量		
企业年龄	Age	企业观测年份减成立年份的差值
企业规模	Size	期末总资产的自然对数
企业成长性	Growth	主营业务收入增长率
盈利能力	ROA	当期净利润/期末总资产
有形资产	Tang	（期末固定资产+期末存货）/期末总资产
财务杠杆	Lev	期末总负债/期末总资产
经营现金流	Cfo	经营活动现金流量/期末总资产
董事会规模	Board	董事会总人数
独立董事比例	Indep	独立董事人数/董事会总人数
产权性质	SOE	虚拟变量，当样本为国有企业时，变量取值为1，否则取值为0
股权集中度	Top1	第一大股东持股数/总流通股数
两职合一	Duality	虚拟变量，当 CEO 兼任董事长时，变量取值为1，否则取值为0
CEO 持股水平	CEOShare	CEO 持股数/总流通股数
CEO 年龄	CEOAge	CEO 年龄
CEO 性别	CEOGender	虚拟变量，当 CEO 为男性时，变量取值为1，否则取值为0
CEO 任期	CEOTenure	CEO 任期（月数）
年份	Year	设置年份虚拟变量
行业	Industry	设置行业虚拟变量

6.4　CEO 复合型职业经历对企业多元化经营的影响效应：主效应分析

6.4.1　描述性统计

主要变量的描述性统计于表 6-2。Panel A 反映样本企业多元化程度，主要由三个指标衡量：①行业数目（Div_n）最大值为 6，均值为 1.5710，中位数为 1，可见观测样本中大多数的企业占营业收入 10% 以上的行业数目为 1，多元化经营普遍程度并没有很高；②熵指数（Div_entro）最小值为 0.2248，最大值为

2.1670，说明企业多元化经营程度的整体差距仍较大，中位数为0.2248，说明企业多元化经营水平整体较低；③赫芬达尔指数（*Div_hhi*）的最大值为1，中位数为0.8959，其指数越高说明企业多元化经营程度越低，综合来中国企业多元化程度差异较大，且多数企业多元化程度并不高。Panel B 为 CEO 职业经历丰富度指数及分项变量。CEO 职业经历丰富度指数（*CEO_CERI*），通过因子分析法计算得出，存在负值，但正负号及数值大小仅代表丰富程度大小，不具有实际含义，不影响后续回归，*CEO_CERI* 最大值为4.1686，最小值为-1.0461，中位数为-0.2086，总体来看 CEO 职业经历丰富程度并不高，说明拥有复合型职业经历的 CEO 属于稀缺资源。Panel C 为其他控制变量描述性分析，与现实情况基本一致，不再赘述。

表 6-2　主要变量描述性统计

变量名	样本量	平均值	标准差	中位数	最小值	最大值
Panel A：多元化程度变量						
Div_n	17450	1.5710	0.8043	1	1	6
Div_entro	17450	0.3958	0.4476	0.2248	0.0000	2.1670
Div_hhi	17450	0.7794	0.2460	0.8959	0.1277	1
Panel B：CEO 职业经历丰富变量						
CEO_CERI	17450	0.0027	0.8892	-0.2086	-1.0461	4.1686
CEO_POS	17450	1.7856	0.7723	2	1	6
CEO_COR	17450	3.9477	2.7946	3	0	25
CEO_IND	17450	2.0947	1.1659	2	0	9
CEO_INS	17450	1.5731	0.7913	1	0	5
CEO_OVE	17450	0.0577	0.2331	0	0	1
Panel C：控制变量						
Age	17450	15.4848	5.5804	15	1	48
Size	17450	22.0628	1.3502	21.8963	19.0722	25.9293
Growth	17450	0.4976	1.5748	0.1320	-0.7783	12.1557
ROA	17450	0.0333	0.0632	0.0330	-0.3408	0.2112
Tang	17450	0.3996	0.1854	0.3931	0.0183	0.8255
Lev	17450	0.4715	0.2162	0.4750	0.0505	0.9995
Cfo	17450	0.0092	0.0942	0.0031	-0.2470	0.4229
Board	17450	8.8101	1.7823	9	4	18

续表

变量名	样本量	平均值	标准差	中位数	最小值	最大值
Indep	17450	0.3717	0.0552	0.3333	0.0909	0.8
SOE	17450	0.4393	0.4963	0	0	1
*Top*1	17450	0.3508	0.1513	0.3298	0.0872	0.7572
CEOShare	17450	0.0408	0.1070	0.0000	0.0000	0.8001
Duality	17450	0.2648	0.4412	0	0	1
CEOAge	17450	48.9250	6.4511	49	24	78
CEOGender	17450	0.9401	0.2374	1	0	1
CEOTenure	17450	42.8269	35.2469	33	0	255

6.4.2 相关性分析

表6-3展示了主要研究变量的 pearson 相关性分析。CEO 职业经历丰富度（*CEO_CERI*）与企业多元化程度（*Div_n*，*Div_entro*，*Div_hhi*）显著正相关，初步表示 CEO 职业经历的丰富程度能够正向促进企业多元化经营水平。解释变量间相关系数最高不超过 0.5，同时，计算可得最大的方差膨胀因子（VIF）为1.64，平均方差膨胀因子（VIF）为1.26，远小于限制值10，以排除多重共线性的影响。

表6-3 主要变量相关性分析

变量名	*Div_n*	*Div_entro*	*Div_hhi*	*CEO_CERI*	*Age*	*Size*	*Growth*
Div_n	1						
Div_entro	0.9081	1					
Div_hhi	−0.9069	−0.9843	1				
CEO_CERI	0.0798	0.0912	−0.0890	1			
Age	0.0969	0.1337	−0.1315	0.0321	1		
Size	0.0843	0.1429	−0.1206	0.0085	0.2114	1	
Growth	−0.0022	0.0036	−0.0022	0.0251	0.0841	−0.0017	1
ROA	−0.0333	−0.0412	0.0440	0.0004	−0.1142	0.0247	0.0146
Tang	−0.0374	−0.0278	0.0313	−0.1401	0.0553	0.1472	0.0451
Lev	0.0545	0.0984	−0.0924	−0.0245	0.2377	0.4038	0.0840
Cfo	0.0006	−0.0010	0.0007	0.0089	−0.0021	0.0242	0.0376

续表

Board	0.0139	0.0315	−0.0223	−0.0606	0.0078	0.2567	−0.0374
Indep	−0.0011	0.0009	−0.0017	0.0455	0.0010	0.0432	0.0206
SOE	0.0797	0.1123	−0.1025	−0.1353	0.1448	0.3181	0.0057
Top1	−0.0409	−0.0359	0.0396	−0.0272	−0.1442	0.2347	0.0182
CEOShare	−0.0685	−0.0881	0.0865	0.0935	−0.1851	−0.1923	−0.0325
Duality	−0.0368	−0.0485	0.0471	0.1790	−0.0984	−0.1493	−0.0079
CEOAge	0.0308	0.0410	−0.0344	0.0613	0.1205	0.1561	−0.0344
CEOGender	−0.0080	−0.0045	0.0054	−0.0273	−0.0264	0.0345	−0.0306
CEOTenure	0.0216	0.0310	−0.0308	0.1063	0.0952	0.0806	−0.0314
变量名	ROA	Tang	Lev	Cfo	Board	Indep	SOE
ROA	1						
Tang	−0.1617	1					
Lev	−0.3740	0.3273	1				
Cfo	0.1376	−0.1049	−0.0081	1			
Board	0.0225	0.1111	0.1329	0.0104	1		
Indep	−0.0259	−0.0531	−0.0042	−0.0019	−0.4186	1	
SOE	−0.0919	0.2141	0.2785	0.0033	0.2726	−0.0652	1
Top1	0.1198	0.1124	0.0280	−0.0036	0.0225	0.0341	0.1895
CEOShare	0.1007	−0.1737	−0.2499	−0.0105	−0.1442	0.0911	−0.3272
Duality	0.0428	−0.1089	−0.1527	0.0072	−0.1620	0.0949	−0.2909
CEOAge	−0.0006	0.0125	0.0143	−0.0220	0.0500	0.0136	0.0921
CEOGender	−0.0210	0.0092	0.0039	−0.0134	0.0576	−0.0323	0.0649
CEOTenure	0.0265	−0.0296	−0.0405	−0.0333	0.0011	0.0330	−0.0859
变量名	Top1	CEOShare	Duality	CEOAge	CEOGender	CEOTenure	
Top1	1						
CEOShare	0.0223	1					
Duality	−0.0480	0.4848	1				
CEOAge	0.0305	0.0363	0.1608	1			
CEOGender	0.0050	−0.0056	0.0284	0.0333	1		
CEOTenure	−0.0757	0.1170	0.1747	0.2457	0.0074	1	

6.4.3　主效应结果分析

表 6-4 报告了假设 6-1 的双向固定效应回归结果，可以看出 CEO_CERI 与行业数目（Div_n）、收入熵指数（Div_entro）、收入赫芬达尔指数（Div_hhi）的回归估计系数分别为 0.0137、0.0076、-0.0041，显著性水平均大于 10%，说明 CEO 职业经历丰富度指数与企业多元化程度显著正相关，因此假设 6-1 得到验证。控制变量的回归结果也基本符合预期：企业规模（$Size$）的回归系数显著为正，表明与小企业相比，规模大的企业更偏好多元化经营；资产负债率（Lev）的估计系数显著为正，表示企业负债程度越高，其多元化程度越高；企业有形资产（$Tang$）的估计系数为负，说明有形资产占比高的企业，其多元化程度可能越低；第一大股东持股比例（$TOP1$）的回归系数显著为负，表示第一大股东持股比例越高，对企业的控制权越高，则企业多元化程度越低；产权性质（SOE）的回归系数显著为正，表明与非国有企业相比，国有企业多元化程度更高。

表 6-4　CEO 复合型职业经历与企业多元化经营

变量名	（1）Div_n	（2）Div_entro	（3）Div_hhi
CEO_CERI	0.0137*	0.0076***	-0.0041*
	(1.6691)	(1.9699)	(-1.8403)
Age	0.0012	0.0021	-0.0012
	(0.4190)	(1.5816)	(-1.5562)
$Size$	0.0790***	0.0534***	-0.0269***
	(8.1793)	(11.8124)	(-10.4216)
$Growth$	0.0006	0.0023	-0.0013
	(0.2009)	(1.6036)	(-1.5526)
ROA	-0.0229	0.0074	-0.0015
	(-0.2754)	(0.1909)	(-0.0669)
$Tang$	-0.2146***	-0.0886***	0.0581***
	(-5.1013)	(-4.4987)	(5.1555)
Lev	0.1433***	0.0740***	-0.0438***
	(3.4726)	(3.8289)	(-3.9657)
Cfo	-0.0674	-0.0496***	0.0253***
	(-1.5305)	(-2.4066)	(2.1429)
$Board$	0.0050	0.0030	-0.0018
	(1.0104)	(1.3016)	(-1.3750)

变量名	(1) Div_n	(2) Div_entro	(3) Div_hhi
Indep	-0.1254 (-1.0086)	-0.0522 (-0.8952)	0.0326 (0.9801)
SOE	0.0945*** (3.0088)	0.0601*** (4.0806)	-0.0258*** (-3.0608)
Top1	-0.2311*** (-3.3593)	-0.1582*** (-4.9102)	0.1021*** (5.5450)
CEOShare	-0.0764 (-0.8136)	-0.0219 (-0.4988)	0.0202 (0.8031)
Duality	-0.0099 (-0.6202)	-0.0025 (-0.3332)	0.0019 (0.4546)
CEOAge	0.0011 (1.0925)	0.0001 (0.1062)	-0.0001 (-0.3856)
CEOGender	-0.0260 (-0.9717)	-0.0019 (-0.1514)	0.0075 (1.0490)
CEOTenure	0.0002 (1.0085)	0.0001* (1.7423)	-0.0001*** (-2.0573)
_cons	0.0765 (0.3387)	-0.7395*** (-6.9849)	1.3314*** (21.9994)
Industry	Yes	Yes	Yes
Year	Yes	Yes	Yes
N	17450	17450	17450
R^2	0.0402	0.0651	0.0609
F	14.2136	23.6311	22.0064
p	0.0000	0.0000	0.0000

注：***、**、*分别表示在1%、5%、10%统计水平上显著。

6.5 稳健性检验

为增强研究结果的说服力，针对 CEO 职业经历丰富度与企多元化经营可能存在的内生性问题，本书还进行了如下稳健性检验：采用工具变量法、倾向得分匹配法（PSM）、控制潜在变量过度自信的影响。检验结果均与主回归结果一致，说明研究结论具有可靠性。

6.5.1　工具变量法

由于 CEO 职业经历丰富度对企业多元化经营的影响研究可能存在共同影响二者关系的变量，工具变量法可以较好地缓解这一内生性问题，因此参考 Hu 和 Liu（2015）的研究，设置对 CEO 职业经历丰富度有影响而不直接影响企业多元化经营的工具变量。本章选取的第一个工具是同年同行业其他企业"通才型" CEO 的占比（*OtherCEO*），其中将大于各年各行业样本中位数的观测值设置为"通才型" CEO，否则为"专才型" CEO，同行业其他企业的高管选聘可能会相互影响，但不直接影响本企业的多元化程度；第二个变量是企业是否属于副省级城市或直辖市（*City*），属于则 *City* 取值为 1，否则为 0。中国副省级城市及直辖市通常具备更好的卫生、教育等公共服务，优越的人才扶持政策，诸多隐性资源对职业经历复合型人才具有更高的吸引力；城市行政级别对城市经济发展及企业经营效果的影响并不明显，许多普通城市的发展水平远高于副省级城市，因此该变量也并不对企业多元化经营产生直接影响（Hu and Liu，2015）。笔者对上述工具变量均进行了（Kleibergen-Paap rk LM 统计量 p 值为 0.000）、弱工具变量检验（Cragg-Donald Wald F 统计量大于 10%临界值），过度识别检验（Sargan 统计量的 p 值大于 0.1）等，表明工具变量选取符合要求。由于企业总部所在城市基本不变，在双向固定效应模型中该变量通常被省略，因此，笔者采用截面数据的工具变量-两阶段回归，第二阶段回归结果如表 6-5 所示，可知 *CEO_CERI* 的回归系数均在 1%的水平下显著，系数正负也与主假设回归结果一致，表明假设结论具有可靠性。

表 6-5　稳健性检验：工具变量法回归结果

变量名	（1） *Div_n*	（2） *Div_entro*	（3） *Div_hhi*
CEO_CERI	0.0988 *** （2.8105）	0.0500 *** （2.5819）	−0.0304 *** （−2.8567）
Age	0.0098 *** （6.8161）	0.0075 *** （9.5371）	−0.0043 *** （−10.0211）
Size	0.0373 *** （5.6835）	0.0352 *** （9.7419）	−0.0155 *** （−7.7995）

续表

变量名	(1) *Div_n*	(2) *Div_entro*	(3) *Div_hhi*
Growth	−0.0057 (−1.1865)	−0.0036 (−1.3640)	0.0021 (1.4441)
ROA	−0.2965*** (−2.6072)	−0.1947*** (−3.1054)	0.1208*** (3.5106)
Tang	−0.0144 (−0.2707)	−0.0020 (−0.0687)	−0.0037 (−0.2300)
Dep	−2.6236*** (−4.2572)	−1.6679*** (−4.9086)	1.0284*** (5.5136)
Board	−0.0066 (−1.4233)	−0.0034 (−1.3288)	0.0024* (1.7197)
Indep	−0.0809 (−0.5905)	−0.0492 (−0.6516)	0.0270 (0.6516)
CEOAge	0.0014 (1.2351)	0.0007 (1.1317)	−0.0002 (−0.5667)
CEOGender	−0.0182 (−0.6459)	0.0006 (0.0402)	0.0000 (0.0008)
CEOTenure	0.0004* (1.6932)	0.0003*** (2.7893)	−0.0002*** (−3.1251)
CEOShare	−0.2156*** (−2.9372)	−0.1226*** (−3.0276)	0.0766*** (3.4481)
Duality	−0.0336 (−1.6247)	−0.0120 (−1.0504)	0.0086 (1.3686)
SOE	0.0895*** (5.1272)	0.0557*** (5.7855)	−0.0295*** (−5.5824)
*Top*1	−0.1430*** (−2.9452)	−0.0927*** (−3.4623)	0.0461*** (3.1333)
_cons	0.9026*** (5.6428)	−0.2956*** (−3.3515)	1.0521*** (21.7334)
Year	Yes	Yes	Yes
Industry	Yes	Yes	Yes
N	13416	13416	13416
R^2	0.072	0.100	0.093

注：***、**、*分别表示在1%、5%、10%统计水平上显著。

6.5.2　倾向得分匹配法

为进一步缓解内生性问题，笔者还运用倾向得分匹配法进行检验。该方法的重点是将拥有丰富职业经历 CEO 的企业（实验组）与不具备丰富职业经历 CEO 的企业（对照组）进行匹配，具体过程如下：以 *CEO_CERI* 是否大于年度同行业样本中位数为依据生成 *CEO_D* 虚拟变量，将总样本分为对照组和控制组，对照组为职业经历丰富程度高于中位数，即 *CEO_D* 为 1 的样本，控制组反之。我们以 *CEO_D* 为被解释变量，影响 *CERI_D* 的变量为匹配变量（包括 CEO 性别、CEO 年龄、CEO 受教育程度，公司层面变量与主效应检验公司特征变量一致），使用 Logit 回归，倾向分值选取最近邻方法，在两组之间进行 1∶1 有放回匹配。表 6-6 报告了匹配后样本的回归结果，*CEO_CERI* 的回归系数均在 1% 的水平下显著，系数正负也符合预期，表明 CEO 丰富的职业经历能够提升企业多元化程度。

表 6-6　稳健性检验：倾向得分匹配法回归结果

变量名	(1) *Div_n*	(2) *Div_entro*	(3) *Div_hhi*
CEO_CERI	0.0216 *** (1.9969)	0.0125 *** (2.4586)	− 0.0065 *** (− 2.2433)
Age	0.0001 (0.0125)	0.0029 (1.5029)	− 0.0014 (− 1.2591)
Size	0.0867 *** (6.4897)	0.0582 *** (9.2435)	− 0.0305 *** (− 8.4911)
Growth	− 0.0016 (− 0.3690)	0.0020 (0.9796)	− 0.0012 (− 1.0108)
ROA	− 0.0337 (− 0.2965)	− 0.0368 (− 0.6871)	0.0158 (0.5164)
Tang	− 0.2733 *** (− 4.4906)	− 0.1074 *** (− 3.7471)	0.0708 *** (4.3284)
Lev	0.0158 (0.2747)	0.0242 (0.8932)	− 0.0223 (− 1.4399)
Cfo	− 0.0748 (− 1.2817)	− 0.0408 (− 1.4858)	0.0198 (1.2625)
Board	0.0111 (1.5268)	0.0043 (1.2590)	− 0.0027 (− 1.3945)

续表

变量名	(1) *Div_n*	(2) *Div_entro*	(3) *Div_hhi*
Indep	0.0723 (0.4279)	−0.0044 (−0.0551)	0.0069 (0.1527)
SOE	0.1257*** (2.7957)	0.0819*** (3.8684)	−0.0399*** (−3.3012)
*Top*1	−0.1152 (−1.1969)	−0.0620 (−1.3674)	0.0616*** (2.3796)
CEOShare	0.0321 (0.2622)	0.0108 (0.1879)	0.0089 (0.2703)
Duality	0.0095 (0.4380)	0.0080 (0.7812)	−0.0048 (−0.8212)
CEOAge	0.0003 (0.2118)	−0.0003 (−0.4621)	0.0000 (0.0729)
CEOGender	0.0117 (0.3093)	0.0065 (0.3638)	0.0053 (0.5163)
CEOTenure	−0.0001 (−0.6069)	−0.0001 (−0.5978)	0.0000 (0.5840)
_cons	−0.2244 (−0.6620)	−0.9030*** (−5.6553)	1.4489*** (15.8909)
Industry	Yes	Yes	Yes
Year	Yes	Yes	Yes
N	9775	9775	9775
R^2	0.0475	0.0782	0.0741
F	8.9236	15.1853	14.3226
p	0.0000	0.0000	0.0000

注：***、**、*分别表示在 1%、5%、10%统计水平上显著。

6.5.3　控制 CEO 过度自信的影响

第 5 章从信息资源和管理能力两个视角研究 CEO 复合型职业经历对企业多元化经营的影响，但也可能存在另一种解释：复合型 CEO 本身具有过度自信特性，而过度自信作为一种非理性特征，可能是促进企业多元化经营程度的最终原因，成为干扰研究问题的潜在影响变量。参考 Yuan 和 Wen (2018) 的研究，笔者在研究模型中控制 CEO 过度自信，以缓解内生性问题。CEO 过度自信变量 *OC*

的衡量方式与 5.5 节相同。表 6-7 报告了控制 CEO 过度自信后样本的回归结果，*CEO_CERI* 的回归系数及显著性水平均符合预期，并不受过度自信的影响，表明 CEO 丰富的职业经历能够提升企业多元化程度。

表 6-7　稳健性检验：控制 CEO 过度自信的影响

变量名	（1） *Div_n*	（2） *Div_entro*	（3） *Div_hhi*
CEO_CERI	0.0137 * （1.6709）	0.0076 *** （1.9690）	−0.0040 * （−1.8388）
OC	0.0091 （0.5588）	−0.0019 （−0.2555）	0.0019 （0.4431）
Age	0.0012 （0.4169）	0.0021 （1.5825）	−0.0012 （−1.5578）
Size	0.0789 *** （8.1714）	0.0534 *** （11.8144）	−0.0270 *** （−10.4260）
Growth	0.0006 （0.1981）	0.0023 （1.6048）	−0.0013 （−1.5547）
ROA	−0.0166 （−0.1976）	0.0061 （0.1548）	−0.0001 （−0.0066）
Tang	−0.2142 *** （−5.0906）	−0.0887 *** （−4.5024）	0.0582 *** （5.1623）
Lev	0.1429 *** （3.4620）	0.0741 *** （3.8328）	−0.0439 *** （−3.9728）
Cfo	−0.0668 （−1.5179）	−0.0497 *** （−2.4116）	0.0254 *** （2.1521）
Board	0.0050 （1.0112）	0.0030 （1.3012）	−0.0018 （−1.3743）
Indep	−0.1258 （−1.0112）	−0.0521 （−0.8939）	0.0326 （0.9780）
SOE	0.0947 *** （3.0137）	0.0600 *** （4.0780）	−0.0257 *** （−3.0565）
Top1	−0.2317 *** （−3.3669）	−0.1581 *** （−4.9059）	0.1020 *** （5.5379）
CEOShare	−0.0776 （−0.8260）	−0.0217 （−0.4928）	0.0199 （0.7929）
Duality	−0.0099 （−0.6204）	−0.0025 （−0.3331）	0.0019 （0.4544）

变量名	(1) *Div_n*	(2) *Div_entro*	(3) *Div_hhi*
CEOAge	0.0011 (1.1025)	0.0000 (0.1015)	−0.0001 (−0.3774)
CEOGender	−0.0261 (−0.9776)	−0.0019 (−0.1486)	0.0075 (1.0441)
CEOTenure	0.0002 (1.0103)	0.0001 * (1.7414)	−0.0001 *** (−2.0558)
_cons	0.0766 (0.3388)	−0.7395 *** (−6.9848)	1.3314 *** (21.9989)
Industry	Yes	Yes	Yes
Year	Yes	Yes	Yes
N	17450	17450	17450
R^2	0.0402	0.0651	0.0609
F	13.8970	23.0941	21.5096
p	0.0000	0.0000	0.0000

注：*** 、** 、* 分别表示在1%、5%、10%统计水平上显著。

6.6　进一步检验

6.6.1　CEO 复合型职业经历、多元化经营与企业风险承担

第 4 章主效应分析表明 CEO 丰富的职业经历能够提升企业风险承担水平，第 5 章从经营决策的角度验证了 CEO 复合型职业经历对企业多元化经营水平的促进作用，从影响路径视角出发，笔者进一步检验 CEO 复合型职业经历是否通过提升多元化经营程度促进企业风险承担。不同于股东可以通过多元投资组合分散风险，管理者通常要对公司的风险决策承担难以转移和分散的责任，理性管理者从个人私利角度出发，可能普遍具有风险规避倾向，会考虑尽量降低公司决策的不确定性，拒绝高风险高收益的项目，从而抑制公司的风险承担水平；但管理者并非完全理性，基于个人心理及行为差异，以及对于企业价值及个人价值的追求，面对相同经营管理决策，管理者风险承担的意愿及能力不同，这也是本书深

入探究 CEO 复合型职业经历对风险承担决策影响的动机。企业的经营决策是重要的风险决策之一，而当前对于多元化经营能否提升企业风险承担的观点并未统一，因此对于中国企业 CEO 复合型职业经历是否能够通过经营决策提高风险承担还需要理论与实证的验证。

第一，企业多元化经营可能是复合型 CEO 提升企业竞争力的风险性战略决策。首先，企业多元化经营的缘由之一是构建企业内部资本市场，提升企业资源利用效率（Stein，1997），将可能的冗余资源投资于与主营业务相关或非相关的项目，从而提升投资效率及风险承担水平。其次，企业多元化经营可能会加剧企业面临的市场竞争（Chen and Miller，2012），通常是企业跨行业或跨边界的战略扩张行为，使得企业面临新的竞争对手及经营环境，从而提高了管理经营的复杂程度，也增加了新市场及相关利益者对于企业的监督与治理，促使管理者提高管理效率，提升企业风险承担水平。最后，中国的管理实践多次为多元化经营分散风险提供反例，诸多企业破产的根源与多元化经营息息相关，也有学者从理论和实证的角度验证中国企业多元化经营提升了经营风险（张敏和黄继承，2009；周泽将等，2015），现代资产组合理论等并不能阐释中国企业多元化经营的真实情境（吴国鼎和张会丽，2015），因此对中国管理者来说多元化经营决策并非一项降低风险的黄金策略，而是具有高度不确定性的经营战略。从风险承担影响路径的角度，吕文栋等（2015）实证检验了中国企业管理者异质性特征能够通过多元化经营提升企业风险承担水平；马宁（2018）也验证了多元化经营对企业风险承担存在一定程度的正向作用。具有复合型职业经历的 CEO 具备跨行业、跨企业等任职经历，在多元化经营过程中更有能力提高企业资源配置效率促进企业风险承担。因此，我们认为多元化经营可能是 CEO 复合型职业经历提升企业风险承担的影响路径之一。

第二，企业多元化经营可能是复合型 CEO 抵御风险的经营策略。首先，基于传统战略思想，企业多元化经营是为缓解专业化经营引发的风险而采取的战略，管理者通过多元化投资以分散收入来源并应对可能产生的经营与收益不确定性，卢闯等（2011）研究发现多元化经营能够降低企业的收益波动性。其次，多元化经营企业的内部资本市场能够一定程度上弥补外部正式制度的不足，交易成本由此降低，从而提高资金的内部流动及互补支持，缓解企业风险，因而管理者有可能基于上述目的提升多元化水平以降低风险，国外学者也将专业化经营作为提升企业风险承担的渠道（Ferris et al.，2017）。最后，对于拥有丰富职业经历的 CEO 来说，其积累的声誉与资源更强，在企业中相对具有更高的话语权，其采取多元化经营有可能是基于个人社会地位提高等自身利益角度，而非提升企业风险承担动机。

H6-2a：企业多元化经营在 CEO 复合型职业经历对企业风险承担的影响中发挥中介效应。

H6-2b：企业多元化经营在 CEO 复合型职业经历对企业风险承担的影响中没有发挥中介效应。

中介效应检验参考 Baron 和 Kenny（1986）、温忠麟和叶宝娟（2014）等的经典方法，具体模型包括（5-1）、（6-2）、（6-3），其中企业多元化经营（Div_n、Div_entro、Div_hhi）为中介变量，模型（5-1）检验 CEO 丰富的职业经历是否能够显著提升企业风险承担水平，模型（6-2）检验 CEO 职业经历丰富程度是否能够显著提升企业多元化经营水平，模型（6-3）检验 CEO 职业经历丰富度、多元化经营同时对企业风险承担水平的影响。模型（5-1）的结果已在第 5 章第 4 节列示，模型（6-2）的回归已在第 6 章第 4 节分析，但由于第 5 章被解释变量（$Risktaking$）计算需要设定连续 3 年窗口期，样本量与第 6 章相比存在缺失，因此同时列示模型（6-2）和模型（6-3）的具体回归结果。

$$Risktaking = \beta_0 + \beta_1 \times CEO\_CERI + \beta_i \times Controls + \varepsilon \tag{5-1}$$

$$Div(Lev) = \alpha_0 + \alpha_1 \times CEO\_CERI + \alpha_i \times Controls + \varepsilon \tag{6-2}$$

$$Risktaking = \gamma_0 + \gamma_1 \times Div(Lev) + \gamma_2 \times CEO\_CERI + \gamma_i \times Controls + \varepsilon \tag{6-3}$$

表 6-8、表 6-9 报告了中介效应的回归结果。其一，表 6-8 和表 6-9 关于多元化经营的中介效应结果显示，CEO 职业经历丰富度能够显著提升企业的多元化程度，而中介变量多元化经营对企业风险承担水平的回归系数在 1% 的统计水平下显著为正，结果与 H6-2a 一致。同时参考王朝阳等（2018）的研究，表 6-10 展示了中介效应结果推断结果，在 CEO 职业经历丰富度与企业风险承担的关系中，企业多元化经营起到部分中介作用。说明 CEO 丰富的职业经历可能通过促进企业多元化经营从而提升企业风险承担水平。

表 6-8　影响路径检验：CEO 复合型职业经历、多元化经营与企业风险承担（一）

变量名	（1） Div_n	（2） Div_entro	（3） Div_hhi
CEO_CERI	0.0146* (1.6717)	0.0083*** (2.0209)	−0.0045* (−1.9241)
Age	0.0041 (1.3327)	0.0029*** (1.9778)	−0.0019*** (−2.2168)
$Size$	0.0868*** (8.7782)	0.0581*** (12.5065)	−0.0289*** (−10.8982)
ROA	−0.0529 (−1.0343)	−0.0206 (−0.8580)	0.0146 (1.0633)

续表

变量名	(1) Div_n	(2) Div_entro	(3) Div_hhi
Growth	0.0016 (0.5147)	0.0028* (1.8800)	-0.0016* (-1.9062)
Tang	-0.1504*** (-3.5158)	-0.0582*** (-2.8990)	0.0422*** (3.6825)
RD	-0.4852 (-0.9802)	-0.3426 (-1.4739)	0.2494* (1.8788)
Board	0.0030 (0.5764)	0.0028 (1.1192)	-0.0019 (-1.3628)
Indep	-0.1503 (-1.1523)	-0.0279 (-0.4562)	0.0166 (0.4744)
SOE	0.0725*** (2.1700)	0.0505*** (3.2163)	-0.0199*** (-2.2157)
Top1	-0.1987*** (-2.6964)	-0.1538*** (-4.4435)	0.0964*** (4.8772)
CEOShare	-0.1075 (-1.0736)	-0.0424 (-0.9003)	0.0345 (1.2845)
Duality	-0.0141 (-0.8317)	-0.0043 (-0.5348)	0.0026 (0.5747)
CEOAge	0.0007 (0.6576)	-0.0000 (-0.0218)	-0.0001 (-0.2494)
CEOGender	-0.0289 (-1.0189)	-0.0048 (-0.3633)	0.0098 (1.2896)
CEOTenure	0.0001 (0.5806)	0.0001 (1.3539)	-0.0001 (-1.6429)
_cons	-0.0267 (-0.1134)	-0.8102*** (-7.3368)	1.3612*** (21.5868)
Industry	Yes	Yes	Yes
Year	Yes	Yes	Yes
N	15970	15970	15970
R^2	0.0365	0.0578	0.0530
F	12.2308	19.8114	18.0696
p	0.0000	0.0000	0.0000

注：***、**、*分别表示在1%、5%、10%统计水平上显著。

表 6-9　影响路径检验：CEO 复合型职业经历、多元化经营与企业风险承担（二）

变量名	(1) Risk1	(2) Risk1	(3) Risk1	(4) Risk2	(5) Risk2	(6) Risk2
Div_n	0. 1633 *** (2. 3749)			0. 3040 *** (2. 3932)		
Div_entro		0. 5661 *** (3. 8667)			1. 0436 *** (3. 8592)	
Div_hhi			− 1. 0662 *** (− 4. 1590)			− 1. 9660 *** (− 4. 1518)
CEO_CERI	0. 1387 *** (1. 9995)	0. 1363 *** (1. 9667)	0. 1362 *** (1. 9653)	0. 2489 * (1. 9431)	0. 2447 * (1. 9107)	0. 2445 * (1. 9092)
Age	0. 1457 *** (5. 9146)	0. 1447 *** (5. 8773)	0. 1444 *** (5. 8639)	0. 2630 *** (5. 7813)	0. 2613 *** (5. 7443)	0. 2606 *** (5. 7309)
Size	− 0. 7243 *** (− 9. 2310)	− 0. 7430 *** (− 9. 4445)	− 0. 7410 *** (− 9. 4324)	− 1. 3476 *** (− 9. 2979)	− 1. 3818 *** (− 9. 5090)	− 1. 3780 *** (− 9. 4970)
ROA	− 4. 1679 *** (− 10. 2919)	− 4. 1649 *** (− 10. 2882)	− 4. 1610 *** (− 10. 2793)	− 7. 7632 *** (− 10. 3784)	− 7. 7578 *** (− 10. 3749)	− 7. 7506 *** (− 10. 3661)
Growth	0. 0078 (0. 3118)	0. 0065 (0. 2593)	0. 0064 (0. 2536)	0. 0182 (0. 3921)	0. 0158 (0. 3399)	0. 0155 (0. 3342)
Tang	0. 7262 *** (2. 1445)	0. 7346 *** (2. 1704)	0. 7466 *** (2. 2058)	1. 3794 *** (2. 2054)	1. 3944 *** (2. 2305)	1. 4167 *** (2. 2659)
RD	5. 5187 (1. 4088)	5. 6334 (1. 4385)	5. 7054 (1. 4570)	9. 9440 (1. 3743)	10. 1540 (1. 4038)	10. 2868 (1. 4222)
Board	0. 0008 (0. 0194)	− 0. 0003 (− 0. 0063)	− 0. 0007 (− 0. 0180)	− 0. 0021 (− 0. 0268)	− 0. 0040 (− 0. 0523)	− 0. 0049 (− 0. 0640)
Indep	2. 0427 *** (1. 9785)	2. 0340 *** (1. 9708)	2. 0359 *** (1. 9728)	3. 5241 * (1. 8480)	3. 5076 * (1. 8400)	3. 5110 * (1. 8420)
SOE	0. 1790 (0. 6770)	0. 1623 (0. 6138)	0. 1697 (0. 6420)	0. 3496 (0. 7157)	0. 3189 (0. 6531)	0. 3326 (0. 6812)
Top1	− 5. 4296 *** (− 9. 3103)	− 5. 3750 *** (− 9. 2156)	− 5. 3593 *** (− 9. 1881)	− 10. 0340 *** (− 9. 3149)	− 9. 9339 *** (− 9. 2209)	− 9. 9049 *** (− 9. 1934)
CEOShare	− 1. 5563 *** (− 1. 9633)	− 1. 5499 * (− 1. 9560)	− 1. 5370 * (− 1. 9399)	− 2. 7990 * (− 1. 9118)	− 2. 7875 * (− 1. 9046)	− 2. 7639 * (− 1. 8885)
Duality	− 0. 0758 (− 0. 5652)	− 0. 0757 (− 0. 5646)	− 0. 0754 (− 0. 5619)	− 0. 1534 (− 0. 6188)	− 0. 1532 (− 0. 6184)	− 0. 1525 (− 0. 6156)
CEOAge	0. 0128 (1. 4939)	0. 0129 (1. 5088)	0. 0128 (1. 4992)	0. 0251 (1. 5868)	0. 0253 (1. 6018)	0. 0251 (1. 5922)

续表

变量名	（1） Risk1	（2） Risk1	（3） Risk1	（4） Risk2	（5） Risk2	（6） Risk2
CEOGender	−0. 0723 （−0. 3223）	−0. 0743 （−0. 3313）	−0. 0666 （−0. 2969）	−0. 1218 （−0. 2941）	−0. 1256 （−0. 3032）	−0. 1114 （−0. 2689）
CEOTenure	0. 0001 （0. 0943）	0. 0001 （0. 0608）	0. 0001 （0. 0470）	0. 0005 （0. 1913）	0. 0004 （0. 1580）	0. 0004 （0. 1441）
_cons	17. 8316*** （9. 5830）	18. 2858*** （9. 8107）	19. 2785*** （10. 1875）	33. 6866*** （9. 8013）	34. 5240*** （10. 0280）	36. 3546*** （10. 4007）
Industry	Yes	Yes	Yes	Yes	Yes	Yes
Year	Yes	Yes	Yes	Yes	Yes	Yes
N	15970	15970	15970	15970	15970	15970
R^2	0. 0854	0. 0861	0. 0862	0. 0867	0. 0874	0. 0875
F	29. 4373	29. 6796	29. 7407	29. 9336	30. 1725	30. 2335
p	0. 0000	0. 0000	0. 0000	0. 0000	0. 0000	0. 0000

注：＊＊＊、＊＊、＊分别表示在 1%、5%、10%统计水平上显著。

表 6-10　影响路径检验推断

检验步骤	（1）解释变量 *CEO_ CERI* 对被解释变量 *Risktaking* 的总效应 *c*	（2）解释变量 *CEO_CERI* 对中介变量 *M* 的效应 *a*，控制解释变量后，中介变量 *M* 对被解释变量 *Risktaking* 的效应 *b*	（3）控制中介变量之后，解释变量对被解释变量的直接效应 *c'*	（4）检验 *ab* 与 *c'* 是否同号，推断中介效应并计算中介占比
检验结果 *Risk*1	$c=0.1411^{***}$ 可能存在中介效应	$a_1=0.0146^*$，$b_1=0.1633^{***}$ $a_2=0.0083^{***}$，$b_2=0.5661^{***}$ $a_3=-0.0045^*$，$b_3=-1.0662^{***}$ *a*、*b* 均显著，说明企业多元化经营的间接效应显著	$c_1'=0.1387^{***}$ $c_2'=0.1363^{***}$ $c_3'=0.1362^{***}$ 直接效应显著，可能存在其他中介	*ab* 与 *c'* 同号，企业多元化经营具有部分中介效应，占比为 $a_1b_1/c_1=0.0169$ $a_2b_2/c_2=0.0333$ $a_3b_3/c_3=0.0340$
检验结果 *Risk*2	$c=0.2533^{***}$ 可能存在中介效应	$a_1=0.0146^*$，$b_1=0.3040^{***}$ $a_2=0.0083^{***}$，$b_2=1.0436^{***}$ $a_3=-0.0045^*$，$b_3=-1.9660^{***}$ *a*、*b* 均显著，说明企业多元化经营的间接效应显著	$c_1'=0.2489^*$ $c_2'=0.2447^*$ $c_3'=0.2445^*$ 直接效应显著，可能存在其他中介	*ab* 与 *c'* 同号，企业多元化经营具有部分中介效应，占比为 $a_1b_1/c_1=0.0175$ $a_2b_2/c_2=0.0342$ $a_3b_3/c_3=0.0349$

6.6.2 CEO 复合型职业经历对企业多元化经营作用机制检验：信息资源与能力效应视角

第 6 章主假设 H6-1 提出过程中，通过理论分析拥有丰富职业经历的 CEO 能够通过两项主要路径影响企业多元化经营，其一是通过积累的社会网络为企业带来信息优势，缓解信息不对称，为多元化经营提供资源支持；其二是通过培养的管理经验提升经营管理能力，促进企业多元化经营，以上两条作用机制完善了多元化经营所需的资源及能力，使得 CEO 职业经历丰富度高的企业具备多元化经营的条件。在第 6 章主假设 H6-1 得到验证的基础上，本书试图从信息资源和管理者能力两个角度研究上述假设逻辑是否成立。

首先，基于信息资源视角，我们比较不同外部信息机制下 CEO 职业经历丰富度对企业多元化程度影响的差异。分析师和审计师作为重要的信息中介，能够提升企业信息透明度，缓解信息不对称（Jensen 和 Meckling，1976；李春涛等，2014；傅超等，2020），依据假设逻辑，CEO 职业经历丰富度可能在缓解信息不对称方面与外部信息中介存在替代关系。参考周楷唐等（2017）的研究，我们使用分析师关注度（Ana）和是否为四大会计师事务所审计（Big4）两个变量衡量信息中介质量，Ana 为虚拟变量，根据企业被分析师跟踪数的年度样本中位数划分，高于中位数的样本 Ana 为 1，即分析师关注度高，否则为 0，表示分析师关注度低；Big4 也为虚拟变量，当企业当年被四大事务所审计则 Big4 设置为 1，表示审计信息中介质量高，否则为 0。表 6-11 和表 6-12 报告了该作用机制的检验结果。由表 6-11 可知，当企业分析师关注度较低时，CEO 职业经历丰富度对企业多元化经营的促进作用更强，同时似无相关检验（SUR）显示组间系数差异显著；同时表 6-12 显示，与四大事务所审计的企业相比，非四大事务所审计的企业，CEO 职业经历丰富度对企业多元化经营的影响更为显著，结果同样通过了基于似无相关模型的组间系数差异检验。因此验证，CEO 职业经历通过 CEO 个体的资源积累拓宽隐性信息渠道，从而弥补企业可能存在的信息中介方面的不足，缓解企业的信息不对称，促进企业多元化经营的开展。

表 6-11 CEO 复合型职业经历与企业多元化经营的作用机制：信息资源视角（一）

变量名	(1) Div_n Ana=1	(2) Div_n Ana=0	(3) Div_entro Ana=1	(4) Div_entro Ana=0	(5) Div_hhi Ana=1	(6) Div_hhi Ana=0
CEO_CERI	-0.0118 (-1.0826)	0.0252* (1.6543)	-0.0037 (-0.7174)	0.0098 (1.3846)	0.0031 (1.0541)	-0.0068* (-1.7139)

续表

变量名	(1) Div_n Ana=1	(2) Div_n Ana=0	(3) Div_entro Ana=1	(4) Div_entro Ana=0	(5) Div_hhi Ana=1	(6) Div_hhi Ana=0
Age	-0.0015 (-0.4467)	0.0057 (0.9995)	0.0008 (0.4699)	0.0026 (0.9926)	-0.0005 (-0.5543)	-0.0018 (-1.2120)
Size	0.0762*** (6.2097)	0.1006*** (4.9274)	0.0546*** (9.4801)	0.0636*** (6.7241)	-0.0271*** (-8.1875)	-0.0304*** (-5.6872)
Growth	0.0011 (0.2560)	-0.0036 (-0.6585)	0.0025 (1.3119)	0.0010 (0.3913)	-0.0012 (-1.0852)	-0.0006 (-0.3916)
ROA	-0.0240 (-0.2345)	0.0224 (0.1256)	0.0133 (0.2769)	0.0208 (0.2517)	-0.0056 (-0.2044)	-0.0057 (-0.1232)
Tang	-0.2173*** (-3.8511)	-0.1677*** (-2.1894)	-0.0822*** (-3.1031)	-0.0856*** (-2.4132)	0.0577*** (3.7930)	0.0614*** (3.0593)
Lev	0.0847 (1.5669)	0.2326*** (2.8677)	0.0499*** (1.9679)	0.0869*** (2.3106)	-0.0327*** (-2.2415)	-0.0497*** (-2.3347)
Cfo	-0.0871 (-1.5589)	-0.0332 (-0.3808)	-0.0543*** (-2.0688)	-0.0443 (-1.0983)	0.0292* (1.9381)	0.0249 (1.0883)
Board	0.0106* (1.6455)	0.0013 (0.1406)	0.0055* (1.8088)	0.0015 (0.3383)	-0.0035*** (-2.0077)	-0.0010 (-0.4065)
Indep	0.0848 (0.5213)	-0.3663 (-1.5936)	0.0670 (0.8771)	-0.2475*** (-2.3229)	-0.0270 (-0.6149)	0.1341*** (2.2240)
SOE	0.1159*** (2.9069)	0.0226 (0.3538)	0.0649*** (3.4695)	0.0422 (1.4289)	-0.0315*** (-2.9311)	-0.0136 (-0.8128)
Top1	-0.2477*** (-2.6529)	-0.2864*** (-2.2605)	-0.1600*** (-3.6500)	-0.1747*** (-2.9753)	0.1027*** (4.0798)	0.0997*** (3.0026)
CEOShare	-0.0706 (-0.5748)	-0.1387 (-0.7405)	-0.0105 (-0.1812)	-0.0832 (-0.9591)	0.0204 (0.6151)	0.0379 (0.7709)
Duality	0.0072 (0.3423)	-0.0518* (-1.7436)	0.0034 (0.3473)	-0.0282*** (-2.0500)	-0.0021 (-0.3668)	0.0159*** (2.0374)
CEOAge	0.0000 (0.0296)	0.0042*** (2.1854)	-0.0008 (-1.2221)	0.0020*** (2.2168)	0.0004 (1.1349)	-0.0011*** (-2.1581)
CEOGender	-0.0306 (-0.8832)	-0.0047 (-0.0916)	-0.0071 (-0.4379)	0.0047 (0.1995)	0.0146 (1.5599)	0.0007 (0.0495)
CEOTenure	0.0003 (1.3327)	-0.0002 (-0.6763)	0.0002*** (2.0158)	0.0000 (0.2358)	-0.0001*** (-2.5365)	-0.0000 (-0.0726)

变量名	(1) Div_n Ana = 1	(2) Div_n Ana = 0	(3) Div_entro Ana = 1	(4) Div_entro Ana = 0	(5) Div_hhi Ana = 1	(6) Div_hhi Ana = 0
_cons	0.1297 (0.4494)	-0.7636 (-1.5852)	-0.7801*** (-5.7579)	-1.0590*** (-4.7437)	1.3372*** (17.1851)	1.4626*** (11.5799)
Industry	Yes	Yes	Yes	Yes	Yes	Yes
Year	Yes	Yes	Yes	Yes	Yes	Yes
SUREST	5.89 (0.0152)		4.77 (0.0289)		6.18 (0.0129)	
N	10630	6820	10630	6820	10630	6820
R^2	0.0418	0.0459	0.0666	0.0681	0.0621	0.0633
F	8.1298	5.2718	13.2933	8.0103	12.3413	7.4120
p	0.0000	0.0000	0.0000	0.0000	0.0000	0.0000

注：***、**、*分别表示在1%、5%、10%统计水平上显著。

表 6-12 CEO 复合型职业经历与企业多元化经营的作用机制：信息资源视角（二）

变量名	(1) Div_n Big4 = 1	(2) Div_n Big4 = 0	(3) Div_entro Big4 = 1	(4) Div_entro Big4 = 0	(5) Div_hhi Big4 = 1	(6) Div_hhi Big4 = 0
CEO_CERI	-0.0529 (-1.4476)	0.0180*** (2.1124)	-0.0256* (-1.8591)	0.0090*** (2.2550)	0.0146*** (2.0442)	-0.0048*** (-2.1020)
Age	0.0276*** (2.0882)	0.0003 (0.1086)	0.0127*** (2.5567)	0.0023* (1.6579)	-0.0074*** (-2.8397)	-0.0013 (-1.6203)
Size	-0.1856*** (-2.7259)	0.0872*** (8.6736)	-0.0535*** (-2.0858)	0.0553*** (11.6637)	0.0360*** (2.7017)	-0.0285*** (-10.4954)
Growth	-0.0063 (-0.3257)	0.0007 (0.2123)	-0.0044 (-0.5951)	0.0025* (1.6840)	0.0024 (0.6404)	-0.0014* (-1.6477)
ROA	-0.9130 (-1.5291)	-0.0103 (-0.1226)	-0.2223 (-0.9888)	0.0158 (0.3971)	0.1365 (1.1675)	-0.0056 (-0.2442)
Tang	-0.3361 (-1.3108)	-0.2206*** (-5.1355)	-0.1869* (-1.9366)	-0.0952*** (-4.7005)	0.0961* (1.9131)	0.0611*** (5.2585)
Lev	0.1071 (0.4165)	0.1551*** (3.6696)	0.0492 (0.5082)	0.0813*** (4.0777)	0.0171 (0.3395)	-0.0487*** (-4.2585)
Cfo	-0.2334 (-0.7809)	-0.0656 (-1.4732)	-0.1245 (-1.1064)	-0.0500*** (-2.3814)	0.0387 (0.6605)	0.0259*** (2.1522)

续表

变量名	(1) Div_n Big4 = 1	(2) Div_n Big4 = 0	(3) Div_entro Big4 = 1	(4) Div_entro Big4 = 0	(5) Div_hhi Big4 = 1	(6) Div_hhi Big4 = 0
Board	0.0428*** (2.3814)	0.0033 (0.6364)	0.0269*** (3.9736)	0.0015 (0.5924)	−0.0145*** (−4.1051)	−0.0011 (−0.7445)
Indep	0.3042 (0.6944)	−0.1463 (−1.1202)	0.0677 (0.4107)	−0.0617 (−1.0028)	−0.0296 (−0.3453)	0.0394 (1.1152)
SOE	0.1945 (0.8423)	0.0748*** (2.3216)	0.0563 (0.6481)	0.0547*** (3.6012)	−0.0367 (−0.8120)	−0.0210*** (−2.4123)
Top1	−0.1822 (−0.4859)	−0.2302*** (−3.2208)	0.1908 (1.3513)	−0.1485*** (−4.4058)	−0.0904 (−1.2302)	0.0989*** (5.1114)
CEOShare	0.4335 (0.2853)	−0.0679 (−0.7179)	−0.0109 (−0.0191)	−0.0160 (−0.3581)	−0.0024 (−0.0079)	0.0165 (0.6434)
Duality	0.0227 (0.3160)	−0.0128 (−0.7766)	0.0152 (0.5609)	−0.0031 (−0.4056)	−0.0034 (−0.2405)	0.0021 (0.4732)
CEOAge	−0.0035 (−0.7307)	0.0013 (1.2509)	−0.0026 (−1.4684)	0.0001 (0.3012)	0.0011 (1.2143)	−0.0001 (−0.4781)
CEOGender	−0.1919* (−1.6601)	−0.0211 (−0.7653)	−0.1464*** (−3.3629)	0.0047 (0.3586)	0.0814*** (3.5935)	0.0039 (0.5158)
CEOTenure	−0.0003 (−0.4904)	0.0001 (0.8659)	0.0003 (1.3506)	0.0001 (1.1761)	−0.0002 (−1.5556)	−0.0001 (−1.4777)
_cons	7.1930*** (4.4086)	−0.0690 (−0.2960)	2.4558*** (3.9979)	−0.7717*** (−7.0232)	−0.4703 (−1.4716)	1.3597*** (21.5684)
Industry	Yes	Yes	Yes	Yes	Yes	Yes
Year	Yes	Yes	Yes	Yes	Yes	Yes
SUREST	4.05 (0.0442)		5.89 (0.0152)		6.43 (0.0112)	
N	967	16483	967	16483	967	16483
R^2	0.1093	0.0437	0.2125	0.0684	0.2013	0.0646
F	2.5765	14.5758	5.6669	23.4304	5.2911	22.0169
p	0.0000	0.0000	0.0000	0.0000	0.0000	0.0000

注：***、**、*分别表示在1%、5%、10%统计水平上显著。

　　其次，基于认知能力视角，我们检验 CEO 职业经历丰富度与管理者能力的关系，验证丰富的职业经历是否提升了 CEO 的管理能力，从而提升企业多元化经营水平。参考 Dermerjian 等（2012）、何威风和刘巍（2015）的研究，采用学者普遍使用的较为权威的 DEA 两阶段模型测量管理者能力（*Ability*）。表6-13 报告了该作用机制的检验结果。列（1）表明丰富的职业经历能够显著提升管理者能力，表6-12 列（2）、列（3）、列（4）显示管理者能力与企业多元化经营存在显著的正向关系，由此推断管理者能力作为二者关系的中介，即 CEO 职业经历丰富度通过提升管理能力，促进企业多元化经营，验证能力视角的作用机制成立。

表6-13　CEO 复合型职业经历与企业多元化经营的作用机制：管理者能力视角

变量名	（1） *Ability*	（2） *Div_n*	（3） *Div_entro*	（4） *Div_hhi*
CEO_CERI	0.0009***	0.0123	0.0066*	−0.0035
	（2.9075）	（1.4977）	（1.7143）	（−1.5837）
Ability		1.2515***	0.8039***	−0.4470***
		（5.8116）	（7.9704）	（−7.7572）
Age	0.0008***	−0.0005	0.0012	−0.0007
	（7.0032）	（−0.1858）	（0.9038）	（−0.9008）
Size	0.0316***	0.0397***	0.0282***	−0.0128***
	（84.2056）	（3.3478）	（5.0648）	（−4.0239）
Growth	−0.0006***	0.0014	0.0031***	−0.0017***
	（−4.7421）	（0.4667）	（2.1395）	（−2.0862）
ROA	−0.0041	−0.0255	0.0035	0.0003
	（−1.2505）	（−0.3036）	（0.0888）	（0.0116）
Tang	0.0696***	−0.2840***	−0.1397***	0.0862***
	（42.4495）	（−6.3136）	（−6.6288）	（7.1604）
Lev	−0.0039***	0.1404***	0.0753***	−0.0446***
	（−2.4249）	（3.3701）	（3.8592）	（−4.0043）
Cfo	−0.0002	−0.0603	−0.0456***	0.0232*
	（−0.1139）	（−1.3617）	（−2.1985）	（1.9573）
Board	0.0001	0.0031	0.0025	−0.0015
	（0.7715）	（0.6138）	（1.0670）	（−1.1433）
Indep	−0.0037	−0.1246	−0.0462	0.0292
	（−0.7633）	（−0.9982）	（−0.7907）	（0.8745）
SOE	−0.0006	0.0886***	0.0579***	−0.0240***
	（−0.4998）	（2.7866）	（3.8856）	（−2.8227）
*Top*1	−0.0221***	−0.2089***	−0.1446***	0.0946***
	（−8.3139）	（−3.0253）	（−4.4709）	（5.1187）

续表

变量名	(1) Ability	(2) Div_n	(3) Div_entro	(4) Div_hhi
CEOShare	−0.0092 *** (−2.5175)	−0.1012 (−1.0745)	−0.0306 (−0.6926)	0.0256 (1.0165)
Duality	−0.0003 (−0.5267)	−0.0051 (−0.3164)	−0.0007 (−0.0961)	0.0008 (0.1897)
CEOAge	0.0000 (1.1108)	0.0008 (0.7677)	−0.0001 (−0.1142)	−0.0000 (−0.1203)
CEOGender	0.0031 *** (2.9956)	−0.0277 (−1.0258)	−0.0028 (−0.2218)	0.0084 (1.1658)
CEOTenure	0.0000 *** (2.6856)	0.0001 (0.9445)	0.0001 (1.5708)	−0.0001 * (−1.9061)
_cons	−0.2064 *** (−23.4787)	0.3538 (1.5265)	−0.5724 *** (−5.2726)	1.2345 *** (19.9035)
Industry	Yes	Yes	Yes	Yes
Year	Yes	Yes	Yes	Yes
Industry	Yes	Yes	Yes	Yes
Year	Yes	Yes	Yes	Yes
N	17270	17270	17270	17270
R^2	0.5943	0.0418	0.0691	0.0645
F	491.7078	14.3188	24.3385	22.6109
p	0.0000	0.0000	0.0000	0.0000

注：＊＊＊、＊＊、＊分别表示在 1%、5%、10% 统计水平上显著。

6.6.3　CEO 复合型职业经历、企业多元化经营与企业价值

基于多元化经营创造企业价值还是损毁企业价值的争论伴随多元化经营的演变发展，至今没有统一的答案。依据能力匹配观点，多元化经营和专业化经营并无绝对的高低参差，而是投资经营与企业自身能力和资源匹配程度的差异造就不同的结果。多元化经营能否促进企业长久健康发展，与管理者的个人特质具有密切的关系，接下来本书从经济后果的角度，探究拥有丰富职业经历的 CEO 在实施多元化经营战略后，是否提升了企业价值。参考游家兴和邹雨菲（2014）的研究，使用托宾 Q 值（TobinQ）测度企业价值，将其作为被解释变量，将 CEO_CERI 和多元化程度（Div_n，Div_entro，Div_hhi）作为解释变量进行回归检验，

并加入二者中心化后的交互项（$Div\_n * CEO\_CERI$，$Div\_entro * CEO\_CERI$，$Div\_hhi * CEO\_CERI$），控制变量同模型（6-1）。表 6-14 报告了经济后果的检验结果，列（1）至列（3）将当期的托宾 Q 值（$TobinQ$）作为被解释变量进行回归，结果显示，CEO_CERI，Div_entro，Div_hhi 的回归系数基本在 1% 水平下显著，但交互项结果并未十分显著，当期的价值协同效应暂不明显；列（4）至列（6）将下一期的托宾 Q 值（$F.TobinQ$）作为被解释变量进行回归，其中 $Div\_n * CEO\_CERI$，$Div\_entro * CEO\_CERI$，$Div\_hhi * CEO\_CERI$ 均在 1% 的水平下显著，可见对企业价值的促进作用明显。由此可知，从资本市场企业发展的长期视角来看，拥有复合型职业经历的 CEO 开展多元化经营，对企业价值发挥正向提升效应。

表 6-14　经济后果检验：CEO 复合型职业经历、多元化经营与企业价值

变量名	(1) $TobinQ$	(2) $TobinQ$	(3) $TobinQ$	(4) $F.TobinQ$	(5) $F.TobinQ$	(6) $F.TobinQ$
Div_n	0.0537 (1.5376)			0.0721*** (4.1252)		
$Div\_n *$ CEO_CERI	-0.0364 (-1.2082)			0.0312*** (2.0230)		
Div_entro		0.1603*** (2.1454)			0.1404*** (3.7665)	
$Div\_entro *$ CEO_CERI		-0.0686 (-1.1800)			0.0762*** (2.5600)	
Div_hhi			-0.2919*** (-2.2333)			-0.2584*** (-3.9483)
$Div\_hhi *$ CEO_CERI			0.1261 (1.1974)			-0.1323*** (-2.4410)
CEO_CERI	0.1291*** (2.0752)	0.0997*** (2.2278)	-0.0257 (-0.3061)	-0.0363 (-1.1426)	-0.0200 (-0.8747)	0.1138*** (2.6247)
Age	0.1232*** (10.5864)	0.1230*** (10.5692)	0.1230*** (10.5686)	0.1103*** (17.8426)	0.1105*** (17.8645)	0.1105*** (17.8700)
$Size$	-1.3313*** (-32.8789)	-1.3363*** (-32.8880)	-1.3355*** (-32.9057)	-0.6546*** (-30.8139)	-0.6565*** (-30.8169)	-0.6563*** (-30.8364)
ROA	1.7726*** (5.2214)	1.7760*** (5.2320)	1.7781*** (5.2384)	0.5352*** (2.8869)	0.5296*** (2.8568)	0.5300*** (2.8592)

续表

变量名	（1） TobinQ	（2） TobinQ	（3） TobinQ	（4） F. TobinQ	（5） F. TobinQ	（6） F. TobinQ
Growth	−0.0082 （−0.6324）	−0.0085 （−0.6572）	−0.0085 （−0.6587）	−0.0028 （−0.4479）	−0.0031 （−0.4931）	−0.0031 （−0.4902）
Tang	−0.6477 *** （−3.6853）	−0.6471 *** （−3.6825）	−0.6446 *** （−3.6674）	0.1042 （1.1659）	0.1012 （1.1327）	0.1037 （1.1602）
Cfo	−0.0786 （−0.4260）	−0.0734 （−0.3976）	−0.0738 （−0.4002）	0.0249 （0.2814）	0.0237 （0.2675）	0.0227 （0.2563）
Board	−0.0452 *** （−2.1675）	−0.0454 *** （−2.1769）	−0.0454 *** （−2.1811）	0.0251 *** （2.4008）	0.0248 *** （2.3773）	0.0248 *** （2.3738）
Indep	0.2534 （0.4849）	0.2525 （0.4833）	0.2555 （0.4890）	0.4821 * （1.8503）	0.4724 * （1.8136）	0.4702 * （1.8050）
SOE	−0.3921 *** （−2.9016）	−0.3965 *** （−2.9342）	−0.3943 *** （−2.9188）	−0.3038 *** （−4.2415）	−0.3058 *** （−4.2682）	−0.3039 *** （−4.2438）
Top1	−1.1190 *** （−3.8363）	−1.1089 *** （−3.8008）	−1.1061 *** （−3.7909）	−0.6949 *** （−4.5058）	−0.6903 *** （−4.4753）	−0.6835 *** （−4.4307）
CEOShare	−1.2179 *** （−3.0949）	−1.2189 *** （−3.0976）	−1.2161 *** （−3.0904）	−0.7643 *** （−3.8984）	−0.7605 *** （−3.8790）	−0.7601 *** （−3.8766）
Duality	0.1939 *** （2.8817）	0.1939 *** （2.8822）	0.1939 *** （2.8826）	−0.0171 （−0.5028）	−0.0193 （−0.5680）	−0.0193 （−0.5671）
CEOAge	−0.0040 （−0.9291）	−0.0039 （−0.9083）	−0.0039 （−0.9127）	0.0009 （0.4188）	0.0009 （0.4298）	0.0009 （0.4209）
CEOGender	0.1912 * （1.6879）	0.1892 * （1.6702）	0.1911 * （1.6873）	−0.0135 （−0.2338）	−0.0138 （−0.2389）	−0.0109 （−0.1890）
CEOTenure	−0.0002 （−0.2986）	−0.0002 （−0.3225）	−0.0002 （−0.3298）	0.0006 * （1.8180）	0.0006 * （1.8209）	0.0006 * （1.7931）
_cons	30.4571 *** （31.1960）	30.5946 *** （31.2539）	30.8611 *** （31.0273）	13.9698 *** （28.1183）	14.0830 *** （28.2518）	14.3257 *** （28.2675）
Industry	Yes	Yes	Yes	Yes	Yes	Yes
Year	Yes	Yes	Yes	Yes	Yes	Yes
N	16915	16915	16915	12383	12383	12383
R^2	0.1571	0.1572	0.1572	0.3339	0.3338	0.3339
F	59.5027	59.5606	59.5727	115.4378	115.4217	115.4403
p	0.0000	0.0000	0.0000	0.0000	0.0000	0.0000

注：***、**、*分别表示在 1%、5%、10%统计水平上显著。

6.7 本章小结

近年来，随着科技的快速升级以及经济全球化的持续发展，"跨界""企业生态""价值网"等新概念不断重塑企业的边界，在中国曾被企业竞相采用又被视如猛虎的多元化经营战略，进入了新的发展阶段，针对多元化经营的争论也从未停歇，多元化经营能否促进企业长久健康发展，与管理者的个人风格具有密切的关系，基于高层梯队理论探究管理者异质性的作用具有重要意义。CEO 的职业经历能够塑造其认知和价值观，积累丰富的资源，培养综合管理技能，形成独特的管理风格（Crossland et al.，2014；Custódio et al.，2017），并对企业经营管理决策产生影响，但目前尚无文献研究 CEO 职业经历丰富度对企业多元化经营的作用，因此本章通过理论及实证方法探究两者的关系。

以 2007～2018 年中国沪深 A 股上市公司为样本，运用手工收集的 CEO 职业经历数据集，基于高层梯队理论、资源基础理论等，对 CEO 复合型职业经历对企业多元化经营的影响效应进行理论分析与实证检验。研究发现，CEO 复合型职业经历有助于促进企业多元化经营，该结论在一系列内生性检验后依然稳健。作用机制的检验结果发现，CEO 复合型职业经历能够通过提升管理者能力、完善信息机制提升企业的多元化经营程度。经济后果的检验表明，CEO 复合型职业经历与企业多元化经营在提升长期企业价值方面发挥了一定的协同效应，即拥有复合型职业经历的 CEO 能够通过多元化经营创造企业价值。最后回归风险承担议题，验证多元化经营是 CEO 复合型职业经历提升企业风险承担的影响路径，即"CEO 职业经历丰富度—多元化经营—企业风险承担"路径成立。

第7章 CEO复合型职业经历与企业资本结构

第7章从企业财务风险承担的视角探究CEO复合型职业经历与企业资本结构及风险承担水平的关系。资本结构决策是企业融资的关键，是影响企业成长发展的财务决策，同时也是企业风险性决策之一，尤其负债水平通常是企业风险承担的重要体现。作为企业财务决策的关键制定者，CEO的融资能力与融资偏好会影响企业的资本结构，而丰富的职业经历可能会为CEO积累隐性资源并完善风险认知。因此本章基于高层梯队理论，理论推导并实证分析CEO复合型职业经历对企业资本结构的影响效应与作用情境。最后聚焦企业风险承担，实证经验负债融资是否作为CEO复合型职业经历提升企业风险承担的影响路径。

7.1 问题提出

资本结构决策是最重要的企业财务决策之一，其不仅关乎企业的资金来源与财务风险，还与企业经营、投资、分配活动息息相关。对中国企业来说，负债融资是最主要的融资方式，但由于我国长期存在的负债结构性问题，信贷资源错配导致许多企业持续面临严峻的融资约束（钟宁桦等，2016；李志生等，2020），可见资本结构决策不仅取决于企业融资偏好，更受到企业融资能力的影响。学术界对资本结构的探讨也从未停歇，如何制定促进企业可持续发展的资本结构策略成为研究的重点，从最初基于理性人假设的权衡理论与新优序融资理论，到基于有限理性及非理性的高层梯队理论及行为金融理论等，随着研究的深入，管理者异质性成为不可忽视的重要研究因素。基于高层梯队理论（Hambrick和Mason，1984），管理者人口统计学特质能够在一定程度上体现管理者内在特质的差异，其中职业经历反映了管理者的相关能力与资源的积累，不可避免地对企业的融资行为，尤其是资本结构发挥作用。

目前已有文献探讨管理者职业经历与企业资本结构决策的关系主要从管理风格及专业技能两个视角展开。从管理风格视角，Malmendier 等（2011）、赖黎等（2016）发现从军经历塑造管理者冒进的风格，从而偏好更为冒险的融资决策，体现为财务杠杆较高，风险较高；Benmelech 和 Frydman（2015）却从相反的角度，验证由于军事生活进行更多伦理教育，拥有军队背景的 CEO 倾向稳健财务行为，财务杠杆更低；Graham 等（2013）、Custódio 和 Metzger（2014）、何瑛和张大伟（2015）等发现具有财务经历的 CEO 债务融资水平更高。从职业经历提升专业技能的角度，Frank 和 Goyal（2006）曾试图研究高管财务及技术背景与公司财务杠杆的关系；姜付秀和黄继承（2013）实证验证了具备财务任职背景的管理者能够优化企业资本结构。已有关于管理者职业经历与企业资本结构的研究多聚焦于单一特殊职业经历，而从职业生涯视角考虑，诸多管理者不仅有单一职业经历，还具有多维度的复合型职业经历，与专才型高管相比，复合型高管更加高调，在职业经理人市场的议价能力更强（Dasgupta 和 Ding，2010）；更重要的是管理者职业经历的丰富程度在其综合技能的提升、风险认知偏好、社会资源的积累等方面发挥显著作用，进而影响公司的财务行为（Crossland 等，2014；赵子夜等，2018）。然而目前仅有 Hu 和 Liu（2015）从资源基础理论及信息不对称理论出发，实证检验了职业经历丰富的高管能够缓解上市公司的融资约束，但并未对企业资本结构决策这一关键的融资行为进行深入研究。因此本章从理论和实证两方面验证 CEO 职业经历丰富度对企业资本结构的影响效应如何，管理自主权是否发挥调节作用？从静态与动态视角综合考虑，CEO 职业经历丰富度是否有助于优化企业资本结构？CEO 职业经历丰富度是否能够通过提升企业负债水平最终影响企业风险承担？

基于高层梯队理论，以 2007~2018 年中国 A 股上市公司为样本，运用手工收集的 CEO 职业经历数据集构建核心研究变量，实证检验 CEO 职业经历丰富度对企业资本结构决策的影响。研究结果表明，CEO 职业丰富度提升了企业的负债融资水平，该结果在 CEO 自主权较大的情况下更为显著。从动态决策视角，CEO 职业经历丰富度促进了企业资本结构动态调整，综合来看，CEO 职业经历丰富度提高了资本结构决策质量与效率。从财务风险承担视角，CEO 复合型职业经历通过提升企业负债融资水平进而促进企业风险承担。

本章的研究意义如下：首先，聚焦 CEO 职业经历丰富度对企业资本结构的影响效应，从微观视角丰富了资本结构相关理论，是企业资本结构影响研究的有益补充，为探究企业最优资本结构决策提供视角。其次，拓展了 CEO 职业经历多样性的经济后果的实证检验结论，是对高层梯队理论的增益研究，目前关于 CEO 职业经历多样性的研究聚焦创新、战略等经营投资活动，本书从负债融资角度进行了补充。最后，管理者异质性是企业资本结构决策研究不可忽视的要素，研究发现 CEO 职业经历丰富度对企业资本结构质量及效率均有促进作用，对促进企业优化资本结构、推动宏观经济高质量发展具有参考意义。

7.2　研究假设

CEO 作为企业重要的人力资本，其个人特质会对企业财务决策发挥关键作用，管理者职业经历的丰富程度能够影响其风险认知、管理技能及社会资源，从而影响企业的资本结构决策。

第一，从风险认知视角，复合型职业经历有助于缓解管理者的风险规避倾向，从而提高企业的负债水平。首先，基于烙印理论，丰富的职业经历意味着 CEO 曾面临多种管理情境的不确定性，使其对风险活动的了解更为全面，从而影响 CEO 的决策行为偏好。管理者的个人特质是管理风格的重要塑造途径（葛永波，2016），Schoar 和 Zou（2017）从烙印理论出发，实证检验了管理者开启职业生涯时的经济环境对他们之后的职业路径和管理风格有长期的影响；相似地，管理者的从军经历会导致其风险偏好提升（Killgore et al.，2008）。多组织多地域的环境切换，培养其处理高压情况的能力与信心，改善管理者规避风险的天性，抑制管理者防御行为。其次，基于高层梯队理论，多样化职业经历在某种程度上代表该 CEO 可承受风险较高，跨企业、跨行业任职的 CEO 经历的不确定性要高于单一职业经历 CEO，其承受风险的阈值也相对更高，Graham 等（2013）曾验证与 CFO 相比，CEO 具有更多元的职业路径，更乐观，风险承担水平更高，进而影响其资本结构决策；Custódio 等（2017）发现拥有多元职业经历的 CEO，其风险容忍度更高。基于行为一致性观点，CEO 的风险偏好会影响公司的资本决策（Cronqvist 等，2012），由于刚性成本的存在，负债融资可能导致企业财务风险的提升，具有复合型职业经历的 CEO 风险认知更为全面，风险承受能力更强，相对更能接受负债融资方式。

第二，从人力资本视角，多元化的职业经历能够提升 CEO 的知识技能及社会资源，从而提高企业的负债水平。首先，多样性的职业经历有助于提升 CEO 的融资专业知识，加深对于负债融资的认知。资本结构决策是一项专业要求较高的财务决策，需要决策人员具备相关的专业知识及技能，拥有财务任职背景的 CEO 更了解负债对于企业价值的提升作用（姜付秀和黄继承，2013），跨职位、跨企业等任职的 CEO 对企业各经营管理环节了解更为全面，曾亲身参与资本结构决策制定的可能性高，因此更有可能积累相关的专业知识，从而更可能游刃有余地运用负债融资工具以提升财务杠杆效应及税盾效应。其次，丰富的职业经历帮助 CEO 积累人脉、声望、影响力等隐性资源，构建社会网络，缓解融资约束。Hu 和 Liu（2015）曾检验在多单位任职过的 CEO 能够缓解信息不对称，积累社会资本，从而拓宽外部融资渠道。对我国企业而言，向银行贷款是最主要的负债融资方式，与银行的长期合作有助于降低融资双方的信息不对称程度，提高 CEO 及企业的贷款信用，从而为企业增加贷款可获得性。在多企业、多行业、多地域任职的 CEO 积累的社会资本可以帮助企业降低信息搜寻成本，与银行等债权人建立高质量低成本合作，提高贷款水平。

基于以上分析，提出假设 7-1：

H7-1：CEO 复合型职业经历有助于提升企业负债水平。

由于管理自主权影响 CEO 对企业财务决策作用的发挥，基于管理自主权视角，该章从 CEO 持股、两职合一、产权性质、股权集中度四个方面探究其对 CEO 复合型职业经历与资本结构决策的调节效应。

CEO 持股比例是影响 CEO 复合型职业经历发挥作用的重要因素。首先，从管理自主权角度，CEO 持股代表对企业的一定所有权，能提高 CEO 的自主权（陈志红和李宏伟，2019），管理自主权作为一种隐性激励，有助于 CEO 发挥个人意愿制定决策，从而强化 CEO 职业经历丰富度与负债水平的提升作用。其次，基于委托代理理论，CEO 持股能够提高 CEO 与股东的利益趋同性，抑制管理者机会主义行为，缓解管理者与所有者之间的代理问题，激励 CEO 提高承担风险（Coles et al.，2006），促进拥有丰富职业经历的 CEO 制定风险性融资决策，从而提高负债水平。由此提出假设 7-2。

H7-2：CEO 持股比例越高，CEO 复合型职业经历对企业负债水平的提升作用越强。

CEO 是否兼任董事会主席也是影响 CEO 复合型职业经历发挥作用的关键要素。从公司治理的角度来看，董事会监督是对 CEO 行为的某种限制，基于现代管家理论，董事会不应过分左右 CEO 对企业的管理，而更应确保 CEO 充分发挥个人才能，以提升企业绩效及价值（杨林等，2018）；CEO 兼任董事长不仅能够获得更多的自主权（Davis et al.，1997），降低董事会监督的警惕性，还可能促进 CEO 的风险偏好（叶蓓和袁建国，2008；饶育蕾和贾文静，2011），从而提升企业的负债水平。当具有丰富职业经历的 CEO 兼任董事长时，其个人决策偏好与企业决策偏好相对更容易统一，其风险认知等特点也更容易得到发挥。由此提出假设 7-3：

H7-3：与两职分离的企业相比，两职合一的企业 CEO 复合型职业经历对企业负债水平的提升作用更强。

产权性质是影响 CEO 复合型职业经历发挥作用的重要因素。首先，从政府干预角度来看，国有企业的财务决策受到较为明显的政府引导或干预，国有企业高管的自主权相对较低（Li and Tang，2010）。而非国有企业的 CEO 具有相对较强的决策权力，在资本结构决策中个人因素特征如风险偏好等更容易发挥作用。其次，从资源角度来看，与非国有企业相比，国有企业通常社会资源雄厚，尤其具备特殊的政治关联，自身融资约束较低，因此在资本决策方面，企业本身的特质发挥更为明显的作用，管理者个人特质发挥作用的空间相对较小，即管理弹性较弱（Finkestein and Hambrick，1990；杨林等，2020）；相反，非国有企业融资难度相对更大，CEO 通过职业经历积累的社会资本在负债融资时发挥的作用更加突出。由此提出假设 7-4。

H7-4：与国有企业相比，非国有企业 CEO 复合型职业经历对企业负债水平的提升作用更强。

股权集中度也是影响 CEO 复合型职业经历发挥作用的重要因素。首先，从股东治理角度来看，股权集中度的提高可能会提升信息传导速度，进而加强对CEO 的监督（朱德胜和周晓珮，2016），自我约束机制与监督机制对企业财务行为的影响可能会呈现替代关系，虞义华等（2018）发现市场化进程较慢的地区，发明家高管对企业创新的促进作用更为显著。同样地，丰富的职业经历从 CEO自我约束机制出发影响资本结构决策，可能成为外部监督的替代机制，企业股权集中度较低时，CEO 丰富的职业经历反而更能显著地提升企业负债水平。其次，从代理问题视角来看，大股东如果控制权过高的话，有可能引发第二类代理问题，即与管理者合谋，做出损害其他小股东利益的决策，因此大股东的控制权太高的情况下，管理者自主权被动降低，管理者对于企业决策的影响力受到阻碍，从而抑制 CEO 复合型职业经历对企业资本结构的影响作用。由此提出假设 7-5。

H7-5：企业股权集中度越低，CEO 复合型职业经历对企业负债水平的提升作用越强。

7.3　研究设计

7.3.1　样本选择及数据来源

本书选择 2007~2018 年中国沪深 A 股上市公司数据作为研究样本进行实证

分析。根据研究需要，对初始样本进行以下筛选：①剔除金融保险业上市公司；②剔除研究变量存在缺失的样本。最终获取包含2823家公司的18943个观测值，属于非平衡面板数据。

核心研究的解释变量CEO职业经历丰富度来自手工整理的数据集，主要收集步骤如下：首先，从CSMAR数据库下载CEO个人简历文件，并结合公司公告、百度百科、新浪财经、凤凰财经、和讯人物补充高管简历信息。其次，人工阅读并整理CEO职业经历的五个维度：职能部门数、企业数、行业数、组织机构数、地域类型。最后，为确保数据的准确性，将2008年之后的部分数据与CSMAR数据库中的CEO特征数据进行对比修正。被解释变量多元化程度所需数据来源于Wind数据库，研究所需的其他财务数据均来源于CSMAR数据库。笔者使用Stata15.0软件进行数据分析，为缓解异常值对模型准确性的影响，对所有连续变量进行上下1%的winsorize处理。

7.3.2　模型设定与变量说明

鉴于研究存在对同一公司多年份的持续观测情况，参考申广军等（2018）的研究方法，运用双向固定效应模型（Two-way FE）对样本数据进行回归，以同时控制难以观测的、不随时间改变的个体异质性因素，以及特定年份对全部个体的影响，并在一定程度上缓解内生性问题。此外，由于部分企业在样本期间内变更行业类型，导致行业因素无法在双向固定效应中被完全考虑，因此模型中也加入了行业虚拟变量。最后，为控制异方差的影响，本书提供了稳健标准误。为验证假设H7-1，构建模型公式（7-1）：

$$Lev(Loan) = \beta_0 + \beta_1 \times CEO\_CERI + \beta_i \times Controls + \varepsilon \qquad (7-1)$$

式（7-1）中，Lev、$Loan$为被解释变量，分别为财务杠杆、银行贷款水平，代表企业资本结构；CEO_CERI表示解释变量，为CEO职业经历丰富度指数。$Control$表示控制变量。为验证CEO复合型职业经历对企业资本结构的影响，该章重点关注系数β_1的正负性及显著性。H7-2至H7-5采用调节效应检验，在模型（7-1）的基础上，分别加入各调节变量与解释变量中心化后的交互项（$CEO\_CERI * CEOShare$、$CEO\_CERI * Duality$、$CEO\_CERI * SOE$、$CEO\_CERI * Top1$），重点关注交互项系数的正负号及显著性。研究模型中的变量衡量方式如表7-1所示。

被解释变量：企业资本结构。参考Benmelech和Frydman（2015）、赖黎等（2016）的研究，本章设置两个变量衡量企业负债水平。①企业财务杠杆（Lev）为企业资产负债率，该值越高，表明企业整体债务融资水平越高。②银行贷款（$Loan$）为企业银行贷款与期末总资产的比值，该值越高，代表企业贷款融资比例越高。

表 7-1 主要变量定义

变量名	变量符号	变量测度
Panel A：资本结构变量		
财务杠杆	Lev	期末总负债/期末总资产
银行贷款	Loan	（短期借款+长期借款+一年以内到期的长期借款）/期末总资产
Panel B：CEO 职业经历丰富度变量		
CEO 职业经历丰富度指数	CEO_CERI	基于 CEO 任职过的职能部门数、企业数、行业数、组织机构数以及地域类型等五个方面综合构建，采用因子分析法测度，具体方法见本书第 3 章第 2 节
Panel C：控制变量		
企业年龄	Age	企业观测年份减成立年份的差值
企业规模	Size	期末总资产的自然对数
企业成长性	Growth	主营业务收入增长率
盈利能力	ROA	净利润/期末总资产
有形资产	Tang	（期末固定资产+期末存货）/期末总资产
非债务税盾	Dep	固定资产折旧/期末总资产
董事会规模	Board	董事会总人数
独立董事比例	Indep	独立董事人数/董事会总人数
CEO 年龄	CEOAge	CEO 年龄
CEO 性别	CEOGender	虚拟变量，当 CEO 为男性时，变量取值为 1，否则取值为 0
CEO 任期	CEOTenure	CEO 任期（月数）
年份	Year	设置年份虚拟变量
行业	Industry	设置行业虚拟变量
Panel D：调节变量		
两职合一	Duality	虚拟变量，当 CEO 兼任董事长时，变量取值为 1，否则取值为 0
CEO 持股水平	CEOShare	CEO 持股数/总流通股数
产权性质	SOE	虚拟变量，当样本为国有企业时，变量取值为 1，否则取值为 0
股权集中度	Top1	第一大股东持股数/总流通股数

　　解释变量：CEO 职业经历丰富度（CEO_CERI），参考 Custódio 等（2017）、赵子夜等（2018）的研究，使用手工收集的 CEO 职业经历数据集，运用因子分析法基于 CEO 曾任职的职能部门数、企业数、行业数、组织机构数和地域类型五个维度构建 CEO 职业经历丰富度指数（CEO Career Experience Richness Index，CEO_CERI），该指数越高，说明 CEO 的职业经历越丰富。具体计算过程见本书

3.2 节。

调节变量：*CEOShare* 表示 CEO 持股比例，为 CEO 持股数占期末总股数的比值；*Duality* 表示两职合一，为虚拟变量，当 CEO 兼任董事长时取 1，否则取 0；*SOE* 表示产权性质，为虚拟变量，当企业为国有企业时取 1，否则取 0；*TOP*1 表示股权集中度，以第一大股东持股比例衡量。

控制变量：参考 Benmelech 和 Frydman（2015）、姜付秀和黄继承（2013）、赖黎等（2016）等关于管理者异质性与企业资本结构的相关研究，设置以下控制变量。具体分为企业层面与 CEO 层面。企业层面的控制变量为企业财务特征及治理特征：财务特征层面，*Age* 为企业年龄，以观测年份减成立年份的差值衡量；*Size* 为企业规模，用期末总资产的自然对数表示；*Growth* 表示企业成长性，以企业销售收入增长率测度；*ROA* 表示企业盈利能力，以期末净利润除以期末总资产衡量；*Tang* 表示企业有形资产，等于期末固定资产与存货之和与期末总资产的比值；*Dep* 表示非债务税盾，等于固定资产折旧与期末总资产的比值；公司治理层面，*Board* 表示董事会规模，以董事会人数衡量；*Indep* 表示独立董事比例，即独立董事人数与董事会总人数之比。CEO 层面主要控制了对企业行为具有关键作用的特征，*CEOAge* 表示 CEO 年龄；*CEOGender* 表示 CEO 性别，为虚拟变量，当 CEO 为男性时取值为 1，否则为 0；*CEOTenure* 表示 CEO 任期，以月数测度。本书还设置了年份和行业虚拟变量，以控制年份和行业固定效应，其中行业变量参考证监会 2012 年行业分类标准。

7.4　CEO 复合型职业经历对企业资本结构的影响效应：主效应分析

7.4.1　描述性统计

主要变量的描述性统计如表 7-2 所示。Panel A 描述样本企业资本结构，以负债水平为主要考察对象，包括 *Lev*、*Loan* 两个变量，财务杠杆（*Lev*）最大值为 0.9995，最小值为 0.0505，平均值为 0.4740，可见中国上市公司资产负债率差距较大，平均负债水平没有特别高；银行贷款水平（*Loan*）最小值为 0，最大值为 0.6646，平均值为 0.1959，可见中国上市公司贷款水平存在较大差异，整体贷款水平不高。Panel B 为 CEO 职业经历丰富度指数及分项变量。CEO 职业经历丰富度指数（*CEO_CERI*），通过因子分析法计算得出，因此存在负值，但正负号及数值大小仅代表丰富程度，不具有实际含义，不影响后续回归，CEO_CERI 最大值为 4.1686，最小值为 -1.0461，中位数为 -0.2135，总体来看，中国上市公司平均 CEO 职业经历丰富程度并不高，说明拥有复合型职业经历的 CEO 属于稀缺资源。其他控制变量描述性统计与现实情况基本一致，不再赘述。

表 7-2　主要变量描述性统计

变量名	样本量	平均值	标准差	中位数	最小值	最大值
Panel A：资本结构变量						
Lev	18943	0.4740	0.2178	0.4777	0.0505	0.9995
Loan	18943	0.1959	0.1601	0.1761	0.0000	0.6646
Panel B：CEO 职业经历丰富度变量						
CEO_CERI	18943	-0.0067	0.8819	-0.2135	-1.0461	4.1686
CEO_POS	18943	1.7816	0.7676	2	1	6
CEO_COR	18943	3.9188	2.7550	3	0	25
CEO_IND	18943	2.0847	1.1613	2	0	9
CEO_INS	18943	1.5697	0.7887	1	1	5
CEO_OVE	18943	0.0567	0.2313	0	0	1
Panel C：控制变量						
Age	18943	15.3516	5.5640	15	1	48
Size	18943	22.0545	1.3585	21.8878	19.0722	25.9293
Growth	18943	0.4985	1.5949	0.1300	-0.7783	12.1557
ROA	18943	0.0329	0.0645	0.0330	-0.3408	0.2112
Tang	18943	0.4007	0.1864	0.3948	0.0183	0.8255
Dep	18943	0.0214	0.0157	0.0179	0.0004	0.0737
Board	18943	8.8318	1.7917	9	4	18
Indep	18943	0.3714	0.0553	0.3333	0.0909	0.8000
CEOAge	18943	48.8402	6.4560	49	24	78
CEOGender	18943	0.9417	0.2344	1	0	1
CEOTenure	18943	41.989	34.8605	32	0	255
Panel D：调节变量						
CEOShare	18943	0.0397	0.1054	0	0	0.8001
Duality	18943	0.2637	0.4407	0	0	1
SOE	18943	0.4463	0.4971	0	0	1
Top1	18943	0.3508	0.1508	0.3306	0.0872	0.7572

7.4.2 相关性分析

表 7-3 列示了主要研究变量的 pearson 相关性分析结果。根据表 7-3，自变量之间相关系数最高不超过 0.5；同时，方差膨胀因子（VIF）最大值为 1.44，低于限制值 10，说明模型存在多重共线性的可能性很低。

表 7-3 主要变量相关性分析

变量名	Lev	Loan	CEO_CERI	Age	Size	Growth
Lev	1					
Loan	0.6985	1				
CEO_CERI	-0.0307	-0.0279	1			
Age	0.2298	0.1387	0.0245	1		
Size	0.4015	0.3145	0.0013	0.1798	1	
Growth	0.0875	0.0114	0.0279	0.0900	0.0021	1
ROA	-0.3826	-0.3422	0.0110	-0.1118	0.0259	0.0054
Tang	0.3437	0.3966	-0.1369	0.0687	0.1605	0.0432
Dep	0.0501	0.1913	-0.1322	-0.0246	0.0058	-0.1832
Board	0.1369	0.1283	-0.056	0.0036	0.2604	-0.0376
Indep	-0.0097	-0.0172	0.0427	-0.0069	0.0413	0.0199
CEOAge	0.0071	0.0086	0.0556	0.1091	0.1509	-0.0348
CEOGender	0.0032	0.0170	-0.0248	-0.0288	0.0344	-0.0349
CEOTenure	-0.0448	-0.0451	0.0935	0.0945	0.0741	-0.0312
CEOShare	-0.2593	-0.1779	0.0912	-0.1903	-0.1922	-0.0333
Duality	-0.1585	-0.1140	0.1811	-0.1034	-0.1524	-0.0074
SOE	0.2912	0.2008	-0.1350	0.1489	0.3298	0.0002
Top1	0.0275	0.0090	-0.0213	-0.1501	0.2449	0.0150
变量名	ROA	Tang	Dep	Board	Indep	CEOAge
ROA	1					
Tang	-0.1882	1				
Dep	-0.1498	0.4785	1			
Board	0.0141	0.1061	0.1188	1		
Indep	-0.0209	-0.0478	-0.0626	-0.4133	1	
CEOAge	0.0072	0.0173	0.0399	0.0496	0.0108	1

续表

CEOGender	-0.0245	0.0003	0.0434	0.0551	-0.0259	0.0354
CEOTenure	0.0297	-0.0249	-0.0333	0.0038	0.0293	0.2377
CEOShare	0.1173	-0.1802	-0.1217	-0.1457	0.0961	0.0306
Duality	0.0573	-0.1134	-0.0859	-0.1633	0.0973	0.1597
SOE	-0.1199	0.2159	0.1828	0.2766	-0.0729	0.0990
Top1	0.1097	0.1020	0.0688	0.0160	0.0327	0.0313
变量名	CEOGender	CEOTenure	CEOShare	Duality	SOE	Top1
CEOGender	1					
CEOTenure	0.0066	1				
CEOShare	-0.0041	0.1100	1			
Duality	0.0317	0.1694	0.4856	1		
SOE	0.0673	-0.0778	-0.3299	-0.2913	1	
Top1	0.0071	-0.0720	0.0252	-0.0464	0.1844	1

7.4.3　主效应结果分析

表 7-4 报告了假设 7-1 的双向固定效应回归结果，列（1）和列（2）的结果表明在不考其他影响因素的情况下，CEO_CERI 与资产负债率（Lev）、银行贷款（Loan）的回归估计系数均在 1% 水平下显著为正，初步验证假设 H7-1。列（3）和列（4）展示了模型（7-1）的回归结果，CEO_CERI 与资产负债率（Lev）、银行贷款（Loan）的回归估计系数分别为 0.0077、0.0048，均为 1% 水平下显著，说明在控制其他可能的影响因素后，CEO 职业经历丰富度指数与企业负债水平显著正相关，即 CEO 职业经历越丰富，企业债务融资占比和银行贷款水平越高，因此假设 7-1 得到验证。控制变量的回归结果基本符合预期，不再赘述。

表 7-4　CEO 复合型职业经历与企业资本结构

变量名	（1） Lev	（2） Loan	（3） Lev	（4） Loan
CEO_CERI	0.0075*** (4.2771)	0.0050*** (3.4493)	0.0077*** (4.7849)	0.0048*** (3.5578)
Age			-0.0042*** (-8.1458)	-0.0073*** (-16.7370)

续表

变量名	(1) Lev	(2) Loan	(3) Lev	(4) Loan
Size			0.0560 *** (30.4964)	0.0482 *** (31.1226)
Growth			0.0019 *** (3.1825)	0.0004 (0.8943)
ROA			−0.6273 *** (−41.3463)	−0.4652 *** (−36.3758)
Tang			0.1771 *** (20.2074)	0.1211 *** (16.3931)
Dep			−0.2099 * (−1.7470)	0.1196 (1.1812)
Board			−0.0038 *** (−3.9248)	−0.0027 *** (−3.2775)
Indep			−0.0445 * (−1.8366)	−0.0610 *** (−2.9821)
CEOAge			0.0000 (0.2272)	0.0002 (1.1232)
CEOGender			−0.0018 (−0.3402)	−0.0051 (−1.1512)
CEOTenure			0.0001 * (1.8950)	0.0000 (1.0869)
CEOShare			−0.0793 *** (−4.3146)	0.0186 (1.1970)
Duality			−0.0069 *** (−2.2302)	−0.0096 *** (−3.7027)
SOE			0.0067 (1.1047)	−0.0028 (−0.5399)
Top1			−0.0553 *** (−4.1689)	0.0094 (0.8393)
_cons	0.5180 *** (26.4083)	0.2719 *** (16.7158)	−0.6161 *** (−13.9496)	−0.6819 *** (−18.3181)
Industry	Yes	Yes	Yes	Yes
Year	Yes	Yes	Yes	Yes
N	18943	18943	18938	18938

变量名	(1) Lev	(2) Loan	(3) Lev	(4) Loan
R^2	0.0345	0.0256	0.2071	0.1732
F	20.4368	15.0213	99.4063	79.7181
p	0.0000	0.0000	0.0000	0.0000

注：＊＊＊、＊＊、＊分别表示在1%、5%、10%统计水平上显著。

7.5 稳健性检验

由于职业经历丰富的 CEO 倾向选择加入负债融资高的企业，为缓解上述可能存在的内生性问题，提高研究结果的可靠性，本书针对 CEO 职业经历丰富度与企业资本结构问题进行内生性检验与稳健性检验。内生性检验主要采用工具变量法、倾向得分匹配法、控制可能产生影响的其他因素进行检验；此外，替换核心变量度量方式重新回归以进行稳健性检验。

7.5.1 工具变量法

针对研究内容可能存在的内生性问题，参考 Hu 和 Liu（2015）的研究，采用工具变量法进行检验。工具变量法的核心是选取对 CEO 职业经历丰富度有影响而对企业资本结构不存在直接影响的工具变量。笔者选取的第一个工具是同年同行业其他企业"通才型"CEO 的占比（OtherCEO），其中将大于各年各行业样本中位数的观测值设置为"通才型"CEO，否则为"专才型"CEO，同行业其他企业的高管选聘可能相互影响，但不直接影响本企业的资本结构决策；第二个工具变量参考 Hu 和 Liu（2015）的研究，根据企业注册地是否属于副省级城市或直辖市（City），属于则 City 取值为 1，否则为 0，由于中国存在特殊的城市行政级别划分，副省级城市及直辖市通常具备更好的公共服务和基础设施、优越的人才扶持政策，诸多隐性资源对职业经历复合型人才具有更高的吸引力；城市行政级别对城市经济发展水平及企业经营效果的影响并不明显，许多普通城市的发展水平远高于副省级城市，因此该变量也并不对企业资本结构产生直接影响。笔者对上述工具变量均进行了不可识别检验（Kleibergen-Paap rk LM 统计量 p 值为 0.000，拒绝原假设）、弱工具变量检验（Cragg-Donald Wald F 统计量大于10%

临界值），过度识别检验（Sargan 统计量的 p 值大于 0.1）等，结果均表明工具变量符合要求。与前文处理方法一致，该部分采用截面数据的工具变量-两阶段回归，第二阶段回归结果如表 7-5 列（1）和列（2）所示，可知 *CEO_CERI* 与 *Lev* 的回归系数在 1% 的水平下显著为正，与 *Loan* 的回归系数在 10% 水平下，检验结果表明在缓解内生性问题的基础上假设 7-1 的结论依然成立。

表 7-5　稳健性检验：工具变量法和倾向得分匹配法的回归结果

变量名	（1） *Lev*	（2） *Loan*	（3） *Lev*	（4） *Loan*
CEO_CERI	0.0142 ** （1.9686）	0.0268 * （1.8942）	0.0075 *** （3.9903）	0.0055 *** （3.5097）
Age	0.0046 *** （16.3425）	0.0027 *** （4.9343）	−0.0044 *** （−7.0555）	−0.0074 *** （−14.1518）
Size	0.0560 *** （44.1466）	0.0040 * （1.6889）	0.0571 *** （25.9144）	0.0506 *** （27.6094）
Growth	0.0049 *** （5.2695）	−0.0016 （−0.8714）	0.0027 *** （3.8338）	0.0005 （0.9445）
ROA	−1.1338 *** （−51.9858）	−0.3061 *** （−21.4460）	−0.5970 *** （−33.5470）	−0.4600 *** （−31.0422）
Tang	0.2332 *** （22.9191）	0.2593 *** （13.4055）	0.1702 *** （16.1757）	0.1163 *** （13.2777）
Dep	−0.6347 *** （−5.3244）	1.1176 *** （4.9314）	−0.0290 （−0.1969）	0.2782 *** （2.2717）
Board	−0.0024 *** （−2.6040）	0.0065 *** （3.4525）	−0.0056 *** （−4.8483）	−0.0034 *** （−3.5436）
Indep	−0.0461 * （−1.7200）	0.1958 *** （3.4763）	−0.0604 ** （−2.1078）	−0.0538 ** （−2.2526）
CEOAge	−0.0007 *** （−3.2867）	−0.0014 *** （−2.9944）	−0.0001 （−0.4057）	0.0002 （1.1288）
CEOGender	−0.0026 （−0.4586）	−0.0021 （−0.1815）	−0.0061 （−0.9489）	−0.0120 *** （−2.2345）
CEOTenure	−0.0001 *** （−2.6150）	−0.0003 *** （−3.8112）	0.0000 （1.1013）	0.0000 （0.3407）
CEOShare	−0.1140 *** （−7.8438）	−0.1307 *** （−4.3162）	−0.0772 *** （−3.6483）	0.0238 （1.3522）

续表

变量名	(1) Lev	(2) Loan	(3) Lev	(4) Loan
Duality	0.0060 (1.4784)	0.0101 (1.2113)	−0.0077*** (−2.1329)	−0.0106*** (−3.5102)
SOE	0.0258*** (7.5359)	0.0054 (0.7719)	0.0089 (1.2141)	0.0010 (0.1624)
Top1	−0.0466*** (−4.8920)	−0.0087 (−0.4383)	−0.0790*** (−5.0243)	0.0173 (1.3196)
_cons	−0.7326*** (−25.3280)	−0.0849 (−1.5428)	−0.5853*** (−11.1022)	−0.7291*** (−16.6053)
Year	Yes	Yes	Yes	Yes
Industry	Yes	Yes	Yes	Yes
N	14, 517	14, 475	14465	14465
R^2	0.455	0.074	0.2038	0.1809

注：***、**、*分别表示在1%、5%、10%统计水平上显著。

7.5.2　倾向得分匹配法

笔者还使用倾向得分匹配法进一步解决因果倒置问题，该方法的重点是将拥有丰富职业经历 CEO 的企业（实验组）与不具备丰富职业经历 CEO 的企业（对照组）进行匹配，具体过程如下：以 CEO_CERI 是否大于年度同行业样本中位数为依据生成 CEO_D 虚拟变量，将总样本分为对照组和控制组，对照组为职业经历丰富程度高于中位数，即 CEO_D 为 1 的样本，控制组反之。我们以 CEO_D 为被解释变量，影响 CERI_D 的变量为匹配变量（包括 CEO 性别、CEO 年龄、CEO 受教育程度，公司层面变量与主效应检验公司特征变量一致），使用 Logit 回归，倾向分值选取最近邻方法，在两组之间进行 1∶1 有放回匹配。表 7−5 列（3）和列（4）报告了匹配后样本的回归结果，CEO_CERI 的回归系数均在 1% 的水平下显著，系数正负也符合预期，表明 CEO 丰富的职业经历能够提升企业资产负债率及银行贷款比例。

7.5.3　控制 CEO 过度自信的影响

本章重点研究 CEO 复合型职业经历对企业资本结构的影响，但是可能存在另一种替代性解释：拥有复合型职业经历的 CEO 本身具有过度自信的特性，而过度自信作为一种非理性心理特征，可能更偏好高风险的融资决策，即过度自信会对企业资本结构产生重要影响，从而干扰本书的研究结果。因此参考 Yuan 和 Wen（2018）的研究，在研究模型中控制 CEO 过度自信变量，以缓解内生性问题。本章参考 Hiribar 等（2016）、马春爱和易彩（2017）的研究，依据盈利预测准确程度设置 CEO 过度自信变量 *OC*，当公司至少存在一次盈利预测大于实际利润水平，则该样本为过度自信样本，则 *OC* 为 1，否则取值为 0。表 7-6 报告了控制 CEO 过度自信后样本的回归结果，可以看出，*CEO_CERI* 的回归系数及显著性水平均符合预期，并不受过度自信的影响，因此表明 CEO 丰富的职业经历作为 CEO 异质性特征，能够提升企业负债水平。

表 7-6　稳健性检验：控制 CEO 过度自信的影响

变量名	(1) OC	(2) Lev	(3) Loan
CEO_CERI	−0.0019 （−0.4741）	0.0077 *** （4.7947）	0.0048 *** （3.5589）
Age	0.0016 （1.2020）	−0.0042 *** （−8.1698）	−0.0073 *** （−16.7390）
Size	0.0104 *** （2.2311）	0.0559 *** （30.4535）	0.0482 *** （31.1110）
Growth	0.0004 （0.2813）	0.0019 *** （3.1775）	0.0004 （0.8935）
ROA	−0.7285 *** （−18.9172）	−0.6218 *** （−40.5385）	−0.4645 *** （−35.9251）
Tang	−0.0295 （−1.3279）	0.1773 *** （20.2348）	0.1211 *** （16.3952）
Dep	−0.0733 （−0.2404）	−0.2094 * （−1.7427）	0.1197 （1.1818）
Board	0.0007 （0.2831）	−0.0038 *** （−3.9308）	−0.0027 *** （−3.2781）
Indep	0.0309 （0.5012）	−0.0448 * （−1.8465）	−0.0610 *** （−2.9833）
CEOAge	−0.0007 （−1.4511）	0.0000 （0.2550）	0.0002 （1.1269）
CEOGender	0.0194 （1.4463）	−0.0019 （−0.3680）	−0.0051 （−1.1549）
CEOTenure	−0.0001 （−1.3010）	0.0001 * （1.9201）	0.0000 （1.0902）

续表

变量名	(1) OC	(2) Lev	(3) Loan
CEOShare	0. 1398 *** (2. 9963)	− 0. 0804 *** (− 4. 3715)	0. 0184 (1. 1888)
Duality	− 0. 0002 (− 0. 0273)	− 0. 0069 *** (− 2. 2300)	− 0. 0096 *** (− 3. 7025)
SOE	− 0. 0234 (− 1. 5132)	0. 0069 (1. 1338)	− 0. 0027 (− 0. 5358)
Top1	0. 0389 (1. 1547)	− 0. 0556 *** (− 4. 1915)	0. 0094 (0. 8362)
OC		0. 0076 *** (2. 4248)	0. 0009 (0. 3326)
_ cons	− 0. 0574 (− 0. 5123)	− 0. 6156 *** (− 13. 9418)	− 0. 6819 *** (− 18. 3161)
Industry	Yes	Yes	Yes
Year	Yes	Yes	Yes
N	18938	18938	18938
R^2	0. 0406	0. 2074	0. 1732
F	16. 0886	97. 2609	77. 8624
p	0. 0000	0. 0000	0. 0000

注： ***、**、*分别表示在 1%、5%、10%统计水平上显著。

7.5.4　替换核心变量

CEO 职业经历丰富度（CEO_CERI）是本书的核心研究变量，在稳健性检验中，笔者运用主成分分析法（PCA）重新构建该指数，提取特征值符合要求且累计方差贡献率大于 70% 的前三个公共因子，并以其各自的方差贡献率加权计算得分，得到新的 CEO 职业经历丰富度指数 CEO_CERI（PCA），表 7-7 列（1）和列（2）展示了相应的回归结果，结果更换度量方式的 CEO 职业经历丰富度指数的回归系数仍然在 1% 的水平下显著为正，与预期结果相符。另外，为进一步缓解内生性问题，我们将被解释变量提前一期（F.Lev、F.Loan）加入模型进行回归，表 7-7 列（3）和列（4）结果显示 CEO_CERI 的回归系数依然显著为正。说明 CEO 职业经历丰富度提升企业负债水平的结果较为稳健。

表7-7 稳健性检验：替换变量回归结果

变量名	(1) Lev	(2) Loan	(3) F. Lev	(4) F. Loan
CEO_CERI (PCA)	0.0072 *** (4.7785)	0.0046 *** (3.6152)		
CEO_CERI			0.0050 *** (2.5157)	0.0054 *** (3.1695)
Age	−0.0042 *** (−8.1291)	−0.0073 *** (−16.7275)	−0.0046 *** (−6.8420)	−0.0075 *** (−13.1392)
Size	0.0560 *** (30.4837)	0.0482 *** (31.1093)	0.0544 *** (23.1592)	0.0430 *** (21.5300)
Growth	0.0019 *** (3.1853)	0.0004 (0.8966)	0.0007 (1.0756)	−0.0001 (−0.0871)
ROA	−0.6272 *** (−41.3392)	−0.4651 *** (−36.3712)	−0.4217 *** (−21.2315)	−0.2742 *** (−16.2292)
Tang	0.1771 *** (20.2064)	0.1211 *** (16.3947)	0.1472 *** (13.7099)	0.0912 *** (9.9843)
Dep	−0.2097 * (−1.7453)	0.1197 (1.1816)	−0.6951 *** (−4.6622)	−0.6291 *** (−4.9611)
Board	−0.0038 *** (−3.9254)	−0.0027 *** (−3.2770)	−0.0038 *** (−3.2714)	−0.0029 *** (−2.9423)
Indep	−0.0443 * (−1.8265)	−0.0608 *** (−2.9752)	−0.0734 *** (−2.5145)	−0.0728 *** (−2.9325)
CEOAge	0.0000 (0.2121)	0.0002 (1.1108)	0.0003 (1.1292)	0.0003 (1.2718)
CEOGender	−0.0017 (−0.3298)	−0.0051 (−1.1435)	0.0114 * (1.7621)	−0.0000 (−0.0004)
CEOTenure	0.0001 * (1.8846)	0.0000 (1.0758)	0.0000 (0.7220)	0.0000 (0.0723)
CEOShare	−0.0796 *** (−4.3301)	0.0184 (1.1850)	−0.0708 *** (−3.1886)	0.0119 (0.6314)
Duality	−0.0069 *** (−2.2265)	−0.0096 *** (−3.7069)	−0.0120 *** (−3.2234)	−0.0170 *** (−5.3815)
SOE	0.0067 (1.1024)	−0.0028 (−0.5400)	0.0207 *** (2.6814)	0.0094 (1.4321)
Top1	−0.0552 *** (−4.1640)	0.0094 (0.8432)	−0.0576 *** (−3.4118)	0.0168 (1.1708)

续表

变量名	(1) Lev	(2) Loan	(3) F. Lev	(4) F. Loan
_cons	−0.6163*** (−13.9561)	−0.6820*** (−18.3207)	−0.6041*** (−10.9589)	−0.5816*** (−12.4060)
Industry	Yes	Yes	Yes	Yes
Year	Yes	Yes	Yes	Yes
N	18938	18938	14075	14075
R^2	0.2071	0.1732	0.1206	0.0961
F	99.4044	79.7299	38.4498	29.8213
p	0.0000	0.0000	0.0000	0.0000

注：***、**、*分别表示在 1%、5%、10%统计水平上显著。

7.6 CEO 复合型职业经历、管理自主权与企业资本结构：调节效应

针对管理自主权对于 CEO 复合型职业经历与企业负债水平的调节效应，表7-8 和表 7-9 报告了假设 H7-2 至 H7-5 的回归结果。其中，表 7-8 列示了以财务杠杆（Lev）作为被解释变量的调节效应回归结果，结果显示，CEO_CERI * CEOShare 的回归系数为 0.0497，在 1%水平下显著，说明 CEO 持股比例高的企业，CEO 职业经历丰富度对企业资产负债率的提升作用越强；CEO_CERI * SOE 回归系数为−0.0088，在 1%水平下显著，说明与国有企业相比，CEO 职业经历丰富度对非国有企业负债水平的促进作用更强；CEO_CERI * Top1 的回归系数为−0.0213，在 1%水平下显著为负，表示股权集中度越高，越会抑制 CEO 职业经历丰富度对企业负债水平的提升作用；而 CEO_CERI * Duality 的回归系数并不显著。表 7-9 的回归结果与表 7-8 的结果基本一致，其中 CEO_CERI * Duality 的回归系数为 0.0015，但并不显著，笔者使用两职合一变量（Duality）进行分组检验发现，无论 CEO 是否兼任董事会主席，其对负债水平都具有显著的提升作用，故推测 CEO 职业经历丰富度对企业资本结构的影响较为强烈，导致两职合一的调节作用不明显。因此假设 H7-2、H7-4、H7-5 验证通过，假设 H7-3 未通过检验，综合来看，CEO 管理者主权越高，CEO 复合型职业经历对企业负债水平的提升作用会越强。

表 7-8　调节效应：管理者自主权、CEO 复合型职业经历与企业资本结构（*Lev*）

变量名	(1) Lev	(2) Lev	(3) Lev	(4) Lev	(5) Lev
CEO_CERI	0.0077*** (4.7849)	0.0059*** (3.4878)	0.0087*** (4.6923)	0.0112*** (5.5221)	0.0147*** (4.1076)
CEO_CERI * *CEOShare*		0.0497*** (3.4415)			
CEO_CERI * *Duality*			-0.0031 (-1.0856)		
CEO_CERI * *SOE*				-0.0088*** (-2.8452)	
CEO_CERI * *Top*1					-0.0213*** (-2.1910)
CEOShare	-0.0793*** (-4.3146)	-0.0848*** (-4.5958)	-0.0790*** (-4.2952)	-0.0802*** (-4.3631)	-0.0801*** (-4.3581)
Duality	-0.0069*** (-2.2302)	-0.0070*** (-2.2737)	-0.0066*** (-2.1456)	-0.0071*** (-2.3107)	-0.0069*** (-2.2292)
SOE	0.0067 (1.1047)	0.0065 (1.0686)	0.0067 (1.1013)	0.0063 (1.0322)	0.0069 (1.1398)
*Top*1	-0.0553*** (-4.1689)	-0.0549*** (-4.1366)	-0.0554*** (-4.1731)	-0.0546*** (-4.1141)	-0.0555*** (-4.1839)
Age	-0.0042*** (-8.1458)	-0.0042*** (-8.1542)	-0.0042*** (-8.1507)	-0.0042*** (-8.1077)	-0.0042*** (-8.1036)
Size	0.0560*** (30.4964)	0.0559*** (30.4387)	0.0560*** (30.5088)	0.0559*** (30.4764)	0.0559*** (30.4488)
Growth	0.0019*** (3.1825)	0.0019*** (3.1580)	0.0019*** (3.1772)	0.0019*** (3.1557)	0.0018*** (3.1453)
ROA	-0.6273*** (-41.3463)	-0.6270*** (-41.3452)	-0.6275*** (-41.3583)	-0.6260*** (-41.2573)	-0.6267*** (-41.3077)
Tang	0.1771*** (20.2074)	0.1768*** (20.1875)	0.1771*** (20.2069)	0.1777*** (20.2751)	0.1775*** (20.2543)
Dep	-0.2099* (-1.7470)	-0.2177* (-1.8124)	-0.2070* (-1.7221)	-0.2137* (-1.7786)	-0.2098* (-1.7460)
Board	-0.0038*** (-3.9248)	-0.0038*** (-3.9744)	-0.0038*** (-3.9094)	-0.0038*** (-3.9846)	-0.0038*** (-3.9566)
Indep	-0.0445* (-1.8366)	-0.0451* (-1.8602)	-0.0441* (-1.8196)	-0.0450* (-1.8575)	-0.0449* (-1.8515)

续表

变量名	（1） Lev	（2） Lev	（3） Lev	（4） Lev	（5） Lev
CEOAge	0.0000 （0.2272）	0.0001 （0.3104）	0.0000 （0.2151）	0.0001 （0.2620）	0.0000 （0.1906）
CEOGender	−0.0018 （−0.3402）	−0.0011 （−0.2030）	−0.0019 （−0.3571）	−0.0018 （−0.3423）	−0.0017 （−0.3263）
CEOTenure	0.0001* （1.8950）	0.0001* （1.7110）	0.0001* （1.9369）	0.0001* （1.8583）	0.0001* （1.9164）
_cons	−0.6161*** （−13.9496）	−0.6138*** （−13.9024）	−0.6161*** （−13.9503）	−0.6148*** （−13.9222）	−0.6133*** （−13.8839）
Industry	Yes	Yes	Yes	Yes	Yes
Year	Yes	Yes	Yes	Yes	Yes
N	18938	18938	18938	18938	18938
R^2	0.2071	0.2077	0.2072	0.2075	0.2073
F	99.4063	97.4358	97.1230	97.3259	97.2292
p	0.0000	0.0000	0.0000	0.0000	0.0000

注：***、**、*分别表示在 1%、5%、10%统计水平上显著。

表 7-9　调节效应：管理者自主权、CEO 复合型职业经历与企业资本结构（Loan）

变量名	（1） Loan	（2） Loan	（3） Loan	（4） Loan	（5） Loan
CEO_CERI	0.0048*** （3.5578）	0.0036*** （2.5550）	0.0043*** （2.7741）	0.0070*** （4.0929）	0.0032 （1.0723）
CEO_CERI * CEOShare		0.0326*** （2.6811）			
CEO_CERI * Duality			0.0015 （0.6321）		
CEO_CERI * SOE				−0.0054*** （−2.0950）	
CEO_CERI * Top1					0.0048 （0.5891）
CEOShare	0.0186 （1.1970）	0.0150 （0.9624）	0.0184 （1.1859）	0.0180 （1.1615）	0.0187 （1.2086）
Duality	−0.0096*** （−3.7027）	−0.0097*** （−3.7366）	−0.0097*** （−3.7387）	−0.0098*** （−3.7611）	−0.0096*** （−3.7029）

续表

变量名	（1） *Loan*	（2） *Loan*	（3） *Loan*	（4） *Loan*	（5） *Loan*
SOE	-0.0028 （-0.5399）	-0.0029 （-0.5682）	-0.0028 （-0.5379）	-0.0030 （-0.5930）	-0.0028 （-0.5492）
*Top*1	0.0094 （0.8393）	0.0097 （0.8655）	0.0094 （0.8417）	0.0098 （0.8797）	0.0094 （0.8432）
Age	-0.0073*** （-16.7370）	-0.0073*** （-16.7446）	-0.0073*** （-16.7337）	-0.0073*** （-16.7084）	-0.0073*** （-16.7449）
Size	0.0482*** （31.1226）	0.0481*** （31.0743）	0.0482*** （31.1100）	0.0481*** （31.1058）	0.0482*** （31.1275）
Growth	0.0004 （0.8943）	0.0004 （0.8746）	0.0004 （0.8973）	0.0004 （0.8742）	0.0004 （0.9041）
ROA	-0.4652*** （-36.3758）	-0.4650*** （-36.3711）	-0.4650*** （-36.3610）	-0.4644*** （-36.3050）	-0.4653*** （-36.3798）
Tang	0.1211*** （16.3931）	0.1209*** （16.3754）	0.1211*** （16.3931）	0.1215*** （16.4409）	0.1210*** （16.3751）
Dep	0.1196 （1.1812）	0.1145 （1.1305）	0.1182 （1.1666）	0.1173 （1.1582）	0.1196 （1.1808）
Board	-0.0027*** （-3.2775）	-0.0027*** （-3.3158）	-0.0027*** （-3.2858）	-0.0027*** （-3.3212）	-0.0027*** （-3.2685）
Indep	-0.0610*** （-2.9821）	-0.0613*** （-3.0005）	-0.0612*** （-2.9915）	-0.0613*** （-2.9974）	-0.0609*** （-2.9780）
CEOAge	0.0002 （1.1232）	0.0002 （1.1880）	0.0002 （1.1301）	0.0002 （1.1488）	0.0002 （1.1329）
CEOGender	-0.0051 （-1.1512）	-0.0047 （-1.0437）	-0.0051 （-1.1412）	-0.0051 （-1.1528）	-0.0051 （-1.1549）
CEOTenure	0.0000 （1.0869）	0.0000 （0.9438）	0.0000 （1.0607）	0.0000 （1.0597）	0.0000 （1.0811）
_cons	-0.6819*** （-18.3181）	-0.6805*** （-18.2805）	-0.6819*** （-18.3174）	-0.6811*** （-18.2972）	-0.6825*** （-18.3271）
Industry	Yes	Yes	Yes	Yes	Yes
Year	Yes	Yes	Yes	Yes	Yes
N	18938	18938	18938	18938	18938
R^2	0.1732	0.1736	0.1732	0.1734	0.1732
F	79.7181	78.0615	77.8705	77.9827	77.8690
p	0.0000	0.0000	0.0000	0.0000	0.0000

注：***、**、*分别表示在1%、5%、10%统计水平上显著。

7.7 进一步检验

7.7.1 CEO 复合型职业经历、资本结构与企业风险承担

第 5 章验证了 CEO 复合型职业经历能够提升企业风险承担水平，接下来从财务风险承担的角度验证 CEO 复合型职业经历是否通过负债融资渠道影响企业风险承担水平。与股权融资相比，负债融资的成本相对更低，且财务杠杆的积极效应有助于提升资金使用效率，但其刚性成本有可能导致较高的财务风险，对于企业管理来说高负债水平是收益与风险并存的复杂决策。因此高负债水平的资本结构通常意味着 CEO 具有较高的风险偏好（赖黎等，2016），也是企业风险承担研究中较为关键的影响路径之一，如张敏等（2015）、Ferris 等（2017）从资产负债率的角度验证管理者影响企业风险承担的决策路径。因此本节试图通过数据验证拥有复合型职业经历的 CEO 推进的融资决策是否能够提升企业风险承担水平。

影响路径检验数据模型与 6.6 节一致，同样采用中介效应模型进行检验。表 7-10 报告了关于资本结构的中介效应结果，CEO 职业经历丰富度能够显著提升企业的负债水平，而中介变量负债水平对企业风险承担水平的回归系数在 1% 的统计水平下显著为正，同时表 7-11 的中介效应结果推断显示，在 CEO 职业经历丰富度与企业风险承担的关系中，企业负债水平起到部分中介作用，对于 CEO 职业经历丰富度（*CEO_CERI*）与盈余波动性 *Risk*1 的关系来说，资产负债率（*Lev*）的中介效应占比约为 33.88%，银行贷款水平（*Loan*）的中介效应占比约为 17.16%。说明 CEO 丰富的职业经历通过提升企业负债水平，进而促进企业风险承担。中介效应检验表明 "CEO 职业经历丰富度——资本结构——企业风险承担" 路径成立。

表 7-10　影响路径检验：CEO 复合型职业经历、资本结构与企业风险承担

变量名	(1) *Lev*	(2) *Loan*	(3) *Risk*1	(4) *Risk*1	(5) *Risk*2	(6) *Risk*2
Lev			6.3738*** (19.3523)		11.8185*** (19.4291)	

续表

变量名	(1) Lev	(2) Loan	(3) Risk1	(4) Risk1	(5) Risk2	(6) Risk2
Loan				5.5031*** (13.8900)		10.2603*** (14.0225)
CEO_CERI	0.0075*** (4.1430)	0.0044*** (2.8920)	0.0934 (1.3646)	0.1170* (1.6989)	0.1650 (1.3052)	0.2085 (1.6393)
Age	−0.0030*** (−4.7477)	−0.0073*** (−13.5151)	0.1657*** (6.8175)	0.1863*** (7.5640)	0.3002*** (6.6865)	0.3387*** (7.4471)
Size	0.0515*** (25.2773)	0.0470*** (27.5977)	−1.0383*** (−13.1404)	−0.9690*** (−12.1283)	−1.9296*** (−13.2229)	−1.8039*** (−12.2247)
ROA	−0.2424*** (−22.9985)	−0.1791*** (−20.3004)	−2.6314*** (−6.4602)	−3.1911*** (−7.8149)	−4.9143*** (−6.5324)	−5.9419*** (−7.8792)
Growth	0.0023*** (3.4846)	0.0008 (1.3727)	−0.0064 (−0.2591)	0.0040 (0.1589)	−0.0082 (−0.1799)	0.0110 (0.2384)
Tang	0.2039*** (23.1453)	0.1416*** (19.2076)	−0.5981* (−1.7562)	−0.0777 (−0.2282)	−1.0762* (−1.7112)	−0.1194 (−0.1897)
RD	−0.5674*** (−5.5653)	−0.4312*** (−5.0535)	9.0562*** (2.3412)	7.8125*** (2.0065)	16.5027*** (2.3099)	14.2209** (1.9777)
Board	−0.0040*** (−3.6737)	−0.0036*** (−3.9673)	0.0266 (0.6493)	0.0211 (0.5101)	0.0459 (0.6051)	0.0357 (0.4684)
Indep	−0.0309 (−1.1483)	−0.0442*** (−1.9651)	2.2148*** (2.1749)	2.2614*** (2.2055)	3.8431*** (2.0433)	3.9318*** (2.0764)
SOE	0.0160*** (2.3288)	0.0033 (0.5767)	0.0887 (0.3401)	0.1726 (0.6573)	0.1822 (0.3782)	0.3375 (0.6961)
Top1	−0.0858*** (−5.6521)	−0.0106 (−0.8374)	−4.9154*** (−8.5371)	−5.4035*** (−9.3332)	−9.0807*** (−8.5395)	−9.9853*** (−9.3386)
CEOShare	−0.0864*** (−4.1876)	0.0038 (0.2213)	−1.0232 (−1.3078)	−1.5949*** (−2.0263)	−1.8107 (−1.2532)	−2.8710*** (−1.9750)
Duality	−0.0067* (−1.9071)	−0.0081*** (−2.7797)	−0.0357 (−0.2697)	−0.0334 (−0.2509)	−0.0789 (−0.3229)	−0.0743 (−0.3018)
CEOAge	−0.0002 (−1.0463)	0.0001 (0.4308)	0.0144* (1.7043)	0.0125 (1.4661)	0.0280* (1.7994)	0.0245 (1.5595)
CEOGender	−0.0096* (−1.6495)	−0.0060 (−1.2313)	−0.0156 (−0.0707)	−0.0439 (−0.1971)	−0.0168 (−0.0412)	−0.0689 (−0.1675)
CEOTenure	0.0001*** (2.0885)	0.0000 (0.6158)	−0.0003 (−0.2435)	0.0000 (0.0327)	−0.0004 (−0.1465)	0.0003 (0.1297)

续表

变量名	(1) Lev	(2) Loan	(3) Risk1	(4) Risk1	(5) Risk2	(6) Risk2
_cons	−0.5270*** (−10.8809)	−0.6387*** (−15.7560)	21.1862*** (11.4921)	21.3418*** (11.4435)	39.9068*** (11.7206)	40.2313*** (11.6805)
Industry	Yes	Yes	Yes	Yes	Yes	Yes
Year	Yes	Yes	Yes	Yes	Yes	Yes
N	15970	15970	15970	15970	15970	15970
R^2	0.1479	0.1318	0.1102	0.0982	0.1117	0.0997
F	56.0331	48.9998	39.0362	34.3111	39.6216	34.9085
p	0.0000	0.0000	0.0000	0.0000	0.0000	0.0000

注：***、**、*分别表示在 1%、5%、10%统计水平上显著。

表 7-11　影响路径检验推断

检验步骤	(1) 解释变量 CEO_CERI 对被解释变量 Risktaking 的总效应 c	(2) 解释变量 CEO_CERI 对中介变量 M 的效应 a，控制解释变量 CEO_CERI 后，中介变量 M 对被解释变量 Risktaking 的效应 b	(3) 控制中介变量 M 之后，解释变量 CEO_CERI 对被解释变量 Risktaking 的直接效应 c′	(4) 检验 ab 与 c′ 是否同号，推断中介效应并计算中介占比
检验关系	CEO 职业经历丰富度→资本结构→企业风险承担			
检验结果 Risk1	$c = 0.1411$*** 可能存在中介效应	$a_1 = 0.0075$***，$b_1 = 6.3738$*** $a_2 = 0.0044$***，$b_2 = 5.5031$*** a、b 均显著，说明企业资本结构的间接效应显著	$c_1′ = 0.0934$ $c_2′ = 0.1170$* 直接效应存在部分显著，可能存在其他中介	ab 与 c′ 同号，企业资本结构具有部分中介效应，占比为 $a_1 b_1 / c_1 = 0.3388$ $a_2 b_2 / c_2 = 0.1716$
检验结果 Risk2	$c = 0.2533$*** 可能存在中介效应	$a_1 = 0.0075$***，$b_1 = 11.8185$*** $a_2 = 0.0044$***，$b_2 = 10.2603$*** a、b 均显著，说明企业资本结构的间接效应显著	$c_1′ = 0.1650$ $c_2′ = 0.2085$ 直接效应不显著	ab 与 c′ 同号，企业资本结构具有中介效应，占比为 $a_1 b_1 / c_1 = 0.2053$ $a_2 b_2 / c_2 = 0.1782$

7.7.2　CEO 职业经历类型对企业资本结构的异质性分析

本书衡量 CEO 职业经历丰富程度的基础数据包含五个维度：职能部门数（CEO_POS）、企业数（CEO_COR）、行业数（CEO_IND）、组织机构数

（*CEO_INS*）、地域类型（*CEO_OVE*），从各个方面综合反映 CEO 职业经历的多样化，各个维度所代表的管理技能与资源获取也存在差异。本章主效应回归结果验证了 CEO 复合型职业经历有助于提升企业负债水平，笔者从异质性角度进一步分析 CEO 职业经历丰富度的五个基础维度对企业资本结构的影响效应。表 7-12 和表 7-13 报告了 CEO 职业经历五个维度指标分别与企业资产负债率及贷款比例的回归结果，回归结果基本一致，总体来看，对于 CEO 来说，其任职过的企业数（*CEO_COR*）、行业数（*CEO_IND*）以及组织机构数（*CEO_INS*）对企业负债水平的促进作用最强，回归系数均在 1% 水平下显著为正，而职能部门数（*CEO_POS*）、海外任职经历（*CEO_OVE*）的回归系数虽然为正，但显著性不足，对企业负债水平的影响相对较弱。跨企业、跨行业及跨组织机构的职业经历对于融资资源的积累关系更为密切，与主假设的逻辑存在一致性。

表 7-12　CEO 职业经历类型与企业资本结构（*Lev*）

变量名	(1) Lev	(2) Lev	(3) Lev	(4) Lev	(5) Lev
CEO_POS	0.0008 (0.4703)				
CEO_COR		0.0022*** (4.2972)			
CEO_IND			0.0049*** (4.0989)		
CEO_INS				0.0045*** (2.5096)	
CEO_OVE					0.0043 (0.7997)
Age	−0.0042*** (−8.0083)	−0.0042*** (−8.1195)	−0.0042*** (−8.0941)	−0.0040*** (−7.7888)	−0.0041*** (−8.0218)
Size	0.0565*** (30.7706)	0.0559*** (30.4258)	0.0562*** (30.6405)	0.0564*** (30.7078)	0.0564*** (30.7224)
Growth	0.0019*** (3.1690)	0.0019*** (3.2190)	0.0019*** (3.1505)	0.0018*** (3.1443)	0.0019*** (3.1778)
ROA	−0.6270*** (−41.3020)	−0.6271*** (−41.3305)	−0.6271*** (−41.3283)	−0.6269*** (−41.3037)	−0.6271*** (−41.3072)
Tang	0.1757*** (20.0462)	0.1765*** (20.1433)	0.1769*** (20.1872)	0.1757*** (20.0513)	0.1757*** (20.0479)
Dep	−0.2038* (−1.6942)	−0.2093* (−1.7414)	−0.2064* (−1.7172)	−0.1974 (−1.6419)	−0.2046* (−1.7012)

续表

变量名	(1) Lev	(2) Lev	(3) Lev	(4) Lev	(5) Lev
Board	-0.0039 *** (-4.0075)	-0.0038 *** (-3.9222)	-0.0038 *** (-3.9596)	-0.0039 *** (-4.0008)	-0.0039 *** (-3.9908)
Indep	-0.0433 * (-1.7851)	-0.0437 * (-1.8018)	-0.0444 * (-1.8311)	-0.0433 * (-1.7828)	-0.0435 * (-1.7932)
CEOAge	0.0001 (0.3362)	0.0000 (0.1079)	0.0001 (0.3481)	0.0000 (0.0647)	0.0001 (0.2982)
CEOGender	-0.0017 (-0.3289)	-0.0016 (-0.3101)	-0.0018 (-0.3350)	-0.0020 (-0.3695)	-0.0016 (-0.3117)
CEOTenure	0.0001 *** (2.1519)	0.0001 * (1.9239)	0.0001 *** (1.9839)	0.0001 * (1.9435)	0.0001 *** (2.1362)
CEOShare	-0.0789 *** (-4.2890)	-0.0797 *** (-4.3320)	-0.0787 *** (-4.2782)	-0.0833 *** (-4.5103)	-0.0789 *** (-4.2882)
Duality	-0.0051 * (-1.6783)	-0.0067 *** (-2.1622)	-0.0062 *** (-2.0361)	-0.0066 *** (-2.1280)	-0.0053 * (-1.7163)
SOE	0.0060 (0.9869)	0.0066 (1.0876)	0.0065 (1.0649)	0.0062 (1.0213)	0.0060 (0.9782)
Top1	-0.0554 *** (-4.1746)	-0.0552 *** (-4.1637)	-0.0553 *** (-4.1666)	-0.0556 *** (-4.1872)	-0.0557 *** (-4.1973)
_cons	-0.6278 *** (-14.1843)	-0.6226 *** (-14.1103)	-0.6322 *** (-14.3209)	-0.6297 *** (-14.2616)	-0.6255 *** (-14.1674)
Industry	Yes	Yes	Yes	Yes	Yes
Year	Yes	Yes	Yes	Yes	Yes
N	18938	18938	18938	18938	18938
R^2	0.2060	0.2069	0.2068	0.2063	0.2060
F	98.7264	99.2735	99.2235	98.9086	98.7389
p	0.0000	0.0000	0.0000	0.0000	0.0000

注：***、**、*分别表示在1%、5%、10%统计水平上显著。

表 7-13　CEO 职业经历类型与企业资本结构（Loan）

变量名	(1) Loan	(2) Loan	(3) Loan	(4) Loan	(5) Loan
CEO_POS	0.0015 (1.0820)				
CEO_COR		0.0016 *** (3.6341)			

续表

变量名	(1) Loan	(2) Loan	(3) Loan	(4) Loan	(5) Loan
CEO_IND			0.0028*** (2.7338)		
CEO_INS				0.0035*** (2.2815)	
CEO_OVE					0.0011 (0.2490)
Age	−0.0073*** (−16.6546)	−0.0073*** (−16.7310)	−0.0073*** (−16.6924)	−0.0072*** (−16.4118)	−0.0072*** (−16.6346)
Size	0.0485*** (31.3461)	0.0481*** (31.0365)	0.0483*** (31.2464)	0.0484*** (31.2840)	0.0484*** (31.3128)
Growth	0.0004 (0.8905)	0.0005 (0.9272)	0.0004 (0.8721)	0.0004 (0.8633)	0.0004 (0.8870)
ROA	−0.4650*** (−36.3529)	−0.4651*** (−36.3696)	−0.4651*** (−36.3620)	−0.4650*** (−36.3508)	−0.4650*** (−36.3506)
Tang	0.1203*** (16.2918)	0.1208*** (16.3580)	0.1209*** (16.3667)	0.1202*** (16.2828)	0.1202*** (16.2759)
Dep	0.1213 (1.1964)	0.1194 (1.1791)	0.1221 (1.2057)	0.1281 (1.2648)	0.1239 (1.2223)
Board	−0.0027*** (−3.3440)	−0.0027*** (−3.2674)	−0.0027*** (−3.3071)	−0.0027*** (−3.3340)	−0.0027*** (−3.3333)
Indep	−0.0601*** (−2.9408)	−0.0605*** (−2.9579)	−0.0608*** (−2.9745)	−0.0601*** (−2.9414)	−0.0603*** (−2.9469)
CEOAge	0.0002 (1.2568)	0.0002 (1.0140)	0.0002 (1.2095)	0.0002 (0.9591)	0.0002 (1.1772)
CEOGender	−0.0051 (−1.1508)	−0.0050 (−1.1275)	−0.0051 (−1.1463)	−0.0053 (−1.1803)	−0.0051 (−1.1347)
CEOTenure	0.0000 (1.2870)	0.0000 (1.0860)	0.0000 (1.1653)	0.0000 (1.0914)	0.0000 (1.2707)
CEOShare	0.0190 (1.2242)	0.0183 (1.1801)	0.0189 (1.2217)	0.0155 (0.9927)	0.0188 (1.2101)
Duality	−0.0084*** (−3.2483)	−0.0096*** (−3.6997)	−0.0092*** (−3.5390)	−0.0096*** (−3.6799)	−0.0086*** (−3.3321)
SOE	−0.0032 (−0.6203)	−0.0028 (−0.5418)	−0.0030 (−0.5756)	−0.0031 (−0.5952)	−0.0032 (−0.6317)

续表

变量名	（1） Loan	（2） Loan	（3） Loan	（4） Loan	（5） Loan
Top1	0.0094 （0.8434）	0.0094 （0.8448）	0.0094 （0.8389）	0.0092 （0.8232）	0.0092 （0.8218）
_cons	−0.6913*** （−18.5350）	−0.6857*** （−18.4388）	−0.6916*** （−18.5881）	−0.6910*** （−18.5697）	−0.6881*** （−18.4950）
Industry	Yes	Yes	Yes	Yes	Yes
Year	Yes	Yes	Yes	Yes	Yes
N	18938	18938	18938	18938	18938
R^2	0.1726	0.1732	0.1729	0.1728	0.1725
F	79.3875	79.7339	79.5689	79.5036	79.3556
p	0.0000	0.0000	0.0000	0.0000	0.0000

注：***、**、*分别表示在1%、5%、10%统计水平上显著。

7.7.3 CEO复合型职业经历与企业资本结构的动态调整

前文从静态决策视角探究CEO职业经历丰富度对企业资本结构决策的影响，需要注意的是，资本结构其实是一项动态决策，对于企业来说存在目标资本结构，因此笔者进一步从动态视角探究CEO职业经历丰富度对资本结构调整速度的影响。从管理者调整能力角度出发，职业经历丰富的CEO具有更高的认知水平、更强的环境适应能力和管理能力，因而对于决策的调整能力更强，从而向最优资本结构调整的速度也更快；此外，CEO职业经历丰富度所带来的资源效应和信息效应，为企业融资决策提供成本更低的资源与信息，促进资本结构决策效率的提升。因此推测CEO复合型职业经历有助于加快资本结构动态调整速度。

笔者参考Faulkender等（2012）、王晓亮和邓可斌（2020）的模型估算目标资本结构，构建资本结构动态调整研究模型。表7-14报告了CEO职业经历丰富度与企业资本结构决策效率的实证结果，Lev_t-Lev_{t-1}表示当期的资产负债率与前一期资产负债率之差，即当年实际调整程度；$DLev$代表年初目标资产负债率与实际资产负债率之差，即年初资本结构偏离程度，根据列（1）全样本的回归结果显示，年初的资本结构偏离程度$Dlev$的回归系数显著为正，平均调整速度为36.07%，基本与资本结构动态调整理论相符合，$DLev * CEO\_CERI$的回归系数在1%的水平下显著为正，表明CEO职业经历丰富度显著提高了资本结构调整速度，说明CEO丰富的职业经历提高了企业的资本结构决策效率。具体来看，列

（2）显示实际资本结构低于目标资本结构的样本结果，*DLev* * *CEO_CERI* 的回归系数为 0.0204，并且在 1% 的水平下显著为正；列（3）列示了目标资本结构低于实际资本结构的样本回归结果，*DLev* * *CEO_CERI* 的回归系数仅为 0.0006，且并不显著。说明 CEO 复合型职业经历对资本结构决策效率的影响具有非对称性的特点，其对资本结构需要向上调整的企业助力更强，也与验证的主要结论一致。

表 7-14　CEO 复合型职业经历对资本结构动态调整速度的影响

变量名	（1） $Lev_t - Lev_{t-1}$ 全样本	（2） $Lev_t - Lev_{t-1}$ 向上调整	（3） $Lev_t - Lev_{t-1}$ 向下调整
DLev	0.3607 *** （47.1553）	0.6585 *** （65.5870）	0.4985 *** （50.5517）
CEO_CERI	0.0022 （1.4385）	-0.0017 （-0.7984）	0.0052 *** （2.2947）
DLev * *CEO_CERI*	0.0182 *** （2.5502）	0.0204 *** （2.1343）	0.0006 （0.0534）
Age	-0.0044 *** （-8.4022）	-0.0019 *** （-2.9687）	-0.0026 *** （-4.0805）
Size	0.0160 *** （8.6267）	0.0184 *** （7.2931）	-0.0052 *** （-2.2885）
Growth	0.0023 *** （4.2263）	0.0006 （0.9364）	0.0033 *** （5.0991）
ROA	-0.5639 *** （-38.5201）	-0.2858 *** （-13.6452）	-0.4431 *** （-27.8447）
Tang	0.0609 *** （6.9640）	0.0769 *** （7.1499）	-0.0200 * （-1.9054）
Dep	-1.7565 *** （-14.6743）	-1.2937 *** （-8.3004）	-1.2680 *** （-9.1594）
Board	-0.0010 （-1.0820）	-0.0005 （-0.4216）	-0.0004 （-0.3308）
Indep	-0.0332 （-1.4190）	-0.0494 * （-1.8797）	-0.0193 （-0.6646）
CEOAge	-0.0001 （-0.4210）	0.0001 （0.6111）	0.0003 （1.1710）

续表

变量名	（1） $Lev_t - Lev_{t-1}$ 全样本	（2） $Lev_t - Lev_{t-1}$ 向上调整	（3） $Lev_t - Lev_{t-1}$ 向下调整
CEOGender	−0.0036 （−0.6981）	0.0022 （0.3436）	−0.0015 （−0.2346）
CEOTenure	0.0000 （0.0138）	0.0001* （1.7016）	−0.0001*** （−2.3852）
CEOShare	0.0599*** （3.2212）	0.0162 （0.8182）	0.0497* （1.8859）
Duality	−0.0063*** （−2.1496）	−0.0042 （−1.1949）	−0.0098*** （−2.8482）
SOE	−0.0004 （−0.0602）	0.0155* （1.8736）	−0.0094 （−1.3151）
Top1	0.0219* （1.6470）	0.0482*** （2.9524）	−0.0104 （−0.6254）
_cons	−0.2104*** （−4.6867）	−0.4912*** （−8.0629）	0.3227*** （5.9862）
Industry	Yes	Yes	Yes
Year	Yes	Yes	Yes
N	14074	7144	6930
R^2	0.2739	0.4996	0.4330
F	100.8028	119.0174	93.3349
p	0.0000	0.0000	0.0000

注：***、**、*分别表示在1%、5%、10%统计水平上显著。

7.8 本章小结

企业的日常经营及投资活动离不开融资活动的支撑，资本结构决策是最关键的融资决策，也是企业财务风险承担的重要体现，第 7 章以 2007~2018 年中国沪深 A 股上市公司为研究样本，运用手工收集的 CEO 职业经历数据集构建 CEO 职业经历丰富度指数，基于高层梯队理论，理论分析并实证检验 CEO 职业经历丰富度对企业资本结构决策的影响。

　　研究结果表明，首先，CEO 复合型职业经历有助于提高企业负债水平，具体表现为资产负债率和银行贷款水平的提升。其次，影响因素方面，管理者自主权会对 CEO 个人特质的发挥产生影响，当 CEO 持股比例较高、产权性质为非国有企业、企业股权集中度较低时，CEO 职业经历丰富度对企业负债水平的提升作用更为明显。从职业经历类型角度，CEO 任职的企业数、行业数、组织机构数对于企业负债水平的促进作用最为显著；从资本结构决策效率角度，CEO 复合型职业经历提升了资本结构动态调整速度。最后，运用中介效应检验验证了负债融资决策是 CEO 复合型职业经历促进企业风险承担的影响路径之一，即"CEO 职业经历丰富度—资本结构—企业风险承担"路径成立。

第8章 研究结论与展望

本书主要基于高层梯队理论，理论分析并实证检验了 CEO 复合型职业经历对企业风险承担决策的作用，同时由于 CEO 复合型职业经历是企业较为稀缺的人力资本，如何甄别、运用该资源也是企业面临的重要命题。本章首先总结本书的主要研究结论，同时从政府、企业、管理者三个层面提出管理建议，最后分析本书的研究局限及展望。

8.1 研究结论

人才是我国实施创新驱动发展战略的关键，如何培养与选拔高层次管理人才是关乎企业可持续发展及宏观经济增长的重要议题，多样化的管理技能较之于专业技能的相对优势日趋明显，越来越多的企业倾向于聘用职业经历丰富的复合型高管。随着我国经济迈入新发展阶段，人才的重要性愈加凸显。企业高层管理人员是稀缺性人力资源，对于微观企业运行和宏观经济增长都起到重要作用。CEO 是影响企业风险承担决策及水平的关键主体，其个人多样化的职业经历会对企业风险承担决策及风险承担水平产生重要影响，并进而影响企业可持续的价值创造和突破式成长。本书以 2007~2018 年中国沪深 A 股上市公司为样本，基于高层梯队理论、资源基础理论、委托代理理论等多学科交叉融合的理论基础，着眼非完全理性的视角，利用手工收集的 CEO 多维职业经历独特数据集，从 CEO 曾任职过的职能部门数、企业数、行业数、组织机构数、地域类型五个维度构建 CEO 职业经历丰富度指数，以衡量 CEO 职业经历的广度特征。依据"制度环境—影响效应—影响路径—经济后果"的逻辑思路，对中国制度背景下 CEO 复合型职业经历与企业风险承担的影响效应、作用机制、影响路径、经济后果进行理论解释、数据分析和验证。本书主要研究结论如下：

第一，通过手工收集的中国 A 股上市公司 CEO 职业经历数据集，构建职业经历丰富度指数，分析发现：中国上市公司 CEO 职业经历丰富度整体水平较低，虽然整体呈现逐年提升的态势，但中位数变化幅度微弱，拥有丰富职业经历的 CEO 属于稀缺资源；不同的企业类型，CEO 职业经历丰富度呈现不同的特点，经非参数检验及参数检验发现，不同产权性质、高新技术行业属性、资本市场类型的企业样本之间，其 CEO 职业经历丰富度存在显著差异，与国有企业相比，非国有企业 CEO 职业经历丰富度显著更高；与非高新技术行业企业相比，高新技术行业企业的 CEO 职业经历丰富度显著更高；与非创业板企业相比，创业板企业的 CEO 职业经历丰富度显著更高，可知不同企业对于 CEO 职业经历的需求存在差异。以企业历史及行业业绩为参考点衡量的企业业绩期望落差会影响企业继任 CEO 的特点，企业的业绩期望落差越大，越倾向于聘任具有复合型职业经历的 CEO，这一结论在运用两阶段最小二乘法、更换研究模型及解释变量衡量方式等检验后结果依然稳健。在影响因素方面，从公司治理角度，良好的公司治理水平能够有效地促进企业与继任 CEO 的匹配，即董事会治理水平越高、市场化进程越高，低于业绩期望水平的企业越倾向于聘任复合型 CEO；从离任 CEO 特征角度，当离任 CEO 发生非常规变更、离任 CEO 任期较短时，低于业绩期望水平的企业越倾向于聘任复合型 CEO。在经济后果方面，业绩期望落差较大的企业在聘任复合型 CEO 后，战略变革程度显著提升，虽然资本市场短期反应并不明朗，但长期来看反应良好，说明复合型 CEO 与业绩期望落差企业的匹配能够体现人力资源配置的合理性，并得到利益相关者的认同。

第二，通过理论分析和实证检验发现，CEO 复合型职业经历提升了企业风险承担水平，该结论在一系列内生性检验后依然稳健。作用机制方面，基于风险承担意愿与能力视角，验证当经济政策不确定性较高、市场化程度较低时，CEO 复合型职业经历对企业风险承担的提升作用越强。经济后果方面，CEO 复合型职业经历能够通过促进企业风险承担，进而提升企业的价值创造能力。

第三，基于经营风险承担角度，通过理论分析和实证检验发现，CEO 复合型职业经历对企业多元化经营起到促进作用，在工具变量法、倾向得分匹配法等一系列内生性检验之后该结论依然稳健。作用机制检验发现：其一，与信息中介质量高的企业相比，未被四大事务所审计、分析师关注度低的企业 CEO 职业经历丰富度对企业多元化经营的促进作用更强，证明 CEO 复合型职业经历通过发挥信息资源效应促进企业多元化经营；其二，职业经历丰富度显著提升了管理者能力，从而提升了企业多元化经营，验证能力效应成立。经济后果方面，CEO 复合型职业经历与企业多元化经营在提升企业价值方面发挥了一定的协同效应，即拥有复合型职业经历的 CEO 能够通过多元化经营创造企业价值。最后，通过中介效应检验明确了 CEO 复合型职业经历通过促进多元化经营进而提升企业风险承担水平。

此外，基于财务风险承担角度，通过理论分析和实证检验发现 CEO 复合型职业经历对企业负债水平起到促进作用，具体表现为资产负债率和银行贷款水平的提升，其中跨企业、跨行业、跨组织的职业经历影响效应最为显著。影响因素方面，管理者自主权会对 CEO 个人特质的发挥产生影响，当 CEO 持股比例较高、产权性质为非国有企业、企业股权集中度较低时，CEO 具有较高的管理自主权，CEO 复合型职业经历对企业负债水平的提升作用更为明显。从资本结构决策效率角度，CEO 复合型职业经历提升了资本结构动态调整速度。风险承担方面，通过中介效应检验明确了 CEO 复合型职业经历通过提升企业负债水平最终促进企业风险承担水平。

综合来看，本书多方位分析检验 CEO 复合型职业经历对企业风险承担的积极影响，验证了 "CEO 职业经历丰富度—多元化经营—企业风险承担" 以及 "CEO 职业经历丰富度—资本结构—企业风险承担" 两条影响路径成立，同时明确了 CEO 丰富的职业经历对于企业价值创造的促进作用，从影响效应、作用机制、影响路径及经济后果四个方面完成了对于 CEO 职业经历丰富度影响企业风险承担的系统研究。因此本书的研究贡献主要包括以下三个方面：①本书拓展了高层梯队理论的应用研究，丰富了管理者职业经历影响企业行为的研究。②本书从高管职业经历的个体层面系统研究企业风险承担的影响因素、影响路径及经济后果，为促进企业风险承担、提升企业价值提供理论与实证证据。③本书结合中国本土情境，构建了 CEO 职业经历丰富度指数，更加契合中国的制度背景及组织机构设置，对于人才特质的量化与研究具有重要的参考意义。

8.2　研究建议

本书的研究成果在拓宽现有研究范畴的同时，也为不同层面的利益相关者制定相关决策提供参考与建议。在 "人才强国" 战略大力推进的社会背景下，企业对复合型人才求贤若渴。本书的研究成果在拓宽高层梯队理论研究范畴的同时，也为不同层面的相关利益者人才选聘机制提供如下参考：

（1）政府监管层面。协调统筹多方资源，完善多层次人才培养与引进体系。建设高水平人才队伍是国家发展的重要目标，复合型管理者是促进企业发展的重要稀缺资源，因此在人才培养及人才政策方面，相关部门应注重以下几点。①人才培养方面，关注不同类型人才的培养，尤其是复合型高层次人才的塑造，充分协调学校、企业、科研院所等跨行业跨领域的资源，从产学研等多角度健全复合型人才的协同培养体系，全面提升人才的综合素质与技能。②人才引进及选拔方面，拓宽人才引进思路，为复合型人才提供良好的激励及保障。中国当前对于海归人才、军队人才等特殊人才的就业制定了相应的激励政策，但是在具体实施方面存在地方政府短期利益争夺的行为，而未从更长远的可持续发展角度实现人才的价值效应，因此应充分提升企业的参与度与人才的可选择性，地方政府根据区域经济发展现状制定特色人才政策，鼓励企业发挥能动性引进及选拔人才，完善人才体系，尤其是管理层结构，激发企业发展的活力与动力。首先，政府应当强化复合型人才培养和引进机制，确保人才"长得大""流得动"。复合型人才对于建立创新型企业、实现科教兴国战略具有重要意义，然而现阶段我国复合型人才体量总体较小，复合型、创新型人才培养工作仍需不断推进。对此，政府应当发挥主导作用，一方面，政府应当积极制定复合型人才培养、引进政策，包括联合企业、高校、社会组织，推进教育体系变革，培育具有跨学科知识体系、创新思维与创新实践能力的高素质新型人才。另一方面，政府应当加强和完善经理人市场环境建设，通过强化对资本市场的监督和引导，如进一步完善信息披露制度、深化管理体制改革，建立起现代化经济体系，营造公开透明的经理人市场环境，保证人才的自由流动。此外，政府应进一步完善治理制度并优化市场环境，为企业发展创造更加优质健康的环境。良好的制度环境能为企业健康发展提供有力保障，并抑制管理者的短视行为，有助于管理者积极承担风险，致力于企业可持续的价值创造。同时，制度环境的改善有助于人力资本的有效配置，不仅能够为企业提供良好的市场环境与经济法律环境，还能够完善劳动力市场，提高企业与人才的匹配程度，发挥高层次人才的价值效应，因此政府应持续健康推进市场化进程，为人才和企业发展提供良好的外部环境，以提升资源配置效率及经济发展活力。

（2）企业微观层面。健全人才发展平台，优化人才资源配置。企业是高层次人才创造价值的重要平台，因此在选才用才方面需要注意以下问题：首先，企业需要健全高层次人才培养与选拔机制，不仅需要重视引进具有复合型职业经历的人才，还要为人才搭建良好的发展平台，如提供多方面知识技能培训、海外工作机会、轮岗交流学习等，培养管理者的综合管理技能和多元化思维方式，提升其风险承担意识及能力。此外，本书强调复合型管理者对企业风险承担的促进作用，但并不否认专业型人才在专业领域的独特优势，其在企业创新、并购等风险活动中也会发挥重要的推动作用，因此企业需要注重甄别人才特质，优化人才资源配置，注重人才队伍的平衡，提高企业的经营及决策效率。其次，要完善公司治理机制，尤其对董事会来说，CEO 解雇与选聘是其重要职责，企业应注重现代企业治理方面的各项制度及机构设置，提升董事会决策的专业性和独立性，最终提高企业对高层次管理人才的配置效率。最后，企业应当建立市场化薪酬体制机制，提高薪酬灵活性，确保人才"引得进""留得住"。薪酬机制是吸引人才的有力手段，对此，企业应当积极变革，一方面，企业应当提高薪酬基准或各项福利待遇，增强薪酬激励对复合型人才的吸引力。值得注意的是，声誉、社会地位等隐性福利对薪酬激励能够起到替代作用，对此，企业可以考虑通过表彰等方式，满足复合型人才对个人实现价值的追求，达到吸引人才的作用。另一方面，企业必须兼顾"效率与公平"，在制定复合型 CEO 高薪政策时，也应当加强对其他高管的激励，缓解团队摩擦、促进团结协作，最大化发挥薪酬激励作用。此外，企业不仅要关注内部薪酬公平，也需要适当关注外部薪酬公平，如主要竞争对手薪酬水平，确保人才"留得住"。

（3）管理者个体层面。注重复合型经验积累，提升综合管理能力。首先，管理者应重视丰富的管理实践对管理能力的提升作用，保持开放包容和持续学习的心态，不拘于某一岗位或某一领域的工作惯性，而是注重学习不同领域的思维方式及管理方式，完善自身的知识结构和管理技能，提升知识迁移能力及跨界能力，同时不断提高自身在劳动力市场的议价能力与形象声誉。其次，管理者应注重企业核心竞争力与经营管理决策的匹配性，无论是投资经营决策，还是融资分配决策，许多决策都具有两面性，对于具体策略的优劣学术界时常争论不一，管理实践结果也千差万别，研究旨在强调管理者与企业对自身资源与优势的高效利用，企业根据发展需求选聘管理者，同时管理者运用综合管理技能结合企业竞争优势制定最优决策，进而更有效地提升企业价值。最后，管理者应意识到积极承担风险对于企业可持续价值创造的重要作用，以及相关利益者对于企业风险承担的重视，明确当前职业经理人市场对管理者特质的综合需求，提升自身在管理决策中的风险承担意识和能力。

8.3 研究不足与展望

本书从理论及实证两方面对中国上市公司 CEO 职业经历丰富度进行了测算，并研究其对企业风险承担的影响效应、影响路径及经济后果，对以高层梯队为主的相关理论与研究进行了补充。但是由于主客观因素的影响与限制，本书不可避免地存在一定的局限，需要在后续研究中深入与完善。

（1）手工收集的 CEO 职业经历数据集数据精度和完整度有待提高。由于中国上市公司高管简历信息披露信息精确度有限，并不是所有简历都披露详细的任职信息，因此在手工收集 CEO 职业经历丰富度的基础数据时，存在人工无法查询到的信息缺漏情况，这也导致了研究样本存在一定的缺失。后续研究可以确定样本范围后，针对企业管理人员进行信息的定向收集，获取更为准确和全面的数据。

（2）CEO 职业经历丰富度指数的构建有待完善。其一，本书主要采用因子分析法进行指数构建，但是该方法存在一定的信息摒弃情况，应寻找是否有更优的指数构建模型。其二，由于简历信息完整度的限制，许多数据无法获取，如各职业经历的工作时间等，导致指数的信息含量可能存在局限。因此，本书构建指数时使用的五项指标是否能够全面反映职业经历的多样化程度，还需要更多研究来检验与完善，如果在基础数据精度提高的前提下完善指数构建模型，可以有效提升研究的科学性和说服力。

（3）风险承担的影响路径考察有待拓展。本书对于企业风险承担的影响路径研究仅考虑了多元化经营、资本结构这两类重要的风险承担表现；事实上，企业存在更多的关键性风险决策，也会对企业风险承担及企业价值产生重要作用，相应的影响机理及作用情境仍有待检验。探究 CEO 复合职业经历影响风险承担的作用机制也是以后值得研究的方向。

参 考 文 献

［1］ Abebe M A. Top Team Composition And Corporate Turnaround Under Environmental Stability And Turbulence ［J］. Leadership & Organization Development Journal, 2010, 31 (3): 196-212.

［2］ Acharya V V, Amihud Y, Litov L. Creditor Rights and Corporate Risk-Taking ［J］. Journal of Financial Economics, 2011, 102 (1): 150-166.

［3］ Adler P S, Kwon S W. Social Capital: Prospects For A New Concept ［J］. Academy of Management Review, 2002 (27): 17-40.

［4］ Albert A. Cannella J, Park J-H, Lee H-U. Top Management Team Functional Background Diversity and Firm Performance: Examining The Roles of Team Member Colocation and Environmental Uncertainty ［J］. Academy of Management Journal, 2008, 51 (4): 768-784.

［5］ Antia M, Pantzalis C, Park J C. Ceo Decision Horizon And Firm Performance: An Empirical Investigation ［J］. Journal of Corporate Finance, 2010, 16 (3): 288-301.

［6］ Baker, Scott, R., et al. Measuring Economic Policy Uncertainty ［J］. The Quarterly Journal of Economics, 2016, 131 (4): 1593-1636.

［7］ Balsam S, Kwack S Y, Lee J Y. Network Connections, Ceo Compensation And Involuntary Turnover: The Impact of a Friend of a Friend ［J］. Journal of Corporate Finance, 2017 (45): 220-244.

［8］ Bamber L S, Jiang J, Wang I Y. What's My Style? The Influence of Top Managers On Voluntary Corporate Financial Disclosure ［J］. Accounting Review, 2010, 85 (4): 1131-1162.

［9］ Barker V L, Mueller G C. Ceo Characteristics and Firm R&D Spending ［J］. Management Science, 2002, 48 (6): 782-801.

［10］ Baron R M, Kenny D A. The Moderator-Mediator Variable Distinction In

Social Psychological Research: Conceptual, Strategic, and Statistical Considerations [J]. Journal of Personality and Social Psychology, 1986, 51 (6): 1173-1182.

[11] Baum J A, Rowley T, Shipilov A V, et al. Dancing With Strangers: Aspiration Performance And The Search For Underwriting Syndicate Partners [J]. Administrative Science Quarterly, 2005, 50 (4): 536-575.

[12] Benfratello L, Schiantarelli F, Sembenelli A. Banks And Innovation: Microeconometric Evidence On Italian Firms [J]. Journal of Financial Economics, 2008, 90 (2): 197-217.

[13] Benmelech E, Frydman C. Military Ceos [J]. Journal of Financial Economics, 2015, 117 (1): 43-59.

[14] Bereskin F L, Campbell T L, Hsu P H. Corporate Philanthropy, Research Networks, And Collaborative Innovation [J]. Financial Management, 2016, 45 (1): 175-206.

[15] Berger P G, Ofek E. Diversification's Effect on Firm Value [J]. Journal of Financial Economics, 1995, 37 (1): 39-65.

[16] Berger P G, Yermack O D L. Managerial Entrenchment And Capital Structure Decisions [J]. Journal of Finance, 1997, 52 (4): 1411-1438.

[17] Bernheim B D, Whinston M D. Multimarket Contact And Collusive Behavior [J]. The Rand Journal of Economics, 1990, 21 (1): 1-26.

[18] Black B, De Carvalho A G, Khanna V, et al. Corporate Governance Indices And Construct Validity [J]. Corporate Governance An - International Review, 2017, 25 (6) 397-410.

[19] Black F, Scholes M. The Pricing of Options And Corporate Liabilities [J]. Journal of Political Economy, 1973, 81 (3): 637-654.

[20] Boeing P. The Allocation And Effectiveness of China's R&D Subsidies-Evidence From Listed Firms [J]. Research Policy, 2016, 45 (9): 1774-1789.

[21] Bolton P, Scharfstein D. A Theory of Predation Based on Agency Problems In Financial Contracting [J]. American Economic Review, 1990, 80 (1): 93-106.

[22] Boubakri N, Cosset J-C, Saffar W. The Role of State and Foreign Owners In Corporate Risk-Taking: Evidence From Privatization [J]. Journal of Financial Economics, 2013, 108 (3): 641-658.

[23] Brander J, Lewis T. Oligopoly And Financial Structure: The Effects of Limited Liability [J]. American Economic Review, 1986, 76 (5): 956-970.

[24] Brockman P, Campbell J L, Lee H S, et al. Ceo Experience and Financial

Reporting Quality: Evidence From Management Forecasts [J]. Journal of Business Finance & Accounting. 2018, 46 (3): 420-456.

[25] Bromiley P. Testing a Causal Model of Corporate Risk Taking And Performance [J]. Academy of Management Journal, 1991, 34 (1): 37-59.

[26] Brown, J. R., Fazzari, S. M. And Petersen, B. C. Financing Innovation And Growth: Cash Flow, External Equity And The 1990s R&D Boom [J]. Journal of Finance, 2009 (64): 151-185.

[27] Cagges A. Entrepreneurial Risk, Investment, And Innovation [J]. Journal of Financial Economics, 2012, 106 (2): 287-307.

[28] Cain M D, Mckeon S B. Ceo Personal Risk-Taking And Corporate Policies [J]. Journal of Financial & Quantitative Analysis, 2016, 51 (1): 139-164.

[29] Camelo-Ordaz C, Hernández-Lara A B, Valle-Cabrera R. The Relationship Between Top Management Teams And Innovative Capacity In Companies [J]. Journal of Management Development, 2005, 24 (8): 683-705.

[30] Cameron K S, De Graff J, Quinn R E, Thakor A. Competing Values Leadership: Creating Value In Organisations [M]. Edward Elgar, Cheltenham, 2006.

[31] Cao X, Pan X, Qian M, et al. Political Capital And Ceo Entrenchment: Evidence From Ceo Turnover in Chinese Non-Soes [J]. Journal of Corporate Finance, 2017 (42): 1-14.

[32] Carpenter M A, Fredrickson J W. Top Management Teams, Global Strategic Posture, And The Moderating Role of Uncertainty [J]. Academy of Management Journal, 2001, 44 (3): 533-545.

[33] Carpenter Re, Petersen Bc. Is The Growth Of Small Firms Constrained By Internal Finance? [J]. Review of Economics & Statistics. 2002, 84 (2): 298-309.

[34] Chaganti R, Sambharya R. Strategic Orientation And Characteristics of Upper Management [J]. Strategic Management Journal, 2010, 8 (4): 393-401.

[35] Chang E C, Wong S M. Governance With Multiple Objectives: Evidence From Top Executive Turnover In China [J]. Journal of Corporate Finance, 2009, 15 (2): 230-244.

[36] Chen M J, Miller D. Competitive Dynamics: Themes, Trends, And a Prospective Research Platform [J]. Academy of Management Annals, 2012, 6 (1): 135-210.

[37] Chen Y, Podolski E J, Veeraraghavan M. Does Managerial Ability Facilitate Corporate Innovative Success? [J]. Journal of Empirical Finance, 2015

(34): 313-326.

[38] Cheng S. R&D Expenditures And Ceo Compensation [J]. Accounting Review, 2004, 79 (2): 305-328.

[39] Cho C H, Jung J H, Kwak B, et al. Professors On The Board: Do They Contribute To Society Outside The Classroom? [J]. Journal of Business Ethics, 2017, 141 (2): 393-409.

[40] Christensen D M, Dhaliwal D S, Boivie S, et al. Top Management Conservatism And Corporate Risk Strategies: Evidence From Managers' Personal Political Orientation And Corporate Tax Avoidance [J]. Strategic Management Journal, 2015, 36 (12): 1918-1938.

[41] Chyz J A, Gaertner F B. Can Paying "Too Much" Or "Too Little" Tax Contribute To Forced Ceo Turnover? [J]. The Accounting Review, 2018, 93 (1): 103-130.

[42] Clausen T H. Do Subsidies Have Positive Impacts On R&D And Innovation Activities At The Firm Level? [J]. Structural Change & Economic Dynamics, 2009, 20 (4): 239-253.

[43] Coles J L, Daniel N D, Naveen L. Managerial Incentives And Risk-Taking [J]. Journal of Financial Economics, 2006, 79 (2): 431-468.

[44] Connelly B L, Tihanyi L, Certo S T, et al. Marching to The Beat of Different Drummers: The Influence of Institutional Owners on Competitive Actions [J]. Academy of Management Journal, 2010, 53 (4): 723-742.

[45] Cook D O, Tang T. Macroeconomic Conditions And Capital Structure Adjustment Speed [J]. Journal of Corporate Finance, 2010, 16 (1): 73-87.

[46] Cronqvist H, Makhija A K, Yonker S E. Behavioral Consistency in Corporate Finance: Ceo Personal and Corporate Leverage [J]. Journal of Financial Economics, 2012, 103 (1): 20-40.

[47] Crossland C, Zyung J, Hiller N J, et al. Ceo Career Variety: Effects On Firm-Level Strategic and Social Novelty [J]. Academy of Management Journal, 2014, 57 (3): 652-674.

[48] Cucculelli M, Ermini B. Risk Attitude, Product Innovation, and Firm Growth. Evidence from Italian Manufacturing Firms [J]. Economics Letters, 2013, 118 (2): 275-279.

[49] Cullinan C P, Roush P B. Has The Likelihood Of Appointing a Ceo With An Accounting/Finance Background Changed in The Post - Sarbanes Oxley Era?

[J]. Research in Accounting Regulation, 2011, 23 (1): 71-77.

[50] Cunat V, Guadalupe M. The Effect of Corporate Governance On Shareholder Value [J]. Helath Economics, 2004, 67 (5), 1943-1977.

[51] Custódio C, Ferrcira M A, And Matos P. Generalists Versus Specialists: Lifetime Work Experience And Chief Executive Officer Pay [J]. Journal of Financial Economics, 2013, 108 (2): 471-492.

[52] Custodio C, Ferreira M A, Matos P, et al. Do General Managerial Skills Spur Innovation [J]. Management Science, 2017, 65 (2): 459-476.

[53] Custódio C, Metzger D. Financial Expert Ceos: Ceo's Work Experience and Firm's Financial Policies [J]. Journal of Financial Economics, 2014, 114 (1): 125-154.

[54] Cyert R M, March J G. A Behavioral Theory of The Firm Prentice Hall [M]. Englewood Cliffs, Nj, 1963.

[55] Czarnitzki D, Hottenrott H. R&D Investment and Financing Constraints Of Small And Medium-Sized Firms [J]. Small Business Economics, 2011, 36 (1): 65-83.

[56] Dahl M S, Pedersen C R. Social Networks In The R&D Process: The Case of The Wireless Communication Industry Around Aalborg, Denmark [J]. Journal of Engineering And Technology Management, 2005, 22 (1-2): 75-92.

[57] Dai W, Liu Y. Local Vs. Non-Local Institutional Embeddedness, Corporate Entrepreneurship, and Firm Performance in a Transitional Economy [J]. Asian Journal of Technology Innovation, 2015, 23 (2): 255-270.

[58] Daniel Kahneman, Amos Tversky. Prospect Theory: An Analysis of Choice Under Risk [J]. The Econometric Society, 1979, 47 (2): 263-292.

[59] Dasgupta S, Ding F. Search Intermediaries, Internal Labor Markets, And Ceo Pay [J]. Ssrn Electronic Journal, 2010.

[60] Dauth T, Pronobis P, Schmid S. Exploring The Link Between Internationalization of Top Management And Accounting Quality: The Cfo's International Experience Matters [J]. International Business Review, 2017, 26 (1): 71-88.

[61] David P A, Hall B H, Toole A A. Is Public R&D a Complement or Substitute for Private R&D? A Review of The Econometric Evidence [J]. Research Policy, 2000, 29 (4-5): 497-529.

[62] Davis J H, Schoorman F D, Donaldson L. The Distinctiveness of Agency Theory And Stewardship Theory [J]. The Academy of Management Review, 1997, 22

（3）：611-613.

[63] Defond M L, Hung M. Investor Protection And Corporate Governance: Evidence from Worldwide Ceo Turnover [J]. Journal of Accounting Research, 2004, 42 (2)：269-312.

[64] Demerjian P, Lev B, Mcvay S. Quantifying Managerial Ability: A New Measure and Validity Tests [J]. Management Science, 2012, 58 (7)：1229-1248.

[65] Dess G G, Lumpkin G T, Covin J G. Entrepreneurial Strategy Making and Firm Performance: Tests of Contingency and Configurational Models [J]. Strategic Management Journal, 1997：677-695.

[66] Dong Z, Wang C, Xie F. Do Executive Stock Options Induce Excessive Risk Taking? [J]. Journal of Banking & Finance, 2010, 34 (10)：2518-2529.

[67] Dragoni L, In-Sue O H, Vankatwyk P, et al. Developing Executive Leaders: The Relative Contribution of Cognitive Ability, Personality, and The Accumulation of Work Experience In Predicting Strategic Thinking Competency [J]. Personnel Psychology, 2011, 64 (4)：829-864.

[68] Duchin R. Cash Holdings And Corporate Diversification [J]. The Journal of Finance, 2010, 65 (3)：955-992.

[69] Duffy T. Military Experience And Ceos: Is There a Link? Korn/Ferry, Report. I. Military Experience and Ceos: Is There a Link? [R]. Korn/Ferry International Report, 2006.

[70] Duru A, Iyengar R J, Zampelli E M. Performance Choice, Executive Bonuses and Corporate Leverage [J]. Journal of Corporate Finance, 2012, 18 (5)：1286-1305.

[71] Edwards C D. Conglomerate Bigness As a Source of Power [M]. In National Bureau Committee For Economic Research, Business Concentration And Price Policy. Princeton: Princeton University Press 1955：331-359.

[72] Eisfeldt A L, Kuhnen C M. Ceo Turnover In a Competitive Assignment Framework [J]. Journal of Financial Economics, 2013, 109 (2)：351-372.

[73] Faccio M, Marchica M-T, Mura R. Large Shareholder Diversification And Corporate Risk - Taking [J]. The Review of Financial Studies, 2011, 24 (11)：3601-3641.

[74] Fahrenkopf E, Guo J, Argote L. Personnel Mobility And Organizational Performance: The Effects Of Specialist Vs. Generalist Experience And Organizational Work Structure [J]. Organization Science, 2020, 31 (6)：1601-1620.

［75］ Faleye O, Kovacs T, Venkateswaran A. Do Better-Connected Ceos Innovate More? ［J］. Social Science Electronic Publishing, 2014, 49 (5-6): 1201-1225.

［76］ Fama E F. Agency Problems And The Theory Of The Firm ［J］. Journal of Political Economy, 1980, 88 (2): 288-307.

［77］ Fan J P H, Wong T J, Zhang T. Politically Connected Ceos, Corporate Governance, And Post-Ipo Performance Of China's Newly Partially Privatized Firms ［J］. Journal of Applied Corporate Finance, 2007, Vol. 84, Pp. 330-357.

［78］ Faulkender M, Flannery M J, Hankins K W, et al. Cash Flows And Leverage Adjustments ［J］. Journal of Financial Economics, 2012, 103 (3): 632-646.

［79］ Fauver L, Naranjo H A. Capital Market Development, International Integration, Legal Systems, And The Value Of Corporate Diversification: A Cross-Country Analysis ［J］. Journal of Financial & Quantitative Analysis, 2003, 38 (1): 135-158.

［80］ Fazzari S, Hubbard R G, Petersen B C. Financing Constraints And Corporate Investment ［J］. Broeking Papers on Economic Activity, 1988 (1): 141-195.

［81］ Fee C E, Hadlock C J, Pierce J R. Managers With And Without Style: Evidence Using Exogenous Variation ［J］. The Review of Financial Studies, 2013, 26 (3): 567-601.

［82］ Ferris S P, Javakhadze D, Rajkovic T. Ceo Social Capital, Risk-Taking And Corporate Policies ［J］. Journal of Corporate Finance, 2017, 47: 46-71.

［83］ Filatotchev I, Liu X, Lu J, et al. Knowledge Spillovers Through Human Mobility Across National Borders: Evidence From Zhongguancun Science Park In China ［J］. Research Policy, 2011, 40 (3): 453-462.

［84］ Finkelstein S, Hambrick D C. Top-Management-Team Tenure And Organizational Outcomes: The Moderating Role Of Managerial Discretion ［J］. Administrative Science Quarterly, 1990, 35 (3): 484-503.

［85］ Finkelstein S. Power In Top Management Teams: Dimensions, Measurement, And Validation ［J］. Academy of Management Journal Academy of Management, 1992, 35 (3): 505-538.

［86］ Fiordelisi F, Ricci O. Corporate Culture And Ceo Turnover ［J］. Journal of Corporate Finance, 2014: 66-82.

［87］ Fitzsimmons T W, Callan V J. Ceo Selection: a Capital Perspective ［J］. Leadership Quarterly, 2016, 27 (5): 765-787.

［88］ Francis B, Hasan I, Wu Q. Professors In The Boardroom And Their Impact

On Corporate Governance And Firm Performance [J]. Financial Management, 2015, 44 (3): 547-581.

[89] Frank M Z, Goyal V K. Corporate Leverage: How Much Do Managers Really Matter? [J]. Social Science Electronic Publishing, 2006.

[90] Friend I, Lang L H P. The Size Effect On Stock Returns: Is It Simply a Risk Effect Not Adequately Reflected By The Usual Measures? [J]. Journal of Banking & Finance, 1988, 12 (1): 13-30.

[91] Galaskiewicz J. Making Corporate Actors Accountable: Institution-Building In Minneapolis-St. Paul. In W. W. Powell, & P. J. Dimaggio (Eds), The New Institutionalism In Organizational Analysis [J]. Chicago: University of Chicago Press, 1991: 293-310.

[92] Garicano L, Rossi-Hansberg E. Organization And Inequality In a Knowledge Economy [J]. 2006, 121 (4): 1383-1435.

[93] Ghosh A, Wang J. Accounting Losses As a Heuristic For Managerial Failure: Evidence From Ceo Turnovers [J]. Journal of Financial And Quantitative Analysis, 2019, 54 (2): 877-906.

[94] Giannetti M, Liao G, Yu X. The Brain Gain Of Corporate Boards: Evidence From China [J]. The Journal of Finance, 2015, 70 (4): 1629-1682.

[95] Giannetti M. Serial Ceo Incentives And The Structure Of Managerial Contracts [J]. Journal of Financial Intermediation, 2011, 20 (4): 633-662.

[96] Gomes A, Novaes W. Sharing of Control As a Corporate Governance Mechanism [J]. 2005.

[97] Gounopoulos D, Pham H. Specialist Ceos And Ipo Survival [J]. Journal of Corporate Finance, 2017, 48: 217-243.

[98] Graham J R, Harvey C R, Puri M. Managerial Attitudes and Corporate Actions [J]. Journal of Financial Economics, 2013, 109 (1): 103-121.

[99] Graham J R, Narasimhan K. Corporate Survival And Managerial Experiences During The Great Depression [C]. Afa 2005 Philadelphia Meetings. 2004.

[100] Granovetter M. Economic Action And Social Structure: The Problem Of Embeddedness [J]. American Journal of Sociology, 1985, 91 (3): 481-510.

[101] Greve H R. Organizational Learning From Performance Feedback: A Behavioral Perspective On Innovation And Change [M]. Cambridge University Press, 2003.

[102] Greve H R, Mitsuhashi H. Power And Glory: Concentrated Power In Top

Management Teams [J]. Organization Studies, 2007, 28 (8): 1197-1221.

[103] Guillén M F. Business Groups In Emerging Economies: A Resource Based View [J]. The Academy of Management Journal, 2000, 43 (3): 362-380.

[104] Güner A B, Malmendier U, Tate G. Financial Expertise Of Directors [J]. Journal of Financial Economics, 2008, 88 (2): 323-354.

[105] Guo L, Masulis R W. Board Structure And Monitoring: New Evidence From Ceo Turnovers [J]. The Review of Financial Studies, 2015, 28 (10): 2770-2811.

[106] Guthrie Datta J P D K. Contextual Influences On Executive Selection: Firm Characteristics And Ceo Experience [J]. Journal of Management Studies, 1997, 34 (4): 537-560.

[107] Hadlock, Charles J, And Joshua R. Pierce. New Evidence On Measuring Financial Constraints: Moving Beyond The Kz Index [J]. The Review of Financial Studies 2010, 23 (5): 1909-1940.

[108] Hall B H, Harhoff D. Recent Research on The Economics Of Patents [J]. Annu. Rev. Econ., 2012, 4 (1): 541-565.

[109] Hambrick D C, Finkelstein S. Managerial Discretion: A Bridge Between Polar Views Of Organizational Outcomes [J]. Research in Organizational Behavior, 1987, 9 (4): 369-406.

[110] Hambrick D C, Finkelstein S. The Seasons Of a Ceo's Tenure [J]. Academy of Management Review, 1991, 16 (4): 719-742.

[111] Hambrick D C, Mason P A. Upper Echelons: The Organization As a Reflection Of Its Top Managers [J]. Academy of Management Review, 1984, 9 (2): 193-206.

[112] Hamori M, Koyuncu B. Experience Matters? The Impact Of Prior Ceo Experience On Firm Performance [J]. Human Resource Management, 2015, 54 (1): 23-44.

[113] He J J, Tian X. The Dark Side of Analyst Coverage: The Case Of Innovation [J]. Journal of Financial Economics, 2013, 109 (3): 856-878.

[114] He J, Tian X. Finance And Corporate Innovation: A Survey [J]. Asia-Pacific Journal of Financial Studies, 2018, 47 (2): 165-212.

[115] Heaton J B. Managerial Optimism And Corporate Finance [J]. Financial Management, 2002, 31 (2): 33.

[116] Himmelberg C P, Petersen B C. R&D And Internal Finance: A Panel

Study Of Small Firms In High-Tech Industries [J]. The Review of Economics and Statistics, 1994, 76 (1): 38-51.

[117] Hirshleifer D, Low A, Teoh S H. Are Overconfident Ceos Better Innovators? [J]. The Journal of Finance, 2012, 67 (4): 1457-1498.

[118] Hölzl W. Is The R&D Behaviour Of Fast-Growing Smes Different? Evidence From Cis Iii Data For 16 Countries [J]. Small Business Economics, 2009, 33 (1): 59-75.

[119] Hoskisson R E, Chirico F, Zyung J, et al. Managerial Risk Taking: A Multitheoretical Review And Future Research Agenda [J]. Journal of Management, 2017, 43 (1): 137-169.

[120] Houston J F, Jiang L, Lin C, et al. Political Connections And The Cost Of Bank Loans [J]. Journal of Accounting Research, 2014, 52 (1): 193-243.

[121] Hribar P, Yang H. Ceo Overconfidence And Management Forecasting [J]. Contemporary Accounting Research, 2016, 33 (1): 204-227.

[122] Hu C, Liu Y J. Valuing Diversity: Ceos' Career Experiences And Corporate Investment [J]. Journal of Corporate Finance, 2015, 30: 11-31.

[123] Huang J, Kisgen D J. Gender And Corporate Finance: Are Male Executives Overconfident Relative To Female Executives? [J]. Journal of Financial Economics, 2013, 108 (3): 822-839.

[124] Huang R, Marquardt C A, Zhang B. Why Do Managers Avoid Eps Dilution? Evidence From Debt-Equity Choice [J]. Review of Accounting Studies, 2014, 19 (2): 877-912.

[125] Hutton I, Jiang D, Kumar A. Corporate Policies Of Republican Managers [J]. Journal of Financial And Quantitative Analysis, 2014, 49 (5-6): 1279-1310.

[126] Ilyina A, Samaniego R. Technology And Financial Development [J]. Journal of Money Credit & Banking. 2011, 43 (5): 899-921.

[127] Jacobson T, Schedvin E. Trade Credit And The Propagation of Corporate Failure: An Empirical Analysis [J]. Econometrica, 2015, 83 (4): 1315-1371.

[128] Jensen M C, Meckling W H. Theory Of The Firm: Managerial Behavior, Agency Costs And Ownership Structure [J]. Journal of Financial Economics, 1976, 3 (4): 305-360.

[129] Jensen M C. Agency Costs Of Free Cash Flow, Corporate Finance, And Takeovers [J]. American Economic Review, 1986, 76 (2): 323-329.

[130] Jensen M C, Murphy K J. Performance Pay And Top-Manager Incentives

[J]. Journal of Political Economy, 1990, 98 (2): 225-264.

[131] Jensen M, Zajac E J. Corporate Elites And Corporate Strategy: How Demographic Preferences And Structural Position Shape The Scope Of The Firm [J]. Strategic Management Journal, 2004, 25 (6): 507-524.

[132] Jenter D, Kanaan F. Ceo Turnover And Relative Performance Evaluation [J]. The Journal of Finance, 2015, 70 (5): 2155-2184.

[133] John K, Litov L, Yeung B. Corporate Governance And Risk - Taking [J]. The Journal of Finance, 2008, 63 (4): 1679-1728.

[134] Jongjaroenkamol P, Laux V. Insider Versus Outsider Ceos, Executive Compensation, And Accounting Manipulation [J]. Journal of Accounting And Economics, 2017, 63 (2): 253-261.

[135] Kaplan S N, Klebanov M M, Sorensen M. Which Ceo Characteristics And Abilities Matter? [J]. The Journal of Finance, 2012, 67 (3): 973-1007.

[136] Kaplan S N, Minton B A. How Has Ceo Turnover Changed [J]. International Review of Finance, 2012, 12 (1): 57-87.

[137] Kaplan S. N. , Klebanov M. M. , & Sorensen M. Which Ceo Characteristics And Abilities Matter? [J]. The Journal of Finance, 2012, 67 (3), 973-1007.

[138] Karaevli A, Hall D T T. How Career Variety Promotes The Adaptability Of Managers: A Theoretical Model [J]. Journal of Vocational Behavior, 2006, 69 (3): 359-373.

[139] Khanna T, Palepu K. Is Group Affiliation Profitable In Emerging Markets? An Analysis Of Diversified Indian Business Groups [J]. The Journal of Finance, 2000, 55 (2): 867-891.

[140] Killgore W D S, Cotting D I, Thomas J L, et al. Post-Combat Invincibility: Violent Combat Experiences Are Associated With Increased Risk-Taking Propensity Following Deployment [J]. Journal of Psychiatric Research, 2008, 42 (13): 1112-1121.

[141] Koyuncu B, Firfiray S, Claes B, et al. Ceos With a Functional Background In Operations: Reviewing Their Performance And Prevalence In The Top Post [J]. Human Resource Management, 2010, 49 (5): 869-882.

[142] Kraus A, Litzenberger R H. A State-Preference Model Of Optimal Financial Leverage [J]. Journal of Finance, 1973, 28 (4): 911-922.

[143] Kukuk M, Stadler M. Financing Constraints And The Timing Of Innovations In The German Services Sector [J]. Empirica, 2001, 28 (3): 277-292.

[144] Lamont O, Polk C, Saaá-Requejo J. Financial Constraints And Stock Returns [J]. The Review of Financial Studies, 2001, 14 (2): 529-554.

[145] Lazonick W. The Innovative Firm [M]. The Oxford Handbook Of Innovation, 2006.

[146] Le S A, Kroll M. Ceo International Experience: Effects On Strategic Change And Firm Performance [J]. Journal of International Business Studies, 2017, 48 (5): 573-595.

[147] Leary M T, Roberts M R. Do Peer Firms Affect Corporate Financial Policy? [J]. Journal of Finance, 2014, 69 (1): 139-178.

[148] Lee C Y. The Differential Effects Of Public R&D Support On Firm R&D: Theory And Evidence From Multi-Country Data? [J]. Technovation, 2011, 31 (5-6): 256-269.

[149] Lennox C S, Francis J R, Wang Z. Selection Models In Accounting Research [J]. Accounting Review, 2012, 87 (2): 589-616.

[150] Lewellyn K B, Muller-Kahle M I. Ceo Power And Risk Taking: Evidence From The Subprime Lending Industry [J]. Corporate Governance An International Review, 2012, 20 (3): 289-307.

[151] Li J, Tang Y. Ceo Hubris And Firm Risk Taking In China: The Moderating Role Of Managerial Discretion [J]. Academy of Management Journal, 2010, 53 (1): 45-68.

[152] Li J, Wei M, Lin B. Does Top Executives' Us Experience Matter? Evidence From Us-Listed Chinese Firms [J]. China Journal of Accounting Research, 2016, 9 (4): 267-282.

[153] Lin C, Lin P, Song F M, et al. Managerial Incentives, Ceo Characteristics And Corporate Innovation In China's Private Sector [J]. Journal of Comparative Economics, 2011, 39 (2): 176-190.

[154] Lin C, Ma Y, Officer M S, et al. Ceos' Military Experience, Agency Costs And Acquisition Decisions [J]. Agency Costs And Acquisition Decisions (September 23, 2011), 2011.

[155] Lin W, Liu Y. Successor Characteristics, Organisational Slack, And Change In The Degree of Firm Internationalisation [J]. International Business Review, 2012, 21 (1): 89-101.

[156] Liu F C, Simon D F, Sun Y T, et al. China's Innovation Policies: Evolution, Institutional Structure, And Trajectory [J]. Research Policy, 2011, 40

（7）：917-931.

［157］Liu K, Li J, Hesterly W, et al. Top Management Team Tenure And Technological Inventions At Post-Ipo Biotechnology Firms ［J］. Journal of Business Research, 2012, 65 （9）：1349-1356.

［158］Liu X, Lu J, Filatotchev I, et al. Returnee Entrepreneurs, Knowledge Spillovers And Innovation In High-Tech Firms In Emerging Economies ［J］. Journal of International Business Studies, 2010, 41 （7）：1183-1197.

［159］Low A. Managerial Risk-Taking Behavior And Equity-Based Compensation ［J］. Journal of Financial Economics, 2009, 92 （3）：470-490.

［160］Lumpkin G T, Dess G G. Clarifying The Entrepreneurial Orientation Construct And Linking It To Performance ［J］. Academy of Management Review, 1996, 21 （1）：135-172.

［161］Luo J H, Xiang Y, Zhu R. Military Top Executives And Corporate Philanthropy：Evidence From China ［J］. Asia Pacific Journal of Management, 2017, 34 （3）：725-755.

［162］Ma D, L. P W. Tocquevillian Moments：Charitable Contributions By Chinese Private Entrepreneurs ［J］. Social Forces, 2006, 85 （2）：943-964.

［163］Malmendier U, Tate G, Yan J. Overconfidence And Early-Life Experiences：The Impact Of Managerial Traits On Corporate Financial Policies ［J］. Journal of Finance, 2011, 66 （5）：1687-1733.

［164］Malmendier U, Tate G. Ceo Overconfidence And Corporate Investment ［J］. The Journal of Finance, 2005, 60 （6）：2661-2700.

［165］Malmendier U, Tate G. Superstar Ceos ［J］. The Quarterly Journal of Economics, 2009, 124 （4）：1593-1638.

［166］Matsusaka, John G. Corporate Diversification, Value Maximization, And Organizational Capabilities ［J］. Journal of Business, 2001, 74 （3）：409-431.

［167］Mclean R D, Zhao M. The Business Cycle, Investor Sentiment, And Costly External Finance ［J］. Journal of Finance, 2014, 69 （3）：1377-1409.

［168］Michel J G, Hambrick D C. Diversificatio Posture And Top Management Team Characteristics ［J］. The Academy of Management Journal, 1992, 35 （1）：9-37.

［169］Mishra D R. The Dark Side of Ceo Ability：Ceo General Managerial Skills And Cost of Equity Capital ［J］. Journal of Corporate Finance, 2014, 29：390-409.

［170］Modigliani F, Miller M H. The Cost of Capital, Corporation Finance And

The Theory of Investment [J]. American Economic Review, 1958, 48: 261-297.

[171] Morck R, Wolfenzon D, Yeung B. Corporate Governance, Economic Entrenchment, And Growth [J]. Journal of Economic Literature, 2005, 43 (3): 655-720.

[172] Mueller D C. A Theory Of Conglomerate Mergers [J]. The Quarterly Journal of Economics, 1969, 83 (4): 643-659.

[173] Murphy Kj, Zabojnik J. Managerial Capital And The Market For Ceos [J]. Working Papers, 2007, (110): 1-50

[174] Myers S C, Majluf N S. Corporate Financing Decisions When Firms Have Information Investors Do Not Have [J]. Journal of Financial Economics, 1984, 13 (2): 187-221.

[175] Ocasio W, Kim H. The Circulation of Corporate Control: Selection of Functional Backgrounds Of New Ceos In Large Us Manufacturing Firms, 1981-1992 [J]. Administrative Science Quarterly, 1999, 44 (3): 532-562.

[176] Park U D, Boeker W, Gomulya D. Political Ideology Of The Board And Ceo Dismissal Following Financial Misconduct [J]. Strategic Management Journal, 2020, 41 (1): 108-123.

[177] Parrino R. , R. Srinivasan. Ceos With Marketing Backgrounds: When Are They Appointed And How Well Do Their Firms Perform? [R] . University Of Texas-Austin Working Paper, 2011.

[178] Peng M W, Luo Y. Managerial Ties And Firm Performance In a Transition Economy: The Nature Of a Micro-Macro Link [J]. Academy of Management Journal, 2000, 43 (3): 486-501.

[179] Penrose E. The Theory of The Growth Of The Firm (3rd Edition) [M]. Oxford: Oxford University Press, 1959.

[180] Petersen M A. Estimating Standard Errors In Finance Panel Data Sets: Comparing Approaches [J]. The Review of Financial Studies, 2008, 22 (1): 435-480.

[181] Philip G. , Berger, et al. Diversification's Effect On Firm Value [J]. Journal of Financial Economics, 1995 (37): 39-65.

[182] Quigley T J, Wowak A J, Crossland C. Board Predictive Accuracy In Executive Selection Decisions: How Do Initial Board Perceptions of Ceo Quality Correspond With Subsequent Ceo Career Performance? [J]. Organization Science, 2020, 31 (3): 720-741.

［183］ Rajagopalan N. Strategic Orientations, Incentive Plan Adoptions, And Firm Performance: Evidence From Electric Utility Firms ［J］. Strategic Management Journal, 1997, 18 (10): 761-785.

［184］ Rajan R G, Zingales L. What Do We Know About Capital Structure? Some Evidence From International Data ［J］. Journal of Finance, 1995 (50): 1421-1460.

［185］ Ref O, Shapira Z. Entering New Markets: The Effect Of Performance Feedback Near Aspiration And Well Below And Above It ［J］. Strategic Management Journal, 2017, 38 (7): 1416-1434.

［186］ Rin M. D. , G. Nicodano And A. Sembenelli, Public Policy And The Creation Of Active Venture Capital Markets ［J］. Journal of Public Economics, 2006. 90 (8): 1699-1723.

［187］ Robichek A A, Myers S C. Conceptual Problems In The Use Of Risk-Adjusted Discount Rates ［J］. The Journal of Finance, 1966, 21 (4): 727-730.

［188］ Rosenberg N. Innovation And Economic Growth ［M］ . Managing Sustainable Innovation. Springer Us, 2006: 1127-1134.

［189］ Roussanov N, Savor P. Marriage And Managers' Attitudes To Risk ［J］. Management Science, 2014, 60 (10): 2496-2508.

［190］ Schmid S, Wurster D J. International Work Experience: Is It Really Accelerating The Way To The Management Board of Mncs? ［J］. International Business Review, 2017, 26 (5): 991-1008.

［191］ Schoar A, Zuo L. Shaped By Booms And Busts: How The Economy Impacts Ceo Careers And Management Styles ［J］. Review of Financial Studies, 2017, 30 (5): 1425-1456.

［192］ Schumpeter J A, Schumpeter J, Schumpeter J, et al. The Theory Of Economics Development ［J］. Journal of Political Economy, 1934, 1 (2): 170-172.

［193］ Serfling, Matthew A. Ceo Age And The Riskiness of Corporate Policies ［J］. Journal of Corporate Finance, 2014, 25: 251-273.

［194］ Shleifer A, Vishny R W. Management Entrenchment: The Case of Manager-Specific Investments ［J］. 1989, 25 (1): 123-139.

［195］ Sitkin Sb, Pablo Al, Reconceptualizing The Determinants of Risk Behavior ［J］. Academy Of Management Review. 1992, 17 (1): 9-38.

［196］ Sitkin Sb, Weingart Lr, Determinants Of Risky Decision-Making Behavior: A Test Of The Mediating Role Of Risk Perceptions And Propensity ［J］. Academy of Management Journal, 1995, 38 (6): 1573-1592.

[197] Slater D J, Dixon-Fowler H R. Ceo International Assignment Experience And Corporate Social Performance [J]. Journal of Business Ethics, 2009, 89 (3): 473-489.

[198] Stein J C. Internal Capital Markets And The Competition For Corporate Resources [J]. The Journal of Finance, 1997, 52 (1): 111-133.

[199] Tesluk P E, Jacobs R R. Toward An Integrated Model Of Work Experience [J]. Personnel Psychology, 1998, 51 (2): 321-355.

[200] Thomas A S, Ramaswamy L K. The Performance Impact Of Strategy-Manager Coalignment: An Empirical Examination [J]. Strategic Management Journal, 1991, 12 (7): 509-522.

[201] Warner J B, Watts R L, Wruck K H, et al. Stock Prices And Top Management Changes [J]. Journal of Financial Economics, 1988: 461-492.

[202] Weisbach M S. Outside Directors And Ceo Turnover [J]. Journal of Financial Economics, 1988: 431-460.

[203] Wernerfelt B. The Resource-Based View of The Firm [J]. Strategic Management Journal. 1985, 5 (2), 171-180.

[204] Wiersema M F, Zhang Y. Ceo Dismissal: The Role Of Investment Analysts [J]. Strategic Management Journal, 2011, 32 (11): 1161-1182.

[205] Wiersema M F, Zhang Y. Executive Turnover In The Stock Option Backdating Wave: The Impact of Social Context [J]. Strategic Management Journal, 2013, 34 (5): 590-609.

[206] Worrell D L, Davidson Iii W N. The Effect of Ceo Succession On Stockholder Wealth In Large Firms Following The Death of The Predecessor [J]. Journal of Management, 1987, 13 (3): 509-515.

[207] Wright P M, Coff R W, Moliterno T P, et al. Strategic Human Capital Crossing The Great Divide [J]. Journal of Management, 2014, 40 (2): 353-370.

[208] Wu J, Li S, Li Z. The Contingent Value Of Ceo Political Connections: A Study On Ipo Performance In China [J]. Asia Pacific Journal of Management, 2013, 30 (4): 1087-1114.

[209] Yonker S E. Geography And The Market For Ceos [J]. Management Science, 2016, 63 (3): 609-630.

[210] Yuan R, Wen W. Managerial Foreign Experience And Corporate Innovation [J]. Journal of Corporate Finance, 2018, 48: 752-770.

［211］Zhang Y，Rajagopalan N. Explaining New Ceo Origin：Firm Versus Industry Antecedents ［J］. Academy of Management Journal，2003，46（3）：327-338.

［212］Zhang Y，Rajagopalan N. Once An Outsider，Always An Outsider？ Ceo Origin，Strategic Change，And Firm Performance ［J］. Strategic Management Journal，2010，31（3）：334-346.

［213］Zhang Y，Wiersema M F. Stock Market Reaction To Ceo Certification：The Signaling Role of Ceo Background ［J］. Strategic Management Journal，2009，30（7）：693-710.

［214］Zhang Y. Information Asymmetry And The Dismissal Of Newly Appointed Ceos：An Empirical Investigation ［J］. Strategic Management Journal，2008，29（8）：859-872.

［215］安同良，周绍东，皮建才. R&D 补贴对中国企业自主创新的激励效应［J］.经济研究，2009（10）：87-98.

［216］曹越，郭天枭. 高管学术经历与企业社会责任 ［J］. 会计与经济研究，2020，34（02）：22-42.

［217］曹志来，石常战. 高层管理团队特征对企业战略选择的影响——基于汽车产业 A 股上市公司的实证研究 ［J］.财经问题研究，2014（08）：84-91.

［218］曾海舰，苏冬蔚. 信贷政策与公司资本结构 ［J］.世界经济，2010，33（08）：17-42.

［219］陈传明，孙俊华. 企业家人口背景特征与多元化战略选择——基于中国上市公司面板数据的实证研究 ［J］.管理世界，2008（05）：124-133+187-188.

［220］陈海声. 研发投资特征及企业扩大融资来源的路径研究 ［J］.现代财经（天津财经大学学报），2006（01）：32-37.

［221］陈丽蓉，韩彬，杨兴龙. 企业社会责任与高管变更交互影响研究——基于 A 股上市公司的经验证据 ［J］.会计研究，2015（08）：57-64+97.

［222］陈信元，黄俊. 政府干预、多元化经营与公司业绩 ［J］.管理世界，2007（01）：92-97.

［223］陈志红，李宏伟. 管理自主权的"掠夺"和"扶持"与资本结构动态调整 ［J］.会计研究，2019（10）：57-63.

［224］邓金龙，曾建光. 行业景气度对高管辞职决策的影响 ［J］.财经科学，2019（05）：104-119.

［225］段云，国瑶. 政治关系、货币政策与债务结构研究 ［J］.南开管理评论，2012，15（05）：84-94.

［226］傅超，王文姣，何娜. 客户与审计师匹配关系、监督治理与股价崩盘风险［J］. 管理科学，2020，33（04）：67-81.

［227］高照军. 制度环境、继任模式与企业价值的关系研究［J］. 科研管理，2019，40（06）：164-174.

［228］葛菲，连燕玲，贺小刚. 消极反馈与高管变更：基于上市公司的数据分析［J］. 经济管理，2016，038（001）：38-50.

［229］葛永波，陈磊，刘立安. 管理者风格：企业主动选择还是管理者随性施予？——基于中国上市公司投融资决策的证据［J］. 金融研究，2016（04）：190-206.

［230］顾夏铭，陈勇民，潘士远. 经济政策不确定性与创新——基于我国上市公司的实证分析［J］. 经济研究，2018，53（02）：109-123.

［231］顾研，周强龙. 政策不确定性、财务柔性价值与资本结构动态调整［J］. 世界经济，2018，41（06）：102-126.

［232］郭道燕，黄国良，张亮亮. 高管财务经历、风险偏好与公司超速增长——来自中国经济"黄金期"的经验证据［J］. 山西财经大学学报，2016，38（10）：113-124.

［233］郭蓉，文巧甜. 成功、失败和灰色地带的抉择：业绩反馈与企业适应性战略变革［J］. 南开管理评论，2017，20（06）：28-41.

［234］何平林，孙雨龙，宁静等. 高管特质、法治环境与信息披露质量［J］. 中国软科学，2019（10）：112-128.

［235］何威风，刘巍. 企业管理者能力与审计收费［J］. 会计研究，2015（01）：82-89+97.

［236］何瑛，张大伟. 管理者特质、负债融资与企业价值［J］. 会计研究，2015（08）：65-72+97.

［237］何瑛，于文蕾，戴逸驰，王砚羽. 高管职业经历与企业创新［J］. 管理世界，2019，35（11）：174-192.

［238］何瑛，于文蕾，杨棉之. CEO 复合型职业经历、企业风险承担与企业价值［J］. 中国工业经济，2019（09）：155-173.

［239］贺小刚，彭屹，郑豫容，杨昊. 期望落差下的组织搜索：长期债务融资及其价值再造［J］. 中国工业经济，2020（05）：174-192.

［240］贺小刚，朱丽娜，杨婵，王博霖. 经营困境下的企业变革："穷则思变"假说检验［J］. 中国工业经济，2017（01）：135-154.

［241］胡国柳，胡珺. 董事高管责任保险与企业风险承担：理论路径与经验证据［J］. 会计研究，2017（05）：40-46+96.

［242］胡元木．技术独立董事可以提高 R&D 产出效率吗？——来自中国证券市场的研究［J］.南开管理评论，2012，15（02）：136-142.

［243］黄灿，俞勇，郑鸿．经济政策不确定性与企业并购：中国的逻辑［J］.财贸经济，2020，41（08）：95-109.

［244］黄志忠，薛清梅，宿黎．女性董事、Ceo 变更与公司业绩——来自中国上市公司的证据［J］.经济评论，2015（06）：132-143.

［245］贾明，张喆．高管的政治关联影响公司慈善行为吗？［J］.管理世界，2010（04）：99-113+187.

［246］江伟．管理者过度自信，融资偏好与公司投资［J］.财贸研究，2010，21（01）：130-138.

［247］江轩宇，申丹琳，李颖．会计信息可比性影响企业创新吗［J］.南开管理评论，2017，20（4）：82-92.

［248］姜付秀，黄继承．CEO 财务经历与资本结构决策［J］.会计研究，2013（05）：27-34+95.

［249］姜付秀，黄继承．市场化进程与资本结构动态调整［J］.管理世界，2011（03）：124-134+167.

［250］姜付秀，石贝贝，马云飙．董秘财务经历与盈余信息含量［J］.管理世界，2016（09）：161-173.

［251］姜付秀，石贝贝，马云飙．信息发布者的财务经历与企业融资约束［J］.经济研究，2016，51（06）：83-97.

［252］姜付秀，伊志宏，苏飞等．管理者背景特征与企业过度投资行为［J］.管理世界，2009（01）：130-139.

［253］姜付秀，张敏，陆正飞等．管理者过度自信、企业扩张与财务困境［J］.经济研究，2009，44（01）：131-143.

［254］姜付秀．我国上市公司多元化经营的决定因素研究［J］.管理世界，2006（05）：128-135.

［255］解维敏，魏化倩．市场竞争、组织冗余与企业研发投入［J］.中国软科学，2016（08）：102-111.

［256］鞠晓生，卢获，虞义华．融资约束、营运资本管理与企业创新可持续性［J］.经济研究，2013（01）：4-16.

［257］赖黎，巩亚林，马永强．管理者从军经历、融资偏好与经营业绩［J］.管理世界，2016（08）：126-136.

［258］赖黎，巩亚林，夏晓兰等．管理者从军经历与企业并购［J］.世界经济，2017，40（12）：141-164.

[259] 李春涛，宋敏，张璇. 分析师跟踪与企业盈余管理——来自中国上市公司的证据 [J]. 金融研究，2014（07）：124-139.

[260] 李凤羽，杨墨竹. 经济政策不确定性会抑制企业投资吗？——基于中国经济政策不确定指数的实证研究 [J]. 金融研究，2015（04）：115-129.

[261] 李维安，徐建. 董事会独立性、总经理继任与战略变化幅度——独立董事有效性的实证研究 [J]. 南开管理评论，2014，017（001）：4-13.

[262] 李维安，李晓琳，张耀伟. 董事会社会独立性与 CEO 变更——基于违规上市公司的研究 [J]. 管理科学，2017，30（02）：94-105.

[263] 李文贵，余明桂. 民营化企业的股权结构与企业创新 [J]. 管理世界，2015（04）：112-125.

[264] 李文贵，余明桂. 所有权性质、市场化进程与企业风险承担 [J]. 中国工业经济，2012，000（012）：115-127.

[265] 李焰，秦义虎，张肖飞. 企业产权、管理者背景特征与投资效率 [J]. 管理世界，2011（01）：135-144.

[266] 李曜，丛菲菲. 产业竞争下的民企资本结构选择——兼以苏宁云商为例 [J]. 会计研究，2015（04）：47-54+96.

[267] 李志生，金凌，孔东民等. 分支机构空间分布、银行竞争与企业债务决策政治关联、高管激励与资本结构 [J]. 经济研究，2020，55（10）：141-158.

[268] 连军. 组织冗余、政治联系与民营企业 R&D 投资 [J]. 科学学与科学技术管理，2013，34（01）：3-11.

[269] 连燕玲，贺小刚，高皓. 业绩期望差距与企业战略调整——基于中国上市公司的实证研究 [J]. 管理世界，2014（11）：119-132.

[270] 廖信林，顾炜宇，王立勇. 政府 R&D 资助效果、影响因素与资助对象选择——基于促进企业 R&D 投入的视角 [J]. 中国工业经济，2013（11）：148-160.

[271] 林晚发，刘颖斐，杨琴. 高管财务经历与企业信用评级：基于盈余管理的视角 [J]. 管理科学，2019，32（04）：3-16.

[272] 林晓辉，吴世农. 中国上市公司多元化动因的理论与实证分析 [J]. 证券市场导报，2008（11）：67-75.

[273] 刘凤朝，默佳鑫，马荣康. 高管团队海外背景对企业创新绩效的影响研究 [J]. 管理评论，2017，29（07）：135-147.

[274] 刘力钢，李莹. 坐以坚守抑或弃船逃生？——业绩反馈视角下高管主动离职行为研究 [J]. 财经问题研究，2020（03）：56-65.

［275］刘青，张超，吕若思，卢进勇．"海归"创业经营业绩是否更优：来自中国民营企业的证据［J］.世界经济，2013，36（12）：70-89.

［276］刘鑫，薛有志.CEO 继任、业绩偏离度和公司研发投入——基于战略变革方向的视角［J］.南开管理评论，2015，18（3）：34-47.

［277］刘鑫，薛有志.CEO 接班人遴选机制与 CEO 变更后公司风险承担研究——基于 CEO 接班人年龄的视角［J］.管理评论，2016，28（05）：137-149.

［278］刘鑫，薛有志．基于新任 CEO 视角下的战略变革动因研究［J］.管理学报，2013，10（12）：1747-1759.

［279］刘行，建蕾，梁娟．房价波动、抵押资产价值与企业风险承担［J］.金融研究，2016（03）：107-123.

［280］刘彦文，郭杰．管理者过度自信对企业融资次序的影响研究［J］.科研管理，2012，33（11）：84-88.

［281］刘振杰，李颖达，李维安．董事长贫困经历与企业战略风险承担［J］.华东经济管理，2019，33（11）：142-152.

［282］刘志彪，姜付秀，卢二坡．资本结构与产品市场竞争强度［J］.经济研究，2003（07）：60-67+91.

［283］刘志远，王存峰，彭涛等．政策不确定性与企业风险承担：机遇预期效应还是损失规避效应［J］.南开管理评论，2017，20（06）：15-27.

［284］卢闯，刘俊勇，孙健等．控股股东掏空动机与多元化的盈余波动效应［J］.南开管理评论，2011，14（05）：68-73.

［285］陆国庆，王舟，张春宇．中国战略性新兴产业政府创新补贴的绩效研究［J］.经济研究，2014（07）：44-55.

［286］罗进辉，李雪，黄泽悦．关键高管的人力资本价值评估——基于关键高管突然去世事件的经验研究［J］.中国工业经济，2016（05）：127-143.

［287］罗思平，于永达．技术转移、"海归"与企业技术创新——基于中国光伏产业的实证研究［J］.管理世界，2012（11）：124-132.

［288］吕斐斐，贺小刚，葛菲．期望差距与创始人离任方式选择：基于中国家族上市公司的分析［J］.财经研究，2015（07）：69-81.

［289］吕文栋，刘巍，何威风．管理者异质性与企业风险承担［J］.中国软科学，2015（12）：120-133.

［290］马春爱，易彩．管理者过度自信对财务弹性的影响研究［J］.会计研究，2017（07）：75-81+97.

［291］马连福，张琦，王丽丽．董事会网络位置与企业技术创新投入——基于技术密集型上市公司的研究［J］.科学学与科学技术管理，2016，37

（04）：126-136.

[292] 马宁. 董事会规模、多元化战略与企业风险承担 [J]. 财经理论与实践，2018，39（04）：73-79.

[293] 马如静，唐雪松. 学者背景独立董事、公司业绩与 CEO 变更 [J]. 财经科学，2016（09）：77-87.

[294] 毛新述，王斌，林长泉等. 信息发布者与资本市场效率 [J]. 经济研究，2013，48（10）：69-81.

[295] 孟祥展，张俊瑞，白雪莲. 外聘 CEO 职业经历、任期与公司经营战略变革的关系 [J]. 管理评论，2018，30（08）：168-181.

[296] 潘越，潘健平，戴亦一. 公司诉讼风险、司法地方保护主义与企业创新 [J]. 经济研究，2015，50（03）：131-145.

[297] 彭凯，孙茂竹，胡熠. 连锁董事具有实质独立性吗？——基于投资者市场反应的视角 [J]. 中国软科学，2018（09）：113-129.

[298] 瞿旭，杨丹，瞿彦卿，苏斌. 创始人保护、替罪羊与连坐效应——基于会计违规背景下的高管变更研究 [J]. 管理世界，2012（05）：137-151+156.

[299] 权小锋，醋卫华，尹洪英. 高管从军经历、管理风格与公司创新 [J]. 南开管理评论，2019，22（06）：140-151.

[300] 饶品贵，岳衡，姜国华. 经济政策不确定性与企业投资行为研究 [J]. 世界经济，2017，40（02）：27-51.

[301] 饶育蕾，贾文静. 影响 CEO 过度自信的因素分析——来自我国上市公司的经验证据 [J]. 管理学报，2011，8（08）：1162-1167.

[302] 申广军，张延，王荣. 结构性减税与企业去杠杆 [J]. 金融研究，2018，462（12）：105-122.

[303] 宋建波，文雯，王德宏. 海归高管能促进企业风险承担吗——来自中国 A 股上市公司的经验证据 [J]. 财贸经济，2017，38（12）：111-126.

[304] 宋建波，文雯. 董事的海外背景能促进企业创新吗？ [J]. 中国软科学，2016（11）：109-120.

[305] 唐清泉，徐欣. 企业 R&D 投资与内部资金——来自中国上市公司的研究 [J]. 中国会计评论，2010（03）：341-362.

[306] 王朝阳，张雪兰，包慧娜. 经济政策不确定性与企业资本结构动态调整及稳杠杆 [J]. 中国工业经济，2018（12）：134-151.

[307] 王福胜，宋海旭. 终极控制人、多元化战略与现金持有水平 [J]. 管理世界，2012（07）：124-136+169.

[308] 王菁华，茅宁. 经济政策不确定性影响企业风险承担吗？ [J]. 华东

经济管理，2019，33（08）：124-135.

［309］王菁华，茅宁．企业风险承担研究述评及展望［J］.外国经济与管理，2015，37（12）：44-58.

［310］王山慧，王宗军，田原．管理者过度自信、自由现金流与上市公司多元化［J］.管理工程学报，2015，29（02）：103-111.

［311］王小鲁，樊纲，胡李鹏．中国分省份市场化指数报告（2018）［M］.北京：社会科学文献出版社，2019.

［312］王晓亮，邓可斌．董事会非正式层级会提升资本结构决策效率吗？［J］.会计研究，2020（08）：77-90.

［313］王元芳，徐业坤．保守还是激进：管理者从军经历对公司风险承担的影响［J］.外国经济与管理，2019，41（09）：17-30+46.

［314］卫旭华，刘咏梅，岳柳青．高管团队权力不平等对企业创新强度的影响——有调节的中介效应［J］.南开管理评论，2015，18（03）：24-33.

［315］温忠麟，叶宝娟．中介效应分析：方法和模型发展［J］.心理科学进展，2014，22（005）：731-745.

［316］文雯，宋建波．高管海外背景与企业社会责任［J］.管理科学，2017，30（2）：119-131.

［317］巫景飞，何大军，林（日韦）等．高层管理者政治网络与企业多元化战略：社会资本视角——基于我国上市公司面板数据的实证分析［J］.管理世界，2008（08）：107-118.

［318］吴超鹏，叶小杰，吴世农．并购败绩后撤换 CEO 吗？——我国上市公司内外部治理机制有效性检验［J］.经济管理，2011，33（05）：46-55.

［319］吴国鼎，张会丽．多元化经营是否降低了企业的财务风险？——来自中国上市公司的经验证据［J］.中央财经大学学报，2015（08）：94-101.

［320］吴延兵．企业规模、市场力量与创新：一个文献综述［J］.经济研究，2007（05）：125-138.

［321］伍中信，张娅，张雯．信贷政策与企业资本结构——来自中国上市公司的经验证据［J］.会计研究，2013（03）：51-58+96.

［322］夏子航，马忠，陈登彪．债务分布与企业风险承担——基于投资效率的中介效应检验［J］.南开管理评论，2015，18（06）：90-100.

［323］肖泽忠，邹宏．中国上市公司资本结构的影响因素和股权融资偏好［J］.经济研究，2008（06）：119-134+144.

［324］肖作平．资本结构影响因素和双向效应动态模型——来自中国上市公司面板数据的证据［J］.会计研究，2004（02）：36-41.

［325］谢家智，刘思亚，李后建．政治关联、融资约束与企业研发投入［J］．财经研究，2014，40（08）：81-93.

［326］徐朝辉，周宗放．管理者过度自信对企业信用风险的影响机制［J］．科研管理，2016，37（09）：136-144.

［327］徐宁，徐向艺．控制权激励双重性与技术创新动态能力——基于高科技上市公司面板数据的实证分析［J］．中国工业经济，2012（10）：109-121.

［328］徐沛勋．高管薪酬、董事会治理与分类转移［J］．财贸经济，2020，41（03）：80-99.

［329］许言，李哲，许年行．通才 vs 专才：高管工作经历与企业并购行为［Z］．经济研究工作本书，2018.

［330］许治，何悦，王晗．政府 R&D 资助与企业 R&D 行为的影响因素——基于系统动力学研究［J］．管理评论，2012，24（04）：67-75.

［331］薛龙．经济政策不确定性与企业风险承担［J］．财经论丛，2019（12）：55-65.

［332］杨林，顾红芳，李书亮．高管团队经验与企业跨界成长战略：管理自主权的调节效应［J］．科学学与科学技术管理，2018，39（09）：101-119.

［333］杨林，和欣，顾红芳．高管团队经验、动态能力与企业战略突变：管理自主权的调节效应［J］．管理世界，2020，36（06）：168-188+201+252.

［334］杨兴全，任小毅，杨征．国企混改优化了多元化经营行为吗？［J］．会计研究，2020（04）：58-75.

［335］杨兴全，尹兴强，孟庆玺．谁更趋多元化经营：产业政策扶持企业抑或非扶持企业？［J］．经济研究，2018，53（09）：133-150.

［336］叶倍，袁建国．管理者信心、企业投资与企业价值：基于我国上市公司的经验证据［J］．中国软科学，2008（02）：97-108.

［337］叶建宏．核心高管参军经历对企业风险承担的影响［J］．金融论坛，2017，22（09）：68-80.

［338］伊志宏，丁艳平，陈钦源等．投资者关系管理与企业风险承担［J］．经济理论与经济管理，2020（11）：4-20.

［339］易志高，朱婷，潘镇等．高管媒体从业经历、媒体报道与IPO首日表现［J］．外国经济与管理，2019，41（11）：15-27.

［340］游家兴，邹雨菲．社会资本、多元化战略与公司业绩——基于企业家嵌入性网络的分析视角［J］．南开管理评论，2014，17（05）：91-101.

［341］游家兴，刘淳．嵌入性视角下的企业家社会资本与权益资本成本——来自我国民营上市公司的经验证据［J］．中国工业经济，2011（06）：109-119.

［342］游家兴，徐盼盼，陈淑敏．政治关联、职位壕沟与高管变更——来自中国财务困境上市公司的经验证据［J］.金融研究，2010（04）：128-143.

［343］于蔚，汪淼军，金祥荣．政治关联和融资约束：信息效应与资源效应［J］.经济研究，2012，47（09）：125-139.

［344］余明桂，李文贵，潘红波．管理者过度自信与企业风险承担［J］.金融研究，2013（01）：149-163.

［345］余明桂，潘红波．政治关系、制度环境与民营企业银行贷款［J］.管理世界，2008（08）：9-21+39+187.

［346］虞义华，赵奇锋，鞠晓生．发明家高管与企业创新［J］.中国工业经济，2018（03）：136-154.

［347］袁建国，后青松，程晨．企业政治资源的诅咒效应——基于政治关联与企业技术创新的考察［J］.管理世界，2015（01）：139-155.

［348］张济建，苏慧，王培．产品市场竞争，机构投资者持股与企业 R&D 投入关系研究［J］.管理评论，2017，29（11）：89-97.

［349］张敏，黄继承．政治关联、多元化与企业风险——来自我国证券市场的经验证据［J］.管理世界，2009（07）：156-164.

［350］张敏，童丽静，许浩然．社会网络与企业风险承担——基于我国上市公司的经验证据［J］.管理世界，2015（11）：161-175.

［351］张敏，张胜，王成方等．政治关联与信贷资源配置效率——来自我国民营上市公司的经验证据［J］.管理世界，2010（11）：143-153.

［352］张行．CEO 离职与公司继任决策研究：基于董事会结构特征的实证分析［J］.科研管理，2018（01）：108-118.

［353］张璇，刘贝贝，汪婷，等．信贷寻租、融资约束与企业创新［J］.经济研究，2017（05）：161-174.

［354］张兆国，刘亚伟，杨清香．管理者任期、晋升激励与研发投资研究［J］.会计研究，2014（09）：81-88.

［355］章卫东，成志策，周冬华等．上市公司过度投资，多元化经营与地方政府干预［J］.经济评论，2014（03）：139-152.

［356］赵子夜，杨庆，陈坚波．通才还是专才：CEO 的能力结构和公司创新［J］.管理世界，2018，034（02）：123-143.

［357］郑建明，刘琳，刘一凡．政治关联的结构特征、多元化驱动与公司价值［J］.金融研究，2014，404（02）：167-179.

［358］钟宁桦，刘志阔，何嘉鑫等．我国企业债务的结构性问题［J］.经济研究，2016，51（07）：102-117.

[359] 钟田丽，张天宇. 我国企业资本结构决策行为的"同伴效应"——来自深沪两市 A 股上市公司面板数据的实证检验 [J]. 南开管理评论，2017，20 (02)：58-70.

[360] 周晨，田昆儒. 债务契约与企业风险承担：影响效果及机制检验 [J]. 财经理论与实践，2021，42 (02)：73-81.

[361] 周建，方刚，刘小元. 制度环境、公司治理对企业竞争优势的影响研究——基于中国上市公司的经验证据 [J]. 南开管理评论，2009，12 (05)：18-27.

[362] 周杰，薛有志. 治理主体干预对公司多元化战略的影响路径——基于管理者过度自信的间接效应检验 [J]. 南开管理评论，2011，14 (01)：65-74+106.

[363] 周楷唐，麻志明，吴联生. 高管学术经历与公司债务融资成本 [J]. 经济研究，2017，052 (07)：169-183.

[364] 周泽将，胡琴，修宗峰. 女性董事与经营多元化 [J]. 管理评论，2015，27 (04)：132-143+166.

[365] 周中胜，贺超，韩燕兰. 高管海外经历与企业并购绩效：基于"海归"高管跨文化整合优势的视角 [J]. 会计研究，2020 (08)：64-76.

[366] 朱德胜，周晓珮. 股权制衡、高管持股与企业创新效率 [J]. 南开管理评论，2016，19 (3)：136-144.

[367] 朱沆，Kushins E，周影辉. 社会情感财富抑制了中国家族企业的创新投入吗？[J]. 管理世界，2016 (03)：99-114.

[368] 朱红军. 我国上市公司高管人员更换的现状分析 [J]. 管理世界，2002 (05)：126-131+141.